이덕일의 **당당** 한국사

이덕일의 **당당** 한국사

이덕일의 당당 한국사

우리가 꼭 기억해야 할 한국사 베스트 25장면

개정판 2025년 11월 20일

지은이 이덕일

사진 권태균
진행 에디앤
디자인 이석운, 김미연

발행인 백상우
발행처 도서출판 아라미

주소 서울특별시 마포구 토정로 192
전화 02-713-3257 팩스 02-6280-3257
출판등록 제313-2009-131호
전자우편 aramy777@naver.com

ⓒ 이덕일, 2025
ISBN 979-11-88510-99-3 43910
값 16,000원

이덕일의 당당한국사

우리가
기억해야 할
한국사 베스트
25장면

아라미

진정한 우리 역사와 문화의 무대

흔히들 우리 역사의 무대는 한반도라고 생각합니다. 그러나 반도라는 말 자체가 한국을 점령한 일본인들이 우리 역사의 무대를 반도로 가둬놓기 위해서 만든 용어입니다. 우리는 한반도에 갇혀 있지 않았습니다. 우리 역사의 무대는 한반도를 포함한 광활한 만주 대륙이었으며, 거대한 파도가 몰아치는 드넓은 해양이었습니다. 한반도보다 수십 배는 더 넓은 역사의 무대를 우리 선조들은 거침없이 내달렸습니다.

우리 선조들은 열린 가슴으로 대륙과 해양을 누볐습니다. 만주를 넘어서 중국 베이징[北京] 근처의 산동반도에 제(齊)나라를 세운 이정기 일가나, 나폴레옹이 알프스 산맥을 넘기 1,000년도 훨씬 전에 파미르 고원과 힌두쿠시 준령을 넘었던 고선지 장군은 우리 민족의 도전정신을 잘 보여주고 있습니다. 또한 통일신라의 수도 서라벌(경주)은 그 유명한 비단길(실크로드)의 동쪽 끝으로서, 1,000년 전 중국은 물론 저 멀리 아랍에서 온 수많은 외국 상인들이 붐비던 국제 도시였습니다.

우리 선조들은 전쟁을 좋아하지는 않았지만, 침략하는 적에 대해서는 굽힐 줄 모르고 저항하는 진정한 무사정신을 갖고 있었습니다. 그 무사정신이 있었기에 당시 세계 최강대국이었던 수나라와 당나라를 꺾을 수 있었으며,

조선은 동방을 침략하려는 러시아와도 싸워 이길 수 있었습니다.

이 책에서는 세상을 호령했던 역사 인물과 위대한 승리의 순간들을 만날 수 있습니다. 또한 세계 제일의 과학 기술을 뽐냈던 위대한 과학자나 최고의 작품을 창조한 예술가도 만날 수 있을 것입니다. 이를 통해 우리 역사와 문화의 무대가 얼마나 넓었는지, 우리가 얼마나 당당하고 자랑스러운 역사와 문화유산을 가지고 있는지 보여주고자 했습니다.

지금의 우리가 이런 자랑스런 유산들을 현실로 만들기 위해 노력한다면 훗날 오대양 육대주를 제집처럼 드나드는 것은 물론, 우리 선조들이 대륙과 해양을 무대로 삼았던 것처럼 저 머나먼 우주 공간을 역사의 무대로 삼을 수도 있을 것입니다. 그리고 그것은 우리의 후손들에게 물려줄 또 하나의 자랑스러운 역사와 문화유산이 될 것입니다.

이런 뜻에서 이 책은 여러분을 단순히 옛날로 안내하는 것이 아니라 미래로 안내하는 나침반이 될 수 있을 것입니다.

이덕일

한국사를 빛낸
글로벌 역사 인물

장보고,
해양제국을 세운
신라의 해상왕

섬사람 장보고

장보고(張保皐, ?~846)는 어린 시절 친한 친구가 한 명 있었다. 그는 장보고보다 나이가 약간 어려서 장보고를 형이라고 불렀다. 그런데 그 친구는 바닷속으로 50리나 갈 정도로 헤엄을 잘 쳤다. 김부식이 쓴 《삼국사기(三國史記)》 〈장보고 열전(張保皐 列傳)〉에는 두 사람에 관한 이야기가 이렇게 실려 있다.

(장보고와 그 친구 정연은) 고향과 조상이 누구인지 알 수 없다. 두 사람이 모두 싸움을 잘했는데, 특히 정연은 바다 밑으로 들어가 50리를 가면서

도 숨차 하지 않았다. 그 용맹과 씩씩함을 비교하면 장보고가 좀 미치지 못했으나 정연이 장보고를 형으로 불렀다. 장보고는 나이로, 정연은 기예로 항상 맞서 서로 지지 아니하였다.

이 기록이 말하는 것처럼 정연은 바다 밑으로 들어가 50리를 가면서도 숨차 하지 않았고, 장보고도 그에 비기지는 못하지만 뛰어난 솜씨를 지니고 있었다.

그러나 신라에서 장보고와 정연의 재주는 쓸 곳이 없었다. 진골(眞骨)이 아니었기 때문이다. 장보고가 살던 신라는 골품제도에 따라 진골이 아니면 높은 벼슬에 오를 수 없었다. 장보고는 진골은커녕 그보다 낮은 6두품도 못 되었기 때문에 낮은 벼슬조차도 할 수 없었다.

장보고는 《삼국사기》에 '해도인(海島人)', 즉 '섬사람'이라고 기록되어 있는데, 당시 섬 출신은 육지 출신에 비해 차별을 받았다. 장보고가 신라에 머물렀다면 평생토록 차별에 신음하다가 끝날 운명이었던 것이다.

마침내 장보고와 정연은 바다 건너 당(唐)나라에 가기로 결심했다. 수중에 돈 한 푼 없었지만, 둘은 갖은 고생 끝에 당나라로 가는 데 성공했다.

당나라로 떠나다

이 무렵 당나라에는 신라인들이 많았다. 오늘날에도 많은 한국인들이 미국과 일본, 유럽 등지를 무대로 활동하고 있지만, 당시 당나라는 국제화된 나라였기에 승려와 학자들, 그리고 국제 무역으로 큰돈을 벌어보려는 신라 상인들이 당나라로 몰려들었다.

당나라 동쪽 해안 도시들인 등주(登州), 양주(楊州), 초주(楚州) 등에는 '신라방(新羅坊)'이라는 신라인들 마을이 있었다. 신라방에는 행정관청인 '신라소(新羅所)'가 있었으며, 신라의 사신과 유학생을 접대하기 위한 '신라관(新羅館)'도 있었다.

그러나 장보고와 정연은 신라인들이 사는 곳에 머무르지 않고 당나라 군대에 들어가기로 결심했다. 자신들의 뛰어난 무술 실력을 발휘할 수 있는 곳이 군대라고 생각했기 때문이다. 당시 당나라는 나라 곳곳에서 반란이 일어났기 때문에 무예가 뛰어난 젊은이가 많이 필요했다. 게다가 급한 상황이기 때문에 어느 가문 출신인지, 어느 나라 사람인지를 따질 겨를조차 없었다.

《삼국사기》 | 고려 인종 23년(1145)에 김부식이 왕명에 따라 펴낸 역사책으로 신라, 고구려, 백제 세 나라의 개국에서 멸망까지의 역사를 전기 형식인 기전체(紀傳體)로 적었다. 《삼국유사》와 더불어 우리나라에서 현존하는 가장 오래된 역사책이다.

물길로 50리씩이나 가는 재주를 지닌 정연과 장보고는 당나라 군대에서 두각을 나타냈고, 하위 군졸이었던 그들은 곧 장교로 승진했다. 그러자 성(姓)이 필요해졌다. 신라의 섬사람들에게는 성조차 없어서 그 전까지 장보고는 이름만으로 불려졌다.

장보고는 어렸을 때 '궁파' 혹은 '궁복'이라고 불렸는데, 이는 '활을 잘 쏘는 아이'라는 뜻이다. 우리나라 역사에는 활을 잘 쏘는 명궁(名弓)들이 여러 명 있다. 고구려의 시조 추모왕(皺牟王, 주몽)과 조선의 시조 이성계가 그런 인물들인데, 장보고 역시 활을 잘 쐈다.

그가 성을 장(張)으로 삼은 이유는 어린 시절 불리던 궁복(弓福)이란 이름의 앞 글자인 '궁(弓)' 자와 부수가 같은 '장(張)' 씨가 당나라에 많이 살고 있었기 때문이다. 이름 역시 '복(福)' 자의 소리를 두 자로 늘려 '보고(保皐)'라고 지었다. 신라에서 성도 없이 궁복 또는 궁파로 불렸던 소년은 당나라의 장교가 되면서 '장보고'라는 어엿한 이름을 갖게 된 것이다.

장보고가 들어간 군대는 서주절도사가 지휘하던 무령군(武寧軍)인데, 당시 무령군에게 내려진 가장 중요한 임무는 고구려 유민 이정기가 세운 제나라를 토벌하는 것이었다.

고구려의 유민인 이정기와 그 자손들이 만주에서 산동반도로 건너와 '제'라는 나라를 세우고 당나라 수도 장안을 위협하고 있었기 때문에, 장보고에게 제나라를 토벌하라는 임무가 떨어졌다.

장보고와 정연은 임무 수행에 나섰고, 제나라 토벌에 공을 세워 장교에서 장군으로 승진했다. 장보고와 정연은 활뿐만 아니라 창도 잘 썼기 때문에 큰 공을 세울 수 있었다.

《삼국사기》〈장보고 열전〉은 "두 사람이 모두 당에 가서 무령군 장수가 되어 말을 타고 창을 쓰는 데 대적할 자가 없었다"고 기록하고 있다. 또한 당나라의 유명 시인 두목(杜牧)이 지은 《번천문집(樊川文集)》에 "서주에서는 무술로 장보고와 정연을 당할 사람이 없었다"는 기록도 있다.

두 사람은 활도 잘 쏘는데다 말 타고 창 쓰는 무술까지 뛰어나 많은 공을 세울 수 있었고, 그 결과 무령군 장군까지 오를 수 있었던 것이다.

장보고 동상 | 중국 적산 장보고기념관에 있다.

청해진을 건설하다

무령군 소장까지 올라간 장보고는 당나라에서 남은 인생을 편안히 보낼 수 있었지만, 그는 그렇게 하지 않았다. 장보고는 고국과 고국 사람들을 잊지 않았다. 일부 신라인들은 당나라에서 국제 무역에 종사해 큰돈을 벌기도 했지만, 더 많은 신라인들이 해적에게 납치되어 노예로 팔려왔다.

그 무렵 바다에는 해적이 들끓었다. 일본의 왜구는 물론 당나라 해적들까지 떼를 지어 선박을 공격해 물건을 빼앗거나, 해안 지역의 민가를 습격하여 사람을 납치해 노예로 팔았다. 당나라에서 노예로 팔리는 신라인들을 본 장보고는 자신이 성공하면 반드시 이들을 구하리라고 결심했다. '섬 사람' 장보고 역시도 일찌감치 당나라로 건너오지 않았다면 해적들에게 납치되어 노예로 팔렸을지도 모를 일이었다.

장보고는 그런 신라인들을 구출하기 위해 신라로 귀국했다. 당나라에서 받은 모든 벼슬을 버리고 다시 신라로 간 것이다. 828년 신라로 돌아온 장보고는 흥덕왕(興德王)을 만났다. 옛날 같으면 국왕을 만난다는 것은 꿈도 꿀 수 없었겠지만, 당나라 무령군 소장 출신이었기에 그리 어렵지 않게 만날 수 있었다.

흥덕왕을 만난 장보고는 신라인을 노예로 파는 해적들을 없애버리겠다고 말했다. 당시 신라는 국력이 허약해져서 백성들이 노예로 팔려 나가는 것을 알면서도 막지 못하고 있었다. 흥덕왕은 해적을 소탕하겠다는 장보고의 말에 솔깃했다.

대신 장보고는 섬 지역 백성 1만 명을 모을 수 있는 권한을 달라고 요구했다. 신라 조정에서 이를 허락하자, 장보고는 섬 주민 1만 명을 모아 청해

진(淸海鎭)을 설치하고 청해진대사가 되었다.

'대사(大使)'라는 직책은 당시 신라는 물론 당나라에도 없던 관직으로서 장보고가 신라 조정과 상의해 만든 것이었다. 신라 조정은 골품제 때문에 섬사람 장보고에게 신라의 높은 관직을 줄 수 없었다. 그래서 당시 신라에는 없던 '대사'라는 새로운 벼슬을 만들어주었던 것이다.

장보고가 청해진을 설치한 곳은 오늘날의 전라남도 완도라고 알려져 있다. 완도에 청해진을 설치한 이유는 그곳이 장보고의 고향이기 때문이다. 그러나 장보고가 섬사람이란 기록은 있어도 완도 출신이라는 명확한 기록은 없기 때문에 완도를 장보고의 고향이라고 볼 수 없다는 사람도 있다.

그러나 무엇보다도 중요한 것은, 완도는 해류나 조류, 바람의 방향 등을 살펴볼 때 한·중·일 세 나라의 뱃길이 모이는 교통의 요충지라는 점과 그러한 해상 요충지 완도에 장보고가 청해진을 설치했다는 것이다.

이 뱃길을 지나는 선박들의 가장 큰 골칫거리는 시도 때도 없이 나타나
는 해적이었다. 그러나 장보고가 청해진을 설치해 뱃길을 장악하고 해적
들을 크게 혼내준 다음부터는 해적들이 얼씬하지 못했다.

이 뱃길을 통해 한·중·일 상인의 배들은 물론, 멀리 아라비아로부터 온
이슬람 상인의 배들까지 다시 왕래할 수 있었다. 해적 때문에 문을 닫을 지
경이었던 울산항 같은 신라의 국제 항구들은 다시 상인들로 북적거리기
시작했다.

장보고는 단지 상인들의 배를 보호하는 역할뿐 아니라 스스로 국제 무
역에도 나섰다. 그는 '청해진 선단(船團)'이란 일종의 무역 회사를 만들었
는데, 이 선단은 무역과 동시에 한·중·일 삼국을 오가는 사람들을 안전하
게 수송했다. 국제 무역에 나섰다가 해적을 만나 물건을 빼앗기거나 노예
로 팔리는 경우가 적지 않았기 때문에 안전을 보장하는 장보고의 청해진
선단은 인기가 있을 수밖에 없었다.

이런 방법으로 장보고는 동아시아의 국제 무역을 장악했다. 구체적으로

당과 신라, 신라와 일본, 신라와 아라비아의 무역을 장악한 것이다.

장보고는 국제 무역상을 통해서 페르시아산 담요, 자바산 향목, 수마트라산 향료 등 동남아시아와 아라비아에서 생산되는 고가의 사치품을 수입해 신라의 귀족들에게 팔았다. 또 신라에서 생산되는 물품들을 외국 상인들에게 팔았으며, 일본에도 회역선이라는 무역선을 보내 이익을 남겼다.

완도의 장보고기념관에 전시된 청해진 전체 복원 모형

뱃길에 능했던 장보고는 기존 뱃길 이외에 새로운 해로를 개척하기도 했다. 흑산도에서 중국의 영파를 잇는 '동중국사단해로(東中國斜斷海路)'가 그것이다. 이 지역은 바람과 풍랑이 세서 오가기 어려웠는데, 장보고가 안전한 뱃길을 찾아낸 것이다.

또한 장보고는 고려청자 탄생에도 기여했다. 그는 이 뱃길을 통해 중국에서 유명한 월주요의 청자를 수입했다. 신라에서도 좋은 품질의 도자기를 생산하기 위해 당나라의 도자기 기술자를 불러들여 해남, 강진 같은 곳에 가마를 짓고 청자를 구워내게 했다. 이때 만든 강진요가 고려시대에 이르러 고려청자를 굽는 도요지로 발전하면서, 우리나라가 세계에 자랑하는 고려청자가 태어나게 된 것이다.

장보고는 이렇게 청해진을 중심으로 일본-신라-당나라를 잇는 뱃길을 장악했다. 이로써 청해진은 해상왕국이 되었고, 신라도 청해진 덕분에 해양 강국이 되었다.

왕위 계승 다툼에 휘말리다

그러나 장보고는 신라 조정의 왕위 계승 다툼에 휘말리면서 비참한 운명을 맞게 된다. 청해진에 많은 군사를 가지고 있던 장보고는 한때 자신에게 피신해 있던 신무왕(神武王)을 왕으로 세우는 데 큰 공을 세우게 되었다. 그러자 장보고는 자신의 딸을 신무왕의 아들 문성왕(文聖王)의 왕비로 만들려고 마음먹었다.

그러나 이 꿈은 진골 귀족들이 "섬사람의 딸이 왕비가 될 수 없다"고 반대하는 바람에 무산되었다. 이에 반발한 장보고는 군사를 일으켰으나, 중앙 귀족들이 보낸 염장(閻長)이라는 자객에 의해 피살되고 말았다. 그때가 846년이다.

한·중·일을 아우른 동아시아는 물론 멀리 아라비아까지 이르는 무역 선단과 항로를 지배하여 해상왕국을 이루었던 세계인 장보고의 꿈은 그렇게 역사에 묻히고 말았다. 그와 함께 동아시아 뱃길을 제패했던 해상왕국도 사라졌다.

이후 신라는 더 이상 활발한 해상 활동을 하지 못했다. 그러나 그가 남긴 업적은 우리나라뿐 아니라 중국과 일본을 비롯한 여러 나라에 남아 있다. 일본에서는 한자 '보배 보(寶)'와 '높을 고(高)'를 사용하여 장보고의 이름을 표기하는데, '높은 보배'라는 뜻의 이 이름에는 그가 남긴 업적이 잘 드러나 있다.

비록 청해진은 장보고가 세상을 뜬 후 해체되었지만, 그가 보여주었던 도전과 모험의 정신은 우리 역사의 소중한 가치로 지금까지 살아남아 숨 쉬고 있는 것이다.

이정기,
중원의 한복판에
대제국을 건설한
세계인

위구르 군 대장을 꺾다

이정기(李正己, 732~781)는 지금으로부터 약 1,300여 년 전, 중국 산동반도에 제(齊) 왕국이라는 거대한 나라를 세운 인물이다. 본명은 회옥(懷玉)으로, 고구려가 멸망(668)한 지 64년 후인 732년에 요동의 영주(營州)라는 곳에서 태어났다.

만주의 서쪽에 위치한 영주는 당시 당나라가 나라 잃은 고구려인을 강제로 이주시킨 곳이었다. 그의 부모나 조상에 관한 기록은 남아 있지 않지만, 고구려 패망 당시 당나라에 끌려간 20만 명이 넘는 고구려 유민* 중

*유민(遺民)
망하여 없어진 나라의 백성

하나였을 것으로 짐작된다.

이정기는 중국 당나라 역사책인 《신당서(新唐書)》에도 나오는데, 그 등장 배경이 재미있다.

안녹산이 반란을 일으켰을 때, 그는 영주에 주둔하고 있던 평로군*의 장수로 일하고 있었다. 당시 이정기는 고모의 아들인 후희일(侯希逸)과 함께 있었는데, 안녹산의 반란을 진압하라는 명령을 받았다. 당나라 조정은 평로군 외에도 많은 군대를 안녹산 진압에 동원했는데, 그중에는 이민족인 위구르* 군도 있었다.

이 위구르 군의 대장은 힘이 세고 사나웠는데, 그 힘을 믿고 다른 절도사들을 무시하면서 포악하게 날뛰었다. 다른 절도사들은 모두 위구르 군의 대장을 두려워할 뿐 아무도 나서지 못하고 전전긍긍하기만 했다. 이를 보다 못한 이정기는 그에게 결투를 신청했다.

모두들 위구르 군의 대장이 이길 것으로 예상했으나, 이정기는 예상을 보기 좋게 깨뜨리면서 그를 때려눕혔다. 그러자 이정기의 무예에 감탄한 군사들이 그를 따랐다. 그러나 이정기는 그들을 자신의 부하로 거느리는 대신 자신보다 나이가 많았던 고모의 아들 후희일을 따르게 했다.

이 무렵 평로군은 어려운 문제에 직면해 있었다. 당나라에 가담할 것인지, 안녹산에게 가담할 것인지를 결정해야 하는 상황이었다. 평로군은 평로절도사에게 소속되어 있었는데, 평로절도사는 원래 당나라 조정보다는 안녹산과 가까웠다.

안녹산 자신도 한때 평로절도사였다. 안녹산은 자신의 측근인 서귀도(徐

---

* **평로군(平盧軍)**
당나라 때 영주 유성현에 본부를 두고 활동하던 군대

* **위구르**
몽골 고원에서 일어나 뒤에 중앙아시아 투르키스탄 지방으로 이주한 터키계 유목 민족

안녹산 (安祿山, 703?~757)

중국 당나라에 맞서 군사를 일으킨 무장(武將)으로서 이란계와 돌궐계를 부모로 둔 혼혈이었다. 그는 742년 당나라에 의해 영주에 본거지를 둔 평로절도사로 발탁되면서 세력을 넓혀갔다.

그 후 북경(베이징)에 본거지를 둔 범양절도사와 하동절도사를 겸임하면서 당의 국경 방비군 전체 병력의 3분의 l 정도를 장악했다. 그러자 양귀비의 친척 오빠 양국충(楊國忠)이 안녹산이 반란을 일으킬 우려가 있다고 말했다. 그래서 안녹산은 양국충을 제거한다는 명목으로 군사를 일으켜 스스로 대연황제(大燕皇帝)라고 칭했는데, 한때 화북(華北) 지역을 거의 장악했으니 이것을 역사서는 '안녹산의 난'이라고 부른다.

그러나 곧 병에 걸렸으며, 애첩 소생의 아들을 편애하다가 둘째 아들 안경서의 반발을 사서 경서와 공모한 측근 이저아(李猪兒)에게 자던 중 살해되었다. 안녹산은 양귀비의 환심을 사서 그녀의 양자가 되었는데, 현종이 그의 불룩한 배를 가리켜 농담으로 "무엇이 들어 있나?"라고 묻자, "오직 충성심뿐"이라고 대답했다는 등 많은 일화를 남겼다.

歸道)를 평로절도사로 임명했는데, 서귀도가 후희일과 이정기에게 함께 손을 잡고 당나라를 무너뜨리자고 제안했다. 그러나 후희일과 이정기는 이를 뿌리치고 당나라를 선택했다. 안녹산이 이길 가능성이 별로 없다고 보았기 때문이다. 그래서 두 사람은 안동도호 왕현지(王玄志)와 짜고 서귀도를 죽였다. 후희일과 이정기는 왕현지를 평로군사(平盧軍使)로 내세웠지만, 얼마 지나지 않아서 왕현지가 병으로 죽고 만다.

이정기는 친척 후희일이 당연히 평로군사가 되리라고 예상했지만, 당나라 조정은 왕현지의 아들을 평로군사로 임명하려고 했다. 이에 분노한 이정기는 왕현지의 아들을 죽이고 후희일을 평로군사로 추대하면서 후희일과 함께 평로군을 완전히 장악했다.

그러나 그 기쁨도 잠시, 양쪽에서 압박이 밀려왔다. 후희일은 과거 안녹산이 보낸 사신(使臣)의 목을 벤 적이 있었다. 그래서 후희일이 평로군사가 되자 발끈한 안녹산은 군사를 보내 후희일을 죽이려 했다. 여기에 북방 해족*까지 평로군 공격에 가담하는 바람에 후희일과 이정기는 양쪽에서 공격을 받는 처지가 되었다.

절도사가 되다

후희일과 이정기는 협공을 받는 만주 지역을 떠나 당나라 본토로 건너가기로 결심했다. 드디어 761년 근왕병(勤王兵) 2만 명을 거느리고 발해만의 묘도열도를 건너 산동반도 등주(登州)에 상륙했다.

보통 때 같으면 조정의 명령 없이 바다를 건너는 것은 반역 행위였지만, 안녹산이 하도 기승을 부리던 때라 당 조정에서는 안녹산의 반군에 가담하지 않고 산동반도로 건너온 후희일과 이정기 일행을 오히려 높이 평가했다. 당나라는 후희일에게 치주·청주 등 6개 주를 관장하는 평로치청절도사(平盧淄青節度使)라는 관작까지 내려주었다.

이때부터 후희일과 이정기가 거느리던 평로군은 '치청군(淄青軍)'이라

고 불렸다. 훗날 이정기가 세운 제나라를 '치청왕국'이라고도 부른 이유 역
시 여기에 있다.

후희일은 당나라로부터 절도사로 임명된 것을 크게 기뻐했다. 일개 병사
에서 시작해 절도사까지 되었으니 기뻐하는 것은 당연했다. 그러나 인간
은 현실에 만족하는 순간부터 게으름에 빠지게 마련이다.

후희일은 더욱 세력을 키우기보다는 커다란 절을 짓는 등 대규모 불사
(佛事)를 일으켜 경제를 어렵게 만들었다. 이 때문에 치청군 내부에서 후
희일의 인기가 떨어지고 이정기의 인기가 올라갔다. 이를 눈치 챈 후희일
은 이정기를 해임했으나, 군사들은 도리어 후희일을 쫓아내고 이정기를
평로치청절도사로 추대했다. 765년의 일이다.

당나라 조정에서는 치청군 내부의 이런 권력 다툼에 개입하는 대신 이

정기를 치청군의 새로운 지도자로 인정했다. 이정기라는 이름도 이때 하사받은 것이다. 당 조정은 그에게 당 황실과 같은 성인 이씨 성과 함께 '정기'라는 이름을 하사하면서 '평로치청절도관찰사' 겸 '요양군왕(饒陽郡王)'으로 책봉했다. 고구려 유민이었던 이정기가 왕으로 책봉받은 것이다.

그러나 책봉은 형식에 지나지 않는 것으로, 당나라는 이정기를 진압할 군사력이 부족했기에 어쩔 수 없이 인정해준 것이다. 그러니까 사실상 독립국가나 마찬가지였다. 이로써 산동반도 한복판에 고구려 유민이 세운 '치청왕국'이 탄생하게 되었다.

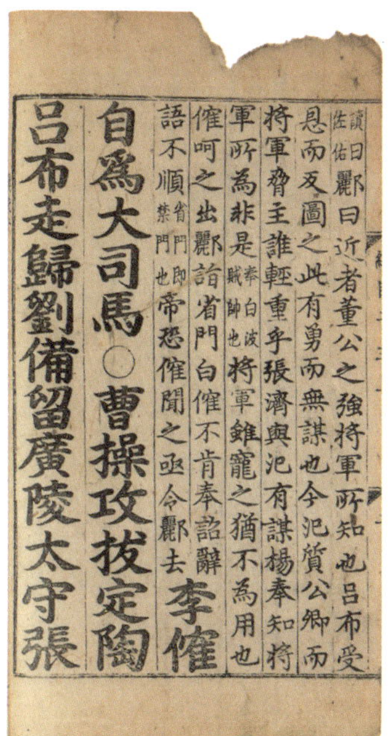

《자치통감》 | 중국 송나라의 사마광이 영종의 명에 따라 펴낸 중국의 편년서로 1065~1084년에 간행했다.

이정기는 후희일과 달리 여기에 만족하지 않고 주변 지역 정복에 나섰다. 이정기를 두려워한 여러 지역들은 싸우기보다는 항복을 택했고, 그 결과 이정기의 치청왕국은 10개 주, 10만 대군을 거느린 큰 세력으로 성장했다.

이정기가 장악한 지역은 산동반도 거의 전부에 달했다. 중국 역사서인 《자치통감(資治通鑑)》에 "이웃 번진*들이 모두 두려워했다"는 기록이 있을 정도로 이정기의 치청왕국은 강력했다.

*번진(藩鎭)
당나라 변방의 무장세력들

장안성 | 당나라의 도성. 당나라의 수도였던 장안(시안)은 당시 인구 100만 명이 넘는 세계 최대의 국제도시였다.

이정기는 사실상 치청왕국의 국왕이었다. 그는 스스로 관리들을 임명하고, 세금을 걷었으며, 다른 지역과 외교 관계를 맺었다. 그러나 그는 이에 만족하지 않고 거대한 꿈을 꾸었다. 당 제국을 멸망시키고, 그 자리에 새로운 통일 제국을 건설한다는 계획이었다. 고구려 유민 출신이 당나라를 멸망시키고 중원을 지배할 새로운 통일 제국을 건설하려는 거대한 꿈을 꾼 것이다.

이 꿈을 이루기 위해 이정기는 서쪽 정벌에 나섰고, 777년에는 서주(徐州)를 장악했다. 서주는 남북과 동서를 잇는 육상 교통의 중심지이자 중국 남부에서 중앙에 바치는 세금이 모이는 해상 교통의 중심지였다.

이정기가 서주를 장악하자 당의 수도 장안(長安, 지금의 시안西安)은 큰 혼란에 빠졌다. 서주를 빼앗겨 정치적으로도 불안했지만, 당장 서주가 없으면 비옥한 양자강(양쯔 강) 남부에서 올라오는 세금을 받을 수 없기 때문이다. 이정기가 양자강 남쪽에서 올라오는 세금을 차지하자 다급해진 당나라는 서주 서쪽의 변주에 군사를 보내 이정기를 진압하려 했다.

그러나 이정기는 당나라 대군을 두려워하지 않았다. 그는 사촌 형인 이유(李洧)를 서주자사로 임명해 서주를 맡기고, 자신은 운주로 천도해 당나라 군사에 맞서 싸웠다. 이미 사기가 떨어진 당군(唐軍)은 이정기 군을 크게 두려워했다. 이정기는 당군을 격파하고 서주 남쪽의 용교(埇橋)와 와구(渦口)까지 점령했다.

용교와 와구 역시 대운하를 통해 장안에 물자를 공급하는 중요한 지역이어서 장안은 완전히 고립되고 말았다. 하지만 남방의 풍부한 물자를 독점하게 된 치청왕국은 크게 융성할 수 있었다.

이정기가 관할하는 지역은 15개 주로 늘어났다. 이정기 왕국은 한반도 전체보다 더 넓어서 지금의 산동성 일대와 안휘성·강소성 일부까지를 아울렀다.

중국 당나라 역사서인 《신당서(新唐書)》는 "이정기가 다스리는 치청 지역의 정치가 엄정하고, 법령이 분명하며, 세금이 가볍고, 형벌이 엄중했다"라고 기록했는데, 이는 이정기가 이 지역을 법에 따라 엄격하게 통치했음을 말해주는 것이다.

이정기의 죽음

그러나 곧 불행이 닥쳤다. 서기 781년, 이정기는 49세의 비교적 젊은 나이에 병으로 세상을 떠났다. 아들 이납(李納)이 뒤를 이었으나, 이납이 메우기에는 이정기의 빈자리가 너무 컸다.

이납은 군사들의 동요를 막기 위해 아버지의 죽음을 감추고 내륙으로 진격했으나, 서주자사 이유와 이사진(李士眞)은 이정기의 죽음을 눈치 채고 당나라 쪽에 붙었다. 이들에 의해 장안으로 통하는 운하가 1년 만에 재개되어 당나라는 경제적 어려움에서 벗어난 반면 치청왕국은 어려움에 빠지고 말았다.

그러나 이납 역시 그 아버지에 그 아들이어서 여러 차례 당나라 군사를 공격했는데, 드디어 782년에 변주를 탈환하고 대운하를 다시 막았다. 다급해진 당나라 덕종은 멀리 양자강 남쪽의 강남에서까지 군사를 끌어들여 치청왕국을 공격하게 했는데, 이런 무리한 군사 징발에 백성들은 크게 불만을 가졌다. 급기야 치청왕국 토벌을 위해 출병했던 군대가 반란을 일으켜 당나라 수도 장안을 점령하는 사태까지 발생했다.

덕종은 수도를 버리고 양주로 도망가야 했다. 또한 더 이상 치청왕국을 진압하려다가는 당나라가 망할 수도 있겠다고 판단했다. 그래서 덕종은 치청왕국에 '제(齊)'라는 국호를 내리고, 이납을 국왕으로 책봉했다. 제나라는 중국 고대 전국시대에 그 지역에 있던 나라 이름이었다. 제나라는 당나라와 외교 관계를 맺는 사실상 독립국이 된 것이다.

그러나 다시 이정기 일가에 불행이 닥쳤다. 이납이 792년 서른넷의 젊은 나이로 요절하고 만 것이다. 왕위를 물려받은 지 12년 만의 일이다.

이납의 뒤를 그의 아들 이사고(李師古)가 이었다. 이사고 때에는 당나라 조정과 사이가 나쁘지 않았으나, 근처의 다른 번진들과 자주 다투었다. 제나라에는 소금 산지로 유명한 체주와 군사적 요충지 덕주가 있었는데, 이웃 성덕(成德) 번진에서 이 지역을 빼앗으려고 쳐들어오는 바람에 여러 차

레 전쟁을 치르기도 했다.

이정기를 비롯한 제나라의 임금들은 여러 명이 계속해서 일찍 죽는 불행을 겪는데, 이 사고 역시 806년에 사망하게 된다. 그 뒤를 이복동생 이사도(李師道)가 이었는데, 공교롭게도 같은 해 당나라에서는 11대 황제 헌종이 즉위했다.

망해가는 당나라를 중흥시킨 군주로 평가되는 헌종은 즉위하자마자 주변 번진들의 정

제나라의 국기 | 당나라 덕종은 치청왕국에 '제'라는 국호를 내리고, 이정기의 아들 이납을 국왕으로 책봉했다.

벌에 나섰다. 여러 번진들이 함락되거나 항복했지만, 당나라의 입장에서 가장 시급히 정벌해야 할 대상은 제나라였다. 그러나 제나라는 다른 번진들처럼 만만한 상대가 아니었기 때문에 헌종은 항복한 여러 번진들과 연합군을 구성해 제나라를 공격하려 했다.

고립된 제왕국

이사도는 헌종의 공격에 격렬하게 저항했다. 심지어 제나라 정벌을 주장하는 당나라 대신들을 암살하기 위해 장안으로 자객을 보내기도 했다. 이사도가 보낸 자객들은 번진 토벌을 주장하던 당나라의 재상 무원형(武元

衡)을 암살하고, 배도(裵度)에게 중상을 입혔다. 이 사건은 번진 토벌을 주
장하던 당나라 대신들을 두려움에 떨게 했다. 급기야 대신들이 제나라 정
벌을 반대하기도 했지만, 헌종은 이를 단호하게 물리치고 제나라 정벌을
강행했다. 그러자 여러 번진들도 제나라 공격에 가담했다. 이사도는 사면
초가에 빠졌으나 항복하는 대신 정면 대결을 택했다.

이때 제나라 토벌의 선봉에 선 군대는 무령군이었는데, 공교롭게도 무령
군 장수 중 하나가 신라인 장보고였다. 무령군을 비롯해서 선무군(宣武軍)
등 여러 군사들이 연합하여 공격하자 제나라는 위기에 빠졌다.

이사도는 직접 군사를 이끌고 반격에 나섰으나 운주에서 패전해 8만 명
이나 되는 군사를 잃었다. 그러자 과거 제나라와 친했던 번진들까지 당 연
합군에 가담하면서 제나라는 완전히 고립되고 말았다.

이런 상황에서도 이사도는 끝까지 싸우기로 결심했다. 그러나 부하 장수
유오(劉悟)가 819년 2월 운주성에서 이사도를 죽이고 당에 투항했다. 이
로써 765년 이정기가 평로치청절도사가 됨으로써 시작된 이정기의 치청
왕국, 제나라는 55년 만에 무너지고 말았다.

이정기의 제나라는 이렇게 현실에서 사라졌다. 그러나 이정기 일가는 당
나라의 한복판에 치청왕국과 제나라를 세웠다. 그리고 당나라를 멸망시키
고 고구려 대제국을 부활시키려 했지만 끝내 실패하고 말았다. 비록 성공
하지는 못했지만 그들이 이루고자 했던 고구려 대제국의 꿈은 우리 역사
에 영원히 남아 있을 것이다.

고선지,
세계사의 주역이 된
고구려 유민 출신 장수

아버지를 따라서

오늘날 중국의 가장 서쪽에는 시짱〔西藏〕과 신장〔新疆〕이란 곳이 있다. 티베트 고원이 있어서 티베트라고도 불리는 이 지역은 지금도 당나라의 수도였던 시안(옛 이름은 장안)에서 기차를 타고 며칠이나 가야 닿을 수 있는 먼 곳이었다.

2006년부터는 베이징〔北京〕에서 티베트 수도 라싸까지 칭짱〔青藏〕 열차가 개통되었는데, 평균 해발고도가 4,500미터이며, 가장 높은 곳은 5,072미터로 세계에서 가장 높은 구간을 지나는 열차가 되었다. 칭짱 열차는 승객들이 고산병*으로 숨지는 것을 막기 위해 산소 보급 장치를 설치

* **고산병**
해발 3,000미터 이상에서 산소가 부족해져서 생기는 병

연성(延城) | 현재 신장웨이우얼 자치구 지역의 쿠처[庫車]에 위치해 있다. 쿠처는 당나라 때 안서군이 주둔했던 곳으로, 군사적·상업적으로 중요한 지역이었다.

했을 정도였다.

그런데 지금으로부터 약 1,300여 년 전에 이 고산 지역을 정벌한 고구려 유민이 있었다. 바로 고선지(高仙芝, ?~755) 장군이다.

고선지가 이 지역과 처음 인연을 맺게 된 것은 아버지 고사계(高舍鷄) 때문이었다. 당나라는 고구려인들의 뛰어난 전쟁 솜씨를 이용하기 위해 그들을 군인으로 채용해 주로 이민족들이 사는 변방 지역에 배치했는데, 고사계도 그중 한 명이었다.

고사계는 당나라 안서군(安西郡)의 장교였는데, 안서군은 현재 중국 서북쪽 끝의 신장웨이우얼[新疆維吾爾] 자치구 지역에 있었다. 이 지역은 당나라로서는 이민족과 맞서는 최전방이자 서역으로 가는 실크로드(비단길)의 관문으로서 군사적으로나 상업적으로 대단히 중요한 지역이었다. 아버지를 따라 안서군에 온 고선지는 나이가 차자 아버지처럼 군인이 되었다.

안서군의 가장 큰 문제는 이민족 토번*이었다. 안서군 서쪽에 사는 토번은 추수가 끝나기를 기다려 당나라 서북부의 곡창 지대를 습격해서 곡식을 빼앗아갔다. 또한 더 서쪽의 아랍 제국과 손잡고 실크로드를 장악해 국제 무역의 이익을 독차지해서 당나라를 고립시키기도 했다. 당나라는 여러 차례 안서절도사 부몽영찰(夫蒙靈察) 등에게 수만의 군사를 주어 토번을 정벌하게 했지만, 정벌은커녕 나가는 족족 패하고 돌아왔다.

이 무렵 고선지는 여러 차례 공을 세워 당나라 역사서인 《구당서(舊唐書)》 〈고선지 열전〉에 "나이 20여 세에 장군에 되었다"고 기록될 정도로 빨리 승진했다. 당나라에서 보낸 여러 장수들이 모두 토번 정벌에 실패하자 청년 장군 고선지가 나서게 되었다.

그는 741년 무렵 천산(天山) 산맥 서쪽으로 진격하는데, 군사의 숫자는 겨우 2,000여 명이었다. 그러나 고선지는 이 적은 수의 군사로 천산 산맥 서쪽의 달해부를 정벌했다. 이를 크게 기뻐한 당나라는 그를 안서부도호(安西副都護)로 승진시켰다.

토번 정벌에 나서다

그러나 토번 정벌에 나섰던 다른 안서절도사들은 여전히 패전을 거듭했다. 당나라 현종은 고선지를 일약 행영절도사(行營節度使)로 승진시켰다.

파미르 고원 | 고선지 부대는 중앙아시아의 험준한 파미르 고원을 넘어 서역의 수많은 나라들을 정복했다.

불과 2,000여 명의 군사로 달해부를 점령한 전과를 높이 산 것이다.

현종은 기병과 보병 1만 명을 주면서 토번 정벌을 명령했다. 이로써 고선지는 토번 정벌군의 총사령관이 되었다. 청년 장군 고선지는 즉각 토번 정벌에 나섰다. 《구당서》〈고선지 열전〉은 "이때 보병이 다 자신의 개인 말을 가지고 따랐다"고 기록하고 있다. 말이 큰 재산이었던 시절에 개인 말을 가지고 전쟁에 나서는 것은 아주 드문 일이었다.

이는 고선지 부대가 고선지와 공동운명체라는 생각을 가졌던 고구려 유민들로 구성되었음을 짐작하게 해준다. 원래 전투 잘하기로 유명한 고구려 유민들로 구성된 부대는 강할 수밖에 없었다.

고선지 부대는 이때 험준한 파미르 고원을 넘었다. 파미르 고원에는 깎아지른 듯한 절벽 중간에 사람 한 명이 겨우 지날 수 있는 길밖에 없었다.

그래서 당나라의 그 누구도 파미르 고원을 넘으려는 생각을 하지 못했다. 그러나 고선지는 카르타고의 한니발 장군이 피레네 산맥과 알프스 산맥을 넘어서 로마인의 혼을 빼놓았던 것처럼, 모두의 예상을 뒤엎고 파미르 고원을 넘었다.

토번은 당나라 군대가 설마 파미르 고원을 넘으리라고는 상상도 하지 못하던 차에 고선지 군대가 갑자기 군사 기지인 연운보(連雲堡, 현 파키스탄 동쪽의 사르하드)에 나타나자 혼비백산했다. 결국 토번은 제대로 된 대응 한 번 해보지도 못하고 연운보를 빼앗기고 말았다. 고선지는 여기에 만족하지 않고 보다 더 서쪽에 있는 소발률국(小勃律國)의 수도 아노월성(阿弩越城)으로 진군했다. 소발률국은 토번과 아랍 세계를 연결하는 실크로드에서 얻어지는 이익을 독차지해왔던 나라였다.

그러나 아노월성을 점령하기 위해서는 얼음으로 덮여 있는 해발 5,000여 미터의 힌두쿠시 준령을 넘어야 했다. 파미르 고원도 넘지 못했던 당나라 사람들에게 힌두쿠시 준령을 넘는다는 것은 상상조차 할 수 없는 일이었다. 높을 뿐만 아니라 영하 30도 아래까지 내려가는 곳이니 그럴 만도 했다. 당나라 군사들이 힌두쿠시 준령을 넘는 것을 크게 두려워하자, 고선지는 고구려 유민 출신 군사들을 앞세워 진군했다.

설마 고선지가 힌두쿠시 준령을 넘으리라고는 상상도 하지 못했던 아노월성은 갑자기 나타난 고선지 부대에게 저항했으나 소용없었다. 소발률국의 수도 아노월성을 점령한 고선지는 소발률국의 왕과 토번 공주를 포로로 삼아 당나라로 개선했다.

《구당서》〈고선지 열전〉은 "이 원정 이후 서방 72개국이 당나라에 항복해왔다"고 기록할 정도로 흥분하고 있다. 왜냐하면 이 한 번의 정벌로 토번 산하에 있던 수많은 나라들이 항복해왔기 때문이다.

고선지의 원정으로 당나라는 토번에 대한 그동안의 열세를 극복하고 서역에서 주도권을 차지할 수 있었다. 이는 비단 당나라만의 승리가 아니라 고구려 유민들이 세계사의 주역으로 떠오른 사건이었다.

그러자 고선지의 성공을 시기하는 인물들이 나타나기 시작했다. 앞서 토번 정벌에 실패한 안서절도사 부몽영찰은 고선지를 "개의 창자를 씹어 먹을 고구려 노예"라고 욕하면서 죽이려 했다. 이 사실을 알게 된 환관 변영성은 현종에게 "고선지가 놀라운 공을 세웠는데도 지금 죽을지 모른다며 걱정하게 되었다"고 보고했다. 현종은 화가 나서 부몽영찰을 내쫓고 그의 절도사 자리를 고선지에게 주었다.

탈라스 전투가 발생하다

안서 지역 최고 책임자인 절도사는 그 지역의 왕과 같은 존재였다. 실제로 안서절도사 고선지는 조정의 명령대로만 움직이는 지방관이 아니라 서역 경영의 전권(專權)을 쥔 사실상의 군주였다.

고선지가 서역 경영의 전권을 지녔다는 사실은 오늘날 우즈베키스탄의 수도 타슈켄트에 있던 석국(石國)을 먼저 공격한 데서도 알 수 있다. 당나라 조정에서 정벌 명령을 내리기도 전에 고선지 스스로가 "석국이 번신*으로 예를 갖추지 않는다"면서 조정에 정벌할 것을 요구했던 것이다. 고선지는 이 정벌에서도 승리해 석국 왕을 당나라 수도 장안까지 압송했다.

* 번신(藩臣)
  변방의 신하

변방 이민족들 때문에 속을 썩던 당 현종은 고선지에게 수도 장안의 흥경궁 근처 선양방과 영안방에 두 채의 큰 저택을 하사할 정도로 기뻐했다. 선양방은 양귀비의 사촌 오빠이자 재상인 양국충이 사는 귀족 주택가였으므로, 고선지는 현종에게 왕족에 준하는 대우를 받은 셈이었다.

그러나 고선지가 석국 왕을 압송한 일은 뜻밖의 결과를 낳았다. 장안의 무능한 문신들이 석국 왕을 사형시키고 만 것이다. 이 소식을 듣고 분노한 토번의 여러 부족과 이슬람 제국은 연합군을 결성해 고선지가 절도사로 있는 안서도호부를 공격하려 했다. 사전에 이런 정보를 입수한 고선지는 앉아서 기다리는 대신 먼저 공격을 가했다.

세계사에서 유명한 '탈라스 전투'가 발생한 것이다. 이때 고선지가 이끌고 간 7만여 명의 군사 중에는 이민족 군대인 번군(蕃軍)도 있었는데, 고선지는 이들의 배신 때문에 어려움에 처하게 된다.

751년 7월, 고선지는 서역으로 700리까지 깊숙이 진격해 돌궐·아랍 연합군과 닷새 동안이나 대치했는데, 이때 번군 중에 돌궐족의 한 지파인 갈라록(葛邏祿, 카를루크)이 반란을 일으켜 돌궐·아랍 연합군과 합세했다. 이 반란으로 고선지 군은 대패하고, 고선지 자신도 포로가 될 뻔했으나 부장들의 적극적인 엄호로 겨우 안서로 귀환할 수 있었다.

이 한 번의 패전은 고선지가 그간 목숨을 걸고 쌓아왔던 모든 성공을 앗아갔다. 그는 절도사에서 해임되면서 전권을 지녔던 서역 경영에서 손을 떼야 했고, 왕정견(王正見)이 대신 안서절도사가 되었다. 그리고 고선지는 장안으로 소환되어 그곳에서 거주해야 했다.

소수민족 출신의 고선지가 한 번 무너지자 비난이 잇달았다. 심지어 전에는 크게 칭찬했던 석국 정벌까지도 책망했다. 그가 석국에서 낙타 여섯

태릉(泰陵) | 당나라 6대 황제인 현종의 무덤이다.

마리가 끌어야 할 정도로 많은 금은보석 등을 가져왔다고 비난한 것이다.

그러나 이 기록이 실린 《구당서》〈고선지 열전〉은 "고선지는 자신의 재산을 두루 나누어주기를 잘했기 때문에 사람들이 그의 말을 따르지 않는 자가 없었다"고 기록하고 있다. 고선지가 금은보화를 가져왔다는 비난은 소수민족 출신인 고선지를 욕보이기 위한 거짓에 지나지 않는다. 자신들이 석국 왕을 죽임으로써 발생한 사건의 책임을 고선지에게 떠넘기기 위한 계략이었던 것이다.

안녹산의 반란을 막으며

고선지는 이러한 비난을 묵묵히 견디며 장안에서 살았다. 그러나 안녹산

군사가 수도인 장안까지 위협하자 당 현종은 다시 고선지를 부를 수밖에 없었다. 안녹산과 싸우러 나갔던 장수들이 모두 패전한 뒤였다.

당 현종은 아들 영왕(榮王)을 토적원수, 고선지를 토적부원수로 삼아 안녹산을 진압하라고 명령했다. 그러나 영왕은 이름뿐인 총사령관으로 전쟁터에는 나가보지도 않았다. 그만큼 두려웠던 것이다. 그래서 고선지가 사실상의 총사령관이었다. "고선지 등이 출정할 때 현종이 근정루에 나와서 이들을 전송했다"는 《구당서》의 기록은 고선지의 출정이 바람 앞의 등불과도 같은 신세인 당 조정의 마지막 희망이었음을 말해준다.

전쟁터에 나간 고선지는 당초 낙양과 가까운 섬주(陝州)를 지키라는 명령을 받았다. 그러나 막상 그곳에 가보니 섬주를 지키려 하다가는 수도 장안이 함락당할 우려가 있었다. 그래서 고선지는 전임 사령관 봉상청(封常淸)의 건의에 따라 장안을 지키기 위해 섬주 대신 동관(潼關)을 사수하기로 결정한다. 동관으로 철수하기 전에 고선지는 군사 보급 기지인 태원창(太原倉)의 여러 물품들을 장교와 병사들에게 나누어주고, 나머지는 모두 불태워 반군의 손에 들어가는 것을 막았다.

고선지의 동관 사수 전략은 반군에게 큰 타격을 주었다. 낙양을 점령한 여세를 몰아 동관을 공격하던 반군은 격퇴당했고, 위기에 빠졌던 당 조정은 겨우 한숨을 돌릴 수 있었다. 다시 한 번 고선지의 인기가 하늘로 치솟자 또다시 시기하는 인물이 나타났다. 이번에는 과거 고선지에게 우호적이었던 환관 변영성이었다.

《구당서》는 "변영성이 매번 고선지의 작전에 간섭했으나, 고선지가 그의 말을 거의 듣지 않았다"라고 적어서 고선지가 변영성의 말에 따르지 않고 독자적인 작전을 펼친 것이 원인임을 시사하고 있다.

환관 변영성은 "(전임 사령관) 봉상청이 군심을 동요시켰으며, 고선지는 섬주 땅을 버렸을 뿐만 아니라 국고 물품을 훔쳐 나누어주었다"고 보고했다. 이를 사실로 믿은 현종은 봉상청과 고선지의 목을 베라고 명령했다.

먼저 봉상청의 목을 자른 변영성은 고선지를 처형하려 했으나, 고선지를 따르는 부하들이 많았기 때문에 쉽게 처형할 수 없었다. 변영성은 칼잡이 100명을 따르게 한 다음 고선지를 불러 "대부(大夫)에게도 또한 황제의 명이 있다"면서 체포했다. 《신당서》〈고선지 열전〉은 이 장면을 다음과 같이 생생하게 묘사하고 있다.

고선지는 곧 급히 내려가 말하기를, "내가 (섬주에서) 후퇴한 것이 죄를 지은 것이라서, 이 때문에 죽는다면 어찌 할 말이 있겠는가. 그러나 나보고 창고의 식량을 도적질했다고 하는 것은 모함이다"라고 하고 …… 또 휘하의 사졸들을 둘러보고 말하기를, "내가 너희들을 모집했던 처음 의도는 적을 격파하고 나서 큰 상을 받게 하기 위함이었다. 그러나 적의 기세가 이 순간에도 무성하기 때문에 지금까지 미루어져서 어쩔 수 없이 동관을 지키고 있다. 내게 죄가 있다면 너희들이 그렇다고 말하는 것은 옳다. 그렇지 않다면 억울하다고 외쳐라"라고 말하자 군중에서 모두 "억울하다"고 외쳤는데, 그 소리가 사방에 진동했다.

만약 고선지가 반란을 일으켜 안녹산의 반군과 합세한다면 당나라 조정은 당장 무너질 상황이었다. 고선지가 자신을 따르는 군사들에게 "부당한 명령에 맞서 싸우자"고 선동했다면 수많은 군사들은 창부리를 거꾸로 겨누었을 것이고, 결국 당나라는 망했을 것이다. 그러나 고선지는 그렇게 하지 않았다. 그는 봉상청의 시신을 보고, "그대는 내가 선발했고 또 나와 절도사를 교대했는데, 지금 그대와 함께 죽으니 이는 모두 운명이다"라면서 의연히 죽음을 받아들였다.

세계인 고선지는 이렇게 모함으로 생을 마감했지만 그의 행적은 세계사에 큰 영향을 끼쳤다. 탈라스 전투 때 붙잡힌 당나라 포로들에 의해 제지술, 나침반 등 중국의 여러 기술들이 서방으로 전파되었는데, 이는 서구 문명 발전에 획기적인 계기가 되었다.

고선지의 인생은 이렇듯 억울하게 끝나고 말았지만, 그는 고구려의 유민으로 당나라를 주름잡는 무장이 되어 저 머나먼 실크로드 서쪽을 지배하고, 더 멀리 서쪽 대륙을 정벌했다. 비록 전투에서는 패배했지만, 그 결과로 세계사 발전에 한 밑거름이 되었던 그의 삶은 진정한 세계인의 인생 그 자체였다.

흑치상지,
대륙을 호령한
백제 장군

백제 부흥 운동의 깃발을 들다

우리 역사에서 백제 장군 흑치상지(黑齒常之, 630?~689)처럼 파란만장한 인생을 산 사람도 드물다. 그는 백제가 멸망하자 백제 부흥 운동을 일으켰다. 백제 부흥 운동은 큰 호응을 받았지만 끝내는 실패하고 말았다. 그러자 흑치상지는 당나라로 건너가 머나먼 서쪽 토번과 북쪽 돌궐을 정벌한 인물이다. 1929년에는 흑치상지와 그의 아들 흑치준(黑齒俊)의 지석*이 중국 하남성 낙양시 북쪽에 있는 북망산(北邙山)에서 발견되어 큰 관심을 끌었다. 그때 다른 부장품은 모두 도굴되었지만 지

*지석(誌石)
죽은 사람에 대한 사실을 기록해 무덤에 묻은 판석

석만은 남아 있어 그에 대한 많은 정보를 주고 있다.

지석이 발견되면서 '검은 이빨'이란 뜻의 '흑치'라는 성의 유래도 밝혀지게 되었다. 그 전에는 치아에 검은 물을 들이는 남방의 습속을 가진 집안으로 추측했다. 그러나 지석은 "그 선조는 부여(扶餘) 씨에서 나와 흑치에 봉해졌으므로 자손이 이를 따라 씨(氏)로 삼았다"라고 설명하고 있다. 즉, 흑치 씨는 백제 왕실의 성 부여 씨에서 갈라져 나온 성씨라는 것이다.

달솔이란 높은 관직에 있던 흑치상지는 660년 나·당(신라와 당나라) 연합군의 공격으로 사비성이 함락되자 의자왕과 함께 항복했다. 그러나 그는 당나라가 백제를 노략질하자 곧 당나라 진영에서 탈출했다.《삼국사기》〈흑치상지 열전〉의 다음 기록을 보자.

소정방이 늙은 왕(의자왕)을 가두고는 군사를 풀어 크게 노략질을 하자 흑치상지가 두려워하며 좌우(左右) 우두머리 10여 인과 함께 달아났다. 흑치상지는 (나·당 연합군에) 잡혔다가 도망친 사람들을 불러 모아 임존산(任存山)에 의지해 스스로 굳게 지키자 열흘이 채 되지 않아 합세한 사람이 3만이나 되었다. 소정방이 군사들을 독려하며 (흑치상지를) 쳤으나 이기지 못하니, (흑치상지는) 마침내 200여 성을 회복했다.

흑치상지는 당나라 장수 소정방이 항복한 의자왕을 높이 대접하는 대신, 잡아 가두고 군사를 풀어 크게 노략질하자 백제 부흥 운동의 깃발을 높이 들었다. 그러자 당나라의 노략질에 분개하던 백제인들이 열흘이 안 돼서 3만여 명이 모여들었다. 이는 그의 인망이 높았다는 사실을 말해준다.

삽시간에 백제의 옛 성 200여 개를 되찾은 흑치상지는 소정방이 주둔

하고 있는 백제 수도 사비성(지금의 부여)을 공격하려고 했다. 백제 부흥군
이 기세를 올리면서 나·당 연합군이 정복한 지역은 수도 사비성과 그 일
대에 불과할 정도로 줄어들었다. 자칫하다가는 의자왕을 빼앗기겠다고 생
각한 소정방은 도망가기로 결정했다.

660년 9월, 소정방은 의자왕과 태자 효(孝), 왕자 융(隆)과 대신·장수들
93명과 백제 백성 1만 2,800여 명을 데리고 당나라로 황급히 퇴각했다.

백제 부흥군의 내분

소정방이 의자왕과 왕자들을 당나라로 끌고 감으로써 백제 부흥군은 잠시
목표를 잃어버리고 말았다. 의자왕을 구출해 나·당 연합군을 몰아내고 백
제를 재건하려던 것이 그들의 최종 목표였기 때문이다.

할 수 없이 백제 부흥군은 일본에 가 있던 의자왕의 아들 풍(豊)의 귀국
을 요청했다. 662년 5월, 드디어 왕자 풍이 왜국에서 수군 170척과 함께
귀국해 백제 부흥군의 임금으로 추대되었다. 국왕을 새로 맞이한 백제 부
흥군의 사기는 크게 올랐다.

백제 부흥 운동을 주도한 인물들 중에는 흑치상지 외에도 무왕의 조카
이자 의자왕의 사촌인 왕족 복신과 승려 도침도 있었다. 당나라는 백제 부
흥 운동을 크게 우려했다. 당나라 장수 유인궤는 승려 도침에게 사자(使者)
를 보내 회유했다. 그러나 도침이 도리어 사자를 잡아 가둘 정도로 백제 부
흥군은 거칠 것이 없었다.

그러나 이때 백제 부흥군 내에 내분이 발생한다. 복신과 도침이 서로 싸

우다가 복신이 도침을 죽이고 만 것이다. 그러자 풍왕은 복신을 습격해 체포한 다음 중신 회의에 붙여 그를 처형했다. 백제 부흥군은 순식간에 복신과 도침이라는 두 지도자를 잃고 만 것이다. 이는 그 잘잘못을 떠나 백제 부흥군의 전력을 크게 약화시켰다.

그러나 아직 기회는 남아 있었다. 바로 백강(白江, 지금의 금강 하구) 전투였다. 백제 수도가 함락되자 백제의 제후국이었던 왜국은 대한해협과 가장 가까운 규슈〔九州〕에 태재부(太宰府)를 설치한 후 선박을 건조하고 군사를 훈련시켰다. 백제에서 건너간 왕족이나 장수들이 이런 작업을 주도했을 것으로 추측된다.

드디어 663년 9월, 백강에서 나·당 연합군과 백제·왜 연합군이 격돌했다. 나·당 연합군도 많았지만, 왜국에서 400여 척의 선박으로 건너온 원군 2만 7,000여 명이 가세한 백제·왜 연합군도 만만치 않았다. 전투는 백강 하구를 붉게 물들이며 치열하게 전개되었다.

중국 당나라의 역사서인 《구당서》와 《신당서》는 백제·왜 연합군의 군대를 백제 부흥군의 임금인 "부여풍의 군대"라고 설명하고 있다. 이는 당시 일본에서 온 왜군을 부여풍이 지휘했다는 뜻으로서 일본은 백제의 제후국이었음을 뜻한다. 그러나 백강 전투는 끝내 나·당 연합군의 승리로 끝나고 말았다. 이는 사실상 백제 부흥 운동의 실패를 의미했다.

서기 720년경에 일본에서 편찬된 역사서 《일본서기(日本書紀)》는 백강 전투의 패배와 백제 부흥군의 수도였던 주류성(周留城, 《삼국사기》에는 임존성으로 나옴)이 함락된 사실을 이렇게 전하고 있다.

이때에 나라 사람들이 서로 말하기를, "주류성이 항복했다. 일을 어떻게

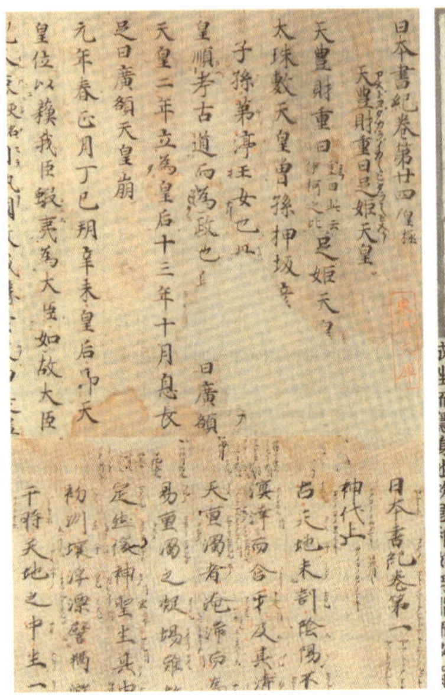

《일본서기》 | 서기 720년경에 편찬되었으며, 《고사기(古事記)》와 함께 일본에서 가장 오래된 역사서이다.

할 수가 없다. 백제의 이름은 오늘로 끊어졌다. 조상의 무덤이 있는 곳을 어찌 다시 갈 수가 있겠는가!"라며 한탄했다.

여기에서 나라 사람들이란 당시 일본의 지배층을 뜻하는데, 이들에게 백제는 조상들의 무덤이 있는 곳이었다. 즉, 백제 사람들이 일본 열도로 건너가 외국을 건설했다는 사실을 말해주는 것이다.

당나라에 항복하다

백강 전투에서 승리한 당나라는 고종의 명령으로 장군 유인궤를 통해서 흑치상지에게 항복을 권유했다. 백강 전투에서 패배했으므로 이제 흑치상지에게 남은 길은 두 가지였다. 하나는 항복을 거부하고 끝까지 싸우다가 죽는 길이었고, 다른 하나는 항복 후 당나라로 건너가 제2의 인생을 사는 길이었다. 흑치상지는 두 번째 길을 선택했다. 백제를 재건할 가망도 없는 터에 싸우다가 목숨만 잃느니 당나라로 건너가 새로운 인생을 살기로 결정한 것이다.

흑치상지는 유인궤에게 항복했고, 당나라의 요구에 따라 백제 부흥군의 마지막 거점인 임존성 공격에 가담한다. 흑치상지의 공격으로 임존성은 함락되었고, 이로써 장장 3년을 끌었던 백제 부흥 운동은 막을 내렸다.

흑치상지는 많은 회한을 남기고 당나라로 건너간다. 그곳에서 그는 수도 장안 부근의 만년현이란 곳에서 살았는데, 그 사이 당나라는 옛 백제 지역에 웅진도독부를 설치해 직접 지배하려 했다. 당초 당 태종은 신라의 김춘추(태종무열왕)에게 백제와 고구려를 멸망시키면 대동강 이남의 영토를 주기로 약속했었다. 이 약속에 따르면 옛 백제 지역은 신라가 다스려야 했지만, 당나라는 약속을 어기고 직접 다스리려 한 것이다.

664년 당나라는 흑치상지를 웅진도독부 산하 웅진성주로 임명해 귀국하게 했다. 그가 웅진성주로 발탁되자 "사중(士衆, 사대부와 백성)이 기뻐했다"라고 지석은 전하고 있다. 이는 그가 당나라에 항복했음에도 옛 백제 백성들에게 높은 평가를 받고 있었음을 말해준다.

이때는 아직 고구려가 멸망하기 전이었다. 그래서 아직 신라는 당나라에 무력으로 대응하지 않고 있었다. 668년 고구려가 멸망하자, 고구려에서도 고구려 부흥 운동이 일어났다. 신라는 고구려 왕족 안승을 고구려왕으로 추대하고, 함께 힘을 합쳐 당나라와 싸우려고 했다. 드디어 670년, 신라 장군 설오유와 고구려 부흥군의 장군 고연무가 서로 손잡고 당나라를 공격

임존성 | 당나라에 항복한 흑치상지의 공격으로 백제 부흥군의 마지막 거점이었던 임존성이 함락되었다.

함으로써 나·당 전쟁이 시작되었다.

당나라는 신라 문무왕의 왕위를 박탈하고, 그 동생 김인문을 신라왕으로 삼고는 대군을 보내 신라를 치려 했다. 그러나 675년 매초성에서 신라에게 크게 패하면서 이듬해 군대를 철수할 수밖에 없었다. 이로써 신라는 당초 약속을 어긴 당나라를 응징하고 자주권을 지킬 수 있었다.

흑치상지는 당나라가 모두 철수하기 전인 672년경 웅진도독부가 무너지자 다시 당나라로 건너갔다. 그리고 좌령군원외장군양주자사(左領軍員外將軍佯州刺史)가 되어 지금의 중국 산시성(山西省) 일부 지역을 다스렸다.

토번과 돌궐 공략에 나서다

흑치상지는 49세 때인 678년, 하원도경략대사 이경현(李敬玄)을 따라 토번 공략에 나서면서 당나라 전역에 이름을 떨치게 된다. 당시 토번은 중국 서쪽의 넓은 지역을 차지했을 뿐만 아니라 당의 서역 진출을 방해했으므로 당으로서는 반드시 토벌해야만 하는 나라였다.

그래서 이경현을 보냈는데, 무신이 아니라 문신이었던 이경현은 처음부터 토번과 싸우는 것을 두려워했다. 토번 군대가 몰려온다는 말을 들으면 달아나기에 급급했으며, 그나마 도망치다가 군대가 진흙 수렁에 빠져 헤어나오지 못하는 등 자칫하면 전멸할 지경이었다.

이때 흑치상지가 불과 500명의 결사대를 이끌고 한밤중에 토번 진영을 역습했다. 졸지에 급습을 당한 토번은 우왕좌왕하며 무너지고, 토번 사령관 발지설(跋地設)은 군대를 버리고 도망치고 말았다. 이 소식을 들은 당 고종은 흑치상지에게 금 500냥과 비단 500필을 내려주고 하원도경략부사로 승진시켰다.

이듬해 토번이 다시 침략하자 이번에도 이경현이 나가 싸웠는데, 3만 명의 토번군에게 또 대패하고 말았다. 그러나 이때도 흑치상지는 정예 기병 3,000명으로 야간에 기습해 2,000여 명을 베고, 수만 마리의 양과 말을 노획하는 데 성공했다. 토번 장군 찬파(贊婆)가 혼자 달아났을 정도로 완벽한 승리였다.

그러자 당 조정은 이경현을 대신해 흑치상지를 하원도경략대사로 승진시켰다. 드디어 총사령관이 된 것이다. 흑치상지는 681년에 토번 장수 찬파가 공격해왔을 때도 1만 명의 기병으로 격퇴하는 등 연전연승을 거둔다. 그가 이 지역을 맡은 7년 동안 당나라는 비로소 골칫거리인 토번의 침략으로부터 한숨을 돌릴 수 있었다.

하지만 당나라의 속을 썩이는 대상은 토번뿐이 아니었다. 북방 유목 민족인 돌궐족도 당나라의 골칫거리였다. 돌궐은 오늘날 터키의 기원이 되기도 하는데, 우리 민족과는 혈연적으로나 언어적으로 아주 가까운 관계에 있다.

돌궐은 부흥 황제인 쿠틀룩(Qutluk)이 등장하면서 크게 성장한다. 그는 여러 곳에 흩어져 있는 부족들을 통합해서 서쪽으로는 알타이 산맥*부터 동쪽으로는 오논 강*에 이르는 대제국을 건설했다. 그러고는 돌궐을 위협하는 당나라를 공격해왔다. 이에 놀란 당나라는 흑치상지를 북쪽으로 보내 돌궐과 싸우게 했다.

*알타이 산맥
서시베리아, 카자흐스탄, 몽골, 중국 신장웨이우얼 자치구에 걸쳐 있는 산맥

*오논 강
헤이룽 강(흑룡강)의 가장 상류 부분을 이루는 강으로 몽골 고원 북부에서 발원해 야블로노이 산맥에서 발원하는 실카 강과 합류한다.

흑치상지가 686년 돌궐 정벌에 나섰을 때의 일이다. 돌궐의 3,000여 기병과 갑자기 맞닥뜨리게 되었는데, 흑치상지는 돌궐군이 갑옷으로 갈아입는 틈을 타서 200여 기의 소수 병력으로 재빨리 습격했다. 진영을 채 정비하기도 전에 공격당한 돌궐군은 우왕좌왕할 뿐 변변한 대응조차 못했고, 흑치상지는 첫 번째 돌궐 전투에서 승리를 거두게 된다.

당 조정은 흑치상지의 이런 능력을 높이 사서 그를 오늘날 몽골공화국 지역을 관할하는 연연도(燕然道) 대총관으로 승진시켰다. 넓은 대륙을 마음껏 호령할 수 있게 된 흑치상지는 687년에는 지금의 산시성 산양현(山陽縣)에서 돌궐 황제 쿠틀룩과 맞붙어 큰 승리를 거둔다. 큰 타격을 입은 돌궐의 대군은 북쪽의 사막으로 돌아갔고, 흑치상지는 그 공으로 연국공(燕國公)의 작위를 받았다.

억울한 죽음

그러나 고구려 유민 고선지가 그랬던 것처럼 백제 출신 흑치상지의 승승장구 역시 많은 사람들의 시기를 받았다. 흑치상지는 687년 회원군경략대사가 되어 좌감문위중랑장 찬보벽과 함께 돌궐 토벌에 나섰는데, 찬보벽이 공을 탐내면서 문제가 발생했다.

찬보벽은 흑치상지와 함께 전략을 수립하라는 조정의 명을 무시하고 혼자 무리하게 진격하다가 전군이 궤멸하고 말았다. 이 패전으로 찬보벽은 사형을 당했지만 흑치상지의 처지도 곤란해졌다.

설상가상으로 주흥(周興)이란 인물이 흑치상지가 우응양장군 조회절(趙

懷節)의 모반 사건에 연루되었다고 무고(誣告)하는 바람에 옥에 갇히게 되었다. 흑치상지는 이 사건과는 아무런 관련이 없었으나 끝내 혐의를 벗지 못했고, 689년 10월 9일 60세를 일기로 억울하게 교수형에 처해졌다. 광활한 대륙을 종횡무진 누볐던 맹장의 최후치고는 허무한 것이었다.

그 후 흑치상지를 무고한 주흥 역시 다른 모반 사건에 연루되어 사형당했다. 그러자 흑치상지의 장남 흑치준이 아버지의 신원*을 요청했다. 측천무후*는 이 신원을 받아들여 흑치상지를 좌옥검위대장군으로 추증해 그의 명예를 회복시켜주고, 그의 시신도 왕족과 귀족들이 묻히는 북망산으로 이장시켜주었다. 그의 묘지명에는 "마땅히 원통함을 풀어주어서 무덤에 가 있는 혼이라도 위로를 해주리라"는 측천무후의 제서(制書)가 실려 있다.

비록 흑치상지는 억울하게 세상을 떠났으나, 망국의 장군으로 당나라로 건너와 드넓은 대륙을 거침없이 주름잡았던 백제 장군의 기개는 역사에 길이 남을 것이다.

* **신원(伸寃)**
  가슴에 맺힌 원한을 풀어버림

* **측천무후(則天武后)**
  당나라 고종의 황후로 제왕의 자리에 오른 중국 역사상 유일한 여제(女帝)

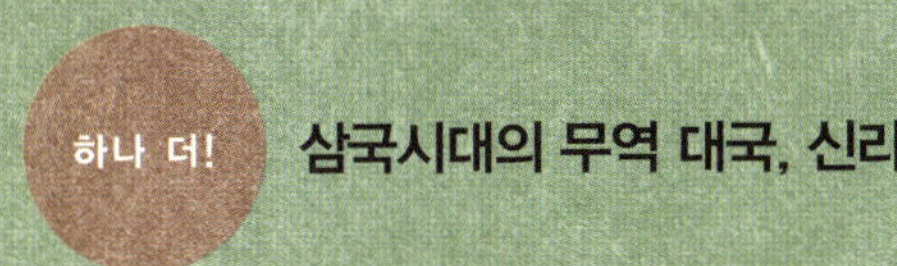

신라, 신라인

동경 밝은 달에 밤늦게 노닐다가

들어와서 자리를 보니 다리가 넷이구나

둘은 내 것이지만 둘은 누구의 것인가

본디 내 것이지만 빼앗겼으니 어찌하겠는가.

이 노래는 처용(處容)이 불렀다 해서 〈처용가〉라고 하는데, 이와 관련해 재미있는 설화가 전해진다.

처용의 아내는 매우 아름다웠는데, 그만 역신(疫神, 전염병 신)이 처용의 아내에게 반했다. 역신은 밤마다 사람 모습으로 변해 처용의 아내와 몰래 잤는데, 어느 날 처용에게 발각되고 말았다. 처용은 화를 내는 대신 이 노래를 부르며 춤을 추면서 물러나왔다. 역신은 황급히 뛰어나와 본래의 모습으로 변해서는 처용 앞에 무릎을 꿇고 말했다.

"제가 공의 아내를 사모해 큰 잘못을 저질렀는데도 공이 노여워하지 않는 것을 보고 감동했습니다. 이제부터는 공의 모습이 그려진 그림만 보아도 그 문 안으로 들어가지 않겠습니다."

이후 신라 사람들은 대문에 처용의 그림을 그려놓아서 역병을 막았다는

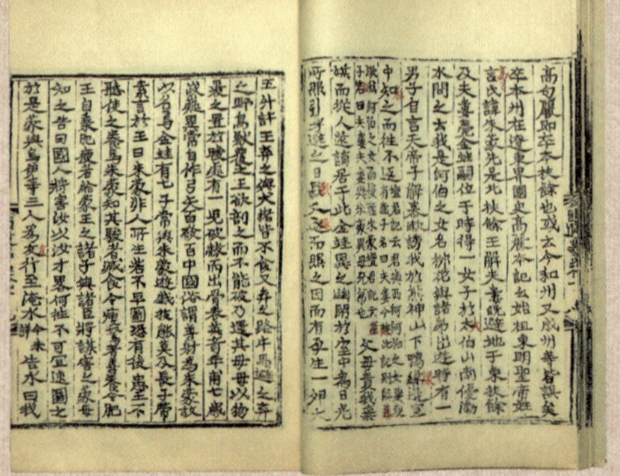

《삼국유사》 | 고려 충렬왕 7년(1281)에 승려 일연이 신라·고구려·백제 삼국의 유사(遺事)를 모아서 지은 역사서이다.

것이다. 그리고 이런 습속이 고려시대까지 이어졌다는 것이 《삼국유사》에 나오는 '처용 설화'의 내용이다.

그렇다면 고려시대까지 역병을 쫓는 부적의 역할을 해왔던 처용은 누구인가?

용왕의 아들 처용

처용은 신라 헌강왕(재위 875~886) 때의 인물로, 헌강왕이 바깥나들이를 하다가 개운포(현재의 울산)에서 만난 용왕의 아들이다. 헌강왕은 그를 서라벌로 데려와 정사를 돕게 했다. 왕은 처용이 뛰어난 능력을 보이자 아름다운 여인을 아내로 삼게 했고, 급간이란 벼슬도 주었다. 처용을 신라에 눌러 살게 하기 위해서였다.

이는 처용이 신라가 마음에 들지 않으면 떠날 수도 있는 인물이었음을 암시한다. 처용이 신라인이 아닐 가능성도 있다는 뜻이다. 김부식이 편찬한 《삼국사기》는 처용을 "그 모양이 괴상하고 의관도 다르다"고 기록하고 있다. 신라인이 보기에 처용은 그 생김새도, 옷차림도 많이 달랐다.

처용은 외국인일 가능성이 높다. 조선 성종 때 편찬된 음악책 《악학궤범(樂學軌範)》은 처용을 "눈이 깊고 코가 높은" 사람으로 그려놓았는데, 이 또한 신라인이라기보다는 '서역인'이라고 불렸던 외국인의 모습에 가깝다.

헌강왕이 처용을 만난 개운포는 신라 수도 경주에서 가까운 울산항을 뜻하는데, 그 주변은 소금과 칼의 산지이기도 했다. 신라 최대의 국제 무역항이었던 개운포는 신라 상인들뿐만 아니라 당나라 상인과 멀리 서역 상인까지도 왕래했다. 서역 상인들은 주로 아랍 상인들을 지칭하는 말인데, 계절풍을 이용하는 남방 항로를 통해 인도와 동남아시아를 거쳐 중국 남부까지 와서 국제 무역을 했다.

《삼국사기》나 《악학궤범》 등에 기록된 처용의 용모는 바로 이 서역인의 모습이다. 실제로 당나라에서는 처용처럼 조정에 등용되어 관직에 오른 아랍인들이 여럿 있었다.

서역이 동양에 처음 알려진 것은 서기전 138년 한 무제(漢武帝)가 파견한 장건(張騫)이 대월지국(大月支國)에 다녀오면서부터이다. 이때 처음으로 한나라가 서역과 교통하게 되었다. 이 지역은 오늘날 중국 북서쪽의 신장웨이우얼 자치구 서쪽 타림 분지 일대로, 한나라 때에 이미 '서역에 있는 36개' 또는 '서역에 있는 50여 개국'으로 일컬어졌다.

서역과 동양의 교통로는 뱃길인 남방 항로 외에 육로도 있었는데, '중국-중앙아시아-서아시아-터키(이스탄불)-로마'까지 장장 1만 2,000킬로미터에 달하는 긴 길이었다. 이 길이 그 유명한 '비단길(실크로드)'인데, 비단길이란 19세기 후반 독일의 지리학자 리히트호펜(1833~1905)이 중국에서 서역으로 수출되는 가장 중요한 품목이 '비단'이란 점에 착안해 지은 이름이다.

이러한 기나긴 동서 교통로를 따라 비단과 칠기, 철기를 비롯한 여러 가지 중국 문물이 서역까지 팔려 나갔고, 각종 식물과 유리, 약재, 인도의 천문역

법, 의약, 제당·양조술, 악기 등 많은 서역 문물이 중국으로 유입되었다. 그런데 이들 중국 상인들과 서역 상인들은 각각 중국과 서역만을 왕래한 것이 아니라 신라도 오갔던 것이다.

신라의 경주와 개운포는 1만 2,000킬로미터에 이르는 기나긴 비단길의 동쪽 끝이었다. 서역인들이 신라에 왔다는 사실은 이들이 남긴 기록을 통해서도 알 수 있다. 서역인들은 9세기 말부터 이런 사실을 기록했는데, 다음과 같은 내용들이다.

중국의 동쪽에 한 나라(신라)가 있는데, 그 나라에 들어간 사람은 그곳이 공기가 맑고 부유하며 땅이 비옥하고 물이 좋을 뿐만 아니라 주민의 성격 또한 양순하기 때문에 그곳을 떠나려고 하지 않는다.

그곳(신라)을 방문한 여행자는 누구나 정착하여 다시 나오고 싶어 하지 않는다. 그 이유는 그곳이 매우 풍족하고 이로운 것이 많기 때문이다. 그 가운데서도 금은 너무나 흔해서 심지어 그곳 주민들은 개의 쇠사슬이나 원숭이의 목줄도 금으로 만든다. 그들은 또 스스로 옷을 짜서 내다 판다.

(신라인들은) 가옥을 비단과 금실로 수놓은 천으로 단장하며, 식사 때에는 금으로 만든 그릇을 사용한다.

(신라의) 주민들은 세상에서 가장 아름다운 외모를 가지고 있으며 질병도 가장 적다.

지금으로부터 1,000여 년 전 신라인의 생활 모습을 짐작할 수 있게 해주는 기록들이다. "신라에 들어간 사람은 그곳을 떠나려고 하지 않는다"는 기록은 신라에 많은 외국인들이 왔다가 그대로 눌러앉았음을 말해준다.

신라인들 또한 당나라 해안 지역에 많이 진출해 있었는데, 그들 중 일부는 서역으로 직접 가기도 했을 것이다. 즉, 비단길은 서역 상인들과 중국 상인들만 밟은 것이 아니라 신라인들도 밟았음을 뜻한다.

신라 조각상의 서역인들

신라는 많은 물품을 중국과 서역으로 수출했다. 비단·칼·사향·침향·말안장·도자기·초피*·범포*·육계* 등이었는데, 특히 울산 지방에서 제작된 은장도는 '천하 명품'으로 유명했다. 이런 물품들을 가지고 신라인들은 중국과 서역을 누볐던 것이다.

***초피(貂皮)**
담비 가죽

***범포(帆布)**
배의 돛을 만드는 천

***육계(肉桂)**
계수나무 껍질

또한 신라는 서역에서 많은 물품을 수입하기도 했다. 수입 물품은 각종 향료와 유리 기구·옥·모직물·양모·악기 등이었다. 신라의 왕실과 귀족들은 이런 서역 물건들을 매우 좋아해서 선풍적인 인기를 끌었다. 이런 수입품이 너무 유행하자 신라는 사치품이라는 이유로 왕실 이외에서는 사용을 금할 정도였다.

서역인이 신라에 자주 왕래했음을 보여주는 또 하나의 증거는 경주에 남아 있는 조각상들이다. 그중 하나인 경주 괘릉(掛陵)은 신라 원성왕(785~798)의 무덤으로 알려져 있는데, 여러 걸작 석조물들이 있다. 괘릉이 더욱 유명한 것은 이색적인 용모와 복장을 한 무인석(武人石) 때문이다.

이 무인석은 부릅뜬 큰 눈을 갖고 있다. 또한 눈썹 사이가 매우 가까우며,

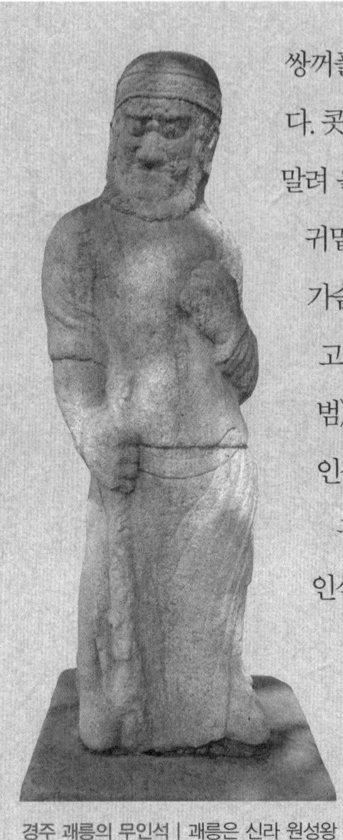

경주 괘릉의 무인석 | 괘릉은 신라 원성왕의 무덤으로 알려져 있으며, 이곳에 눈이 깊고 코가 높은 서역인 형상의 무인석이 세워져 있다.

쌍꺼풀진 눈이 푹 들어가서 눈썹이 더욱 두드러진다. 콧등이 우뚝한 매부리 형상의 높은 코에 양끝이 말려 올라간 이른바 '팔(八) 자 콧수염'을 갖고 있다. 귀밑부터 흘러내린 곱슬곱슬하고 숱 많은 수염이 가슴까지 닿아 있는데, 중앙아시아식 터번을 쓰고 있다. 이 무인석의 모습은 한마디로 《악학궤범》에서 말한 "눈이 깊고 코가 높은" 서역인 무인상이다.

흥덕왕(826~835) 무덤의 무인석도 괘릉의 무인석과 비슷하다. 경주군 안강(安康)에 있는데, 괘릉과 마찬가지로 서역인 모습의 무인석이 한 쌍 자리 잡고 있다.

이러한 서역인 모습의 무인석은 그들이 처용처럼 신라 조정에서 벼슬을 했다는 사실을 말해준다. 또한 처용 그림이 역신을 막는 기능을 한 것처럼 서역인 무인상은 무덤의 수호신 역할을 했던 것이다. 이색적 용모의 무인석을 세운 것은 무덤의 수호신이 되기를 바란 것이었다.

신라인들이 서역인 모습의 무인석을 만든 것처럼 당나라에서도 서역인 모습의 여러 무인상을 만들었다. 그러나 당에서 제작한 서역인 형상의 호인용*은 크기가 30센티미터 내외에 불과한 작은 것이었다. 반면 신라의 무인석은 당나라 것보다 거의 10배나 큰 것으로, 키가 257센티미터나 되

----

*호인용(胡人俑)
　이민족 인형

었다. 클 뿐만 아니라 살아 있는 것처럼 생생하다. 또한 중국의 호인용은 갑옷을 입고 있고, 신라의 무인석은 평복을 입고 있는데, 이는 신라 무인석이 당나라 호인용을 모방한 것이 아니라는 사실을 뜻한다.

흥미로운 것은 괘릉 무인상이 오른쪽 옆구리에 차고 있는 10센티미터 가량의 복주머니이다. 이 복주머니는 동양, 특히 한국 고유의 장신구이다. 이런 복주머니를 신라에 살던 서역인이 차고 있다는 사실은 서역인들이 신라인들과 하나가 되었음을 말해준다.

이처럼 서역 사람들이 신라에 관한 기록을 남긴 것이나, 신라 국왕의 무덤 앞에 서역인 모습의 무인석들이 서 있는 것은 많은 서역인들이 신라를 왕래하고, 심지어는 정착하여 살았던 당시의 상황을 보여준다.

신라는 지금의 우리 생각과는 달리 국제화된 나라였다. 신라에는 당나라 사람들은 물론 저 멀리 서역인들까지 모여들어서 자유롭게 왕래하거나 눌러 살았다. 경주는 로마에서 시작하는 실크로드의 동쪽 끝이었다. 또한 신라 상인들도 실크로드를 통해 저 머나먼 서역을 오갔던 것이다.

한국사를 빛낸 위대한 승리의 순간들

조·한 전쟁
고조선과 한나라의 전쟁

한나라와 다투는 고조선

우리 민족 최초의 국가였던 고조선(古朝鮮)은 중국의 통일 제국이었던 한(漢)나라와 큰 전쟁을 치렀다. 단군이 세운 고조선은 서기전 2세기 무렵 큰 변화를 겪게 된다. 준왕(準王)이 고조선의 임금이었을 때 연나라에서 위만(衛滿)이란 인물이 망명한 것이다.

준왕은 위만의 능력을 높이 사서 서쪽 변경을 지키는 장수로 임명했다. 그런데 위만은 고조선의 왕위에 욕심을 가진 인물이었다. 그는 어느 날 준왕에게 한나라 군대가 쳐들어온다고 거짓으로 보고해서 왕궁의 성문을 열게 했다. 위만은 성문이 열린 틈을 타서 군사들과 함께 들이닥쳐 준왕을 내쫓고 임금이 되었다. 위만이 왕이었던 나라를 '위만조선'이라고 하는데, 위만이 고조선 강역* 전체를 차지한 것은 아니었다. 위만은 고조선의 서쪽 강역 일부만을 차지하고는 고조선의 임금이라고 주장했다.

위만은 야심찬 인물답게 고조선의 임금이 된 후 나라의 힘을 키워나갔다. 중국의 사마천이 지은 고대 역사서 《사기(史記)》에는 위만조선에 관해 서술한 〈조선열전〉이 있다. 여기에 "진번과 임둔이 위만에게 항복하고 그 소속이 되었다"라는 기록이 있는데, 이는 위만조선이 강역을 넓혀나간 사실을 말해주는 것이다.

위만의 손자 우거왕(右渠王)은 더욱 강한 기세로 고조선을 발전시켰다. 한나라는 위만조선을 복속시키기 위해 우거왕에게 수도 장안을 방문하라고 요구했는데, 우거왕은 이를 거부했다. 뿐만 아니라 주변의 여러 나라들이 한나라에 조공하려는 것을 막고 위만조선에 조공을 바치게 했다. 위만조선 주변 여러 나라들의 상국(上國)은 한나라가 아니라 위만조선이라는 뜻이었다. 즉, 한나라와 고조선은 대등한 나라라고 생각한 것이다. 한나라는 우거왕이 고조선 주변 국가들의 조공을 막은 것에 대해 몹시 화를 냈다.

서기전 109년 한나라 무제는 사신 섭하(涉何)를 우거왕에게 보내 조공하라고 요구했는데, 우거왕은 당연히 이를 거부했다. 우거왕은 귀국하는 한나라 사신 섭하를 비왕(裨王) 장(長)에게 배웅토록 했다. 아무것도 얻은 것 없이 돌아가던 섭하는 국경 패수(浿水)까지 배웅 나온 비왕 장을 찔러 죽이고 강을 건너 도망쳤다. 그러나 한 무제는 배웅 나온 사람을 찔러 죽인

섭하를 꾸짖기는커녕 도리어 잘했다고 칭
찬하면서 요동동부도위라는 벼슬까지 내
렸다. 게다가 요동동부도위는 고조선을 상
대하는 벼슬이었다.

　이 소식을 듣고 화가 난 우거왕은 군사
를 이끌고 패수를 건너가 섭하를 죽여버

렸고, 이에 한 무제는 군사를 일으켜 조선을 공격했다. 서기전 109년 가을,
조선*과 한나라의 전쟁인 '조·한 전쟁'은 이렇게 시작되었다.

1차 전쟁에서 승리한 고조선

이때 한나라에서 보낸 군대는 죄수들로 편성된 부대였다. 죄수들은 전쟁
에서 공을 세우면 죄가 사면되고 상까지 받을 수 있기 때문에 목숨을 아끼
지 않았다. 한 무제는 누선장군(樓船將軍) 양복(楊僕)에게 군사 5만 명을
주어 산동반도에서 배를 타고 조선으로 가게 했다. 좌장군 순체에게는 육
군을 주어 요동으로 진격하게 했다. 수군과 육군으로 아래위에서 협공하
려는 계획이었다.

　한나라 대군을 맞은 우거왕은 지형이 험한 곳에 진을 치고 싸웠다. 한나
라의 선봉은 좌장군 순체의 부하 다(多)가 이끄는 정예 병력이었다. 모든
전쟁에는 첫 싸움이 가장 중요한 법인데, 이 첫 번째 전투에서 우거왕은 한
나라 선봉 부대를 여지없이 격퇴했다. 화가 난 좌장군 순체는 패배하고 돌
아온 장수 다의 목을 베어버렸다.

오늘날 요동의 모습 | 중국 요하(랴오허 강)의 동쪽 지방. 우리나라에서 중국으로 가는 중요한 육상 통로로, 이곳의 영유권을 놓고 우리나라와 중국, 북방 민족 간의 다툼이 치열했다.

한편 산동반도를 떠난 누선장군 양복은 수군 7,000명을 거느리고 먼저 고조선의 수도 왕검성(왕험성이라고도 함)에 도착해 맹렬한 공격을 퍼부었다. 그러나 우거왕은 고조선 군사들을 지휘하여 성을 굳게 지켰다.

왕검성은 함락되지 않고 시간만 자꾸 흐르자 지친 한나라 군사들은 한눈을 팔게 되었다. 우거왕은 그 틈을 놓치지 않고 기습 공격을 감행했다. 갑작스런 습격을 당한 한나라 군사들은 삽시간에 무너지면서 도주하기 시작했다. 부하를 다 잃어버린 양복은 산 속에서 10여 일 동안이나 숨어 있다가 흩어진 군사들을 겨우 불러 모았다. 좌장군 순체도 고조선에 패해 결국 한나라는 육군과 수군이 모두 패전하고 말았다.

패전 보고를 받은 한 무제는 위산(衛山)을 사신으로 보내 조선과 강화 협상을 하도록 했다. 전쟁으로 이길 수 없으니 협상으로 끝내려는 계획이었다. 우거왕은 아들인 태자를 협상 대표로 내보냈다. 회담 장소가 국경인 패수 건너였으므로 태자는 신변 보호를 위해 1만여 명의 조선 군사들을 거느리고 건너려 했다. 그러나 한나라 위산은 태자에게 무장을 해제한 후 패수를 건너라고 요구했다. 이를 속임수라고 생각한 태자는 패수를 건너지 않고 군사를 이끌고 돌아가버렸다. 강화 협상은 서로 한 번 마주 앉지도 못하고 결렬되고 말았다.

위산이 돌아와 이 사실을 보고하자 화가 난 무제는 그의 목을 베어버렸다. 고조선을 꺾을 수 없다고 판단한 무제는 적당한 선에서 전쟁을 마무리하고자 했지만, 강화에 실패했으니 전투는 다시 이어질 수밖에 없었다.

2차 전쟁 – 치열했던 왕검성 싸움

위산이 사형당했다는 소식을 들은 순체는 목숨 걸고 싸우는 수밖에 도리가 없었다. 그는 부하들을 독려하며 패수를 지키던 고조선 군사와 싸워 드디어 첫 승리를 거두었다. 순체는 그 기세를 몰아 고조선 수도 왕검성까지 진격해 성의 서북쪽을 포위했다. 누선장군 양복은 성의 남쪽에 진을 쳤다. 이렇듯 한나라가 초반에 승리를 거두고 왕검성을 포위하면서 2차 전쟁은 시작됐고, 고조선은 위기에 빠졌다.

그러나 우거왕이 군사와 백성들을 단속해서 성을 굳게 지키는 바람에 금방 떨어질 것 같았던 성은 몇 달이 지나도 함락되지 않았다. 그러자 한나라 장군들은 의견이 갈라져 서로 싸우게 되었다. 좌장군 순체는 성을 함락시킬 때까지 더욱 맹렬하게 공격하자고 주장했고, 누선장군 양복은 이에 반대하면서 고조선 지배층과 협상하자고 주장했다.

몇 달이 지나도록 왕검성을 함락시키지 못한 채 장수들 사이에 내분만 커가자, 화가 난 무제는 제남태수 공손수(公孫遂)를 파견했다. 그러나 공손수는 사태를 수습하기는커녕 오히려 두 장군의 불화에 휘말리고 만다.

순체는 공손수에게 양복이 고조선과 내통하기 때문에 맹렬한 공격을 반대하고 있다면서, 양복을 체포하지 않으면 조선군과 합세해 자신들을 공격할 것이라고 주장했다. 순체의 주장이 사실이라고 생각한 공손수는 양복을 전격적으로 체포한 후 양복이 지휘하던 수군까지 순체에게 붙여버렸다.

공손수가 돌아와 이런 사실을 보고하자 화가 난 무제는 공손수의 목을 베어버린다. 내부 다툼을 막기는커녕 한쪽 편을 들었을뿐더러, 자신의 명령 없이 군사를 합쳐버렸기 때문이다. 공손수는 사형당하고 양복은 체포된 상황에서 한나라 군사를 지휘할 인물은 맹렬한 공격을 주장했던 순체밖에 없었다. 순체는 연일 왕검성을 공격했으나, 우거왕과 조선군은 굳세게 모든 공격을 막아냈다.

조선에 내분이 발생하다

그러나 전쟁이 오래 지속되자 조선 내부에도 틈이 생겼다. 조선의 벼슬아치들인 조선상 노인(路人)과 한음(韓陰), 이계상(泥谿相) 삼(參), 장군 왕겹 등은 서로 모여서 이렇게 의논했다.

"처음 누선장군 양복에게 항복하려 했으나 누선장군은 지금 잡혀 있고 좌장군(순체) 단독으로 군사를 합하여 맹렬하게 공격하니, 맞서 싸우기 어려운데도 우거왕은 항복하려 하지 않는다."

이들은 양복과 적당히 협상한 후 전쟁을 끝내려 했으나, 양복이 체포되자 좌장군 순체와 협상하려고 했던 것이다. 그러나 우거왕이 모든 협상을 거부하고 끝까지 싸우려 하자, 조선의 지배층은 왕검성을 탈출하기 시작했다. 노인과 한음, 왕겹은 왕검성을 탈출해 한나라에 항복했는데, 노인은 탈출하는 도중 길에서 죽고 만다.

이때 왕검성에 남은 이계상 삼이 우거왕을 암살했다. 암살에 성공한 이계상 삼은 한나라에 성을 바치고 항복하려 했으나, 우거왕의 충신이었던 성기(成己)가 우거왕을 대신해 굳게 싸우는 바람에 무산되었다.

성기의 저항 때문에 왕검성 함락에는 실패했지만 한나라 장군 순체는 이간질이 효과가 있다는 사실을 알아차렸다. 그래서 순체는 사람을 보내 우거왕의 아들 장항(長降)과 노인의 아들 최(最)에게 대신 성기를 죽이라고 권유했다. 이를 받아들인 이들이 성기마저 살해하자 드디어 왕검성이 함락되었다.

서기전 108년 여름, 1년 이상을 끌어온 조선과 한나라의 전쟁은 이처럼 고조선 지배층의 내분으로 막을 내리게 된 것이다.

이상한 논공행상[*]

왕검성이 함락된 후 한 무제는 공에 따라 상을 내렸는데, 한나라에 항복했던 조선의 지배층들에게

[*] **논공행상(論功行賞)**
공적의 있고 없음이나 크고 작음을 논의하여 그에 알맞은 상을 주는 것

는 모두 후(侯)라는 높은 벼슬을 내렸다. 후는 황제 밑의 왕을 뜻하는 것이었다. 우거왕을 죽인 이계상 삼은 획청후, 한음은 추저후, 왕겹은 평주후, 우거왕의 아들 장항은 기후로 봉했다. 노인의 아들 최는 아버지가 죽은데다 공이 크다 하여 온양후로 삼았다.

이처럼 고조선의 지배층들은 모두 왕에 해당하는 높은 봉작을 받았다. 반면 전쟁에 나섰던 한나라 장군들은 모두 벌을 받았다. 한나라의 좌장군 순체는 양복과 서로 공을 다투고 시기하여 계획을 어긋나게 했다는 이유로 무제로부터 기시*라는 엄한 형벌을 받았다.

누선장군 양복도 전쟁에 패하여 많은 군사를 잃었다는 이유로 사형당할 뻔하다가 많은 속전*을 바치고 목숨은 건졌다. 그러나 신분은 귀족에서 서인(庶人)으로 떨어졌다. 위산과 공손추는 이미 사형당한 뒤였다. 중국 고대 역사서 《사기》를 편찬한 사마천은 이를 평가하면서 "양군(兩軍, 육군과 수군)이 함께 욕을 당하고, 장수로서 후에 봉해진 자가 아무도 없었다"고 평가했다.

고조선과 전쟁에 나섰던 한나라 장수들은 모두 사형당하거나 서인으로 강등되었는데, 이는 한 무제의 조선 정벌이 사실상 실패했음을 보여주는 것이다.

고조선이 멸망한 후 한나라는 그 옛 땅에 한사군(漢四郡)을 설치했다고 하지만, 이 지역은 한나라 지방관이 아니라 한나라의 후(侯)로 책봉된 고조선의 지배층들이 다스렸던 것으로 보인다. 고조선의 지배층들은 이 지역의 지배권을 그대로 유지시켜주겠다는 약속을 받고 항복한 것이고, 그 약속대로 모두 후로 봉해져 이 지역을 다스렸을 것이다. 따라서 조선을 정벌하고 4군을 설치했다고 했으나, 이는 고조선 일부 지역에 불과한 것이었거나 형식적인 것뿐이었을 가능성이 높다.

일제 강점기 때 조선총독부는 우리 역사가 외국의 식민지로 시작했다고 주장하기 위해서, 한사군의 위치를 평양을 중심으로 한 한강 이북이라고 주장했다. 그러나 중국의 여러 고대 역사서들은 한사군의 위치를 지금의 베이징 동쪽 허베이성(하북성) 일대였다고 말하고 있다.

이 전쟁을 직접 기록한 역사가 사마천은 '한사군'의 이름조차 《사기》에 남기지 않았다. 낙랑·진번·임둔·현도라는 이름은 사마천이 아니라 후세의 사가들이 기록한 이름에 지나지 않는다.

고·수 대전
고구려와 수나라의 전쟁

수나라의 중국 통일

역사학자이자 독립운동가였던 단재 신채호 선생은 "중국에 통일 국가가 들어서고, 한국에도 통일 국가가 들어서면 반드시 충돌하게 되어 있다"고 말했다. 중국의 통일 왕조인 수나라와 고구려가 전쟁을 한 이유도 이 때문이라는 것이다.

고구려가 한창 국력을 키워가던 6세기 말, 중국은 남북조(南北朝)라고 불리는 분열의 시기였다. 황하(황허 강)를 기준으로 북쪽에서는 북조(北朝)가, 남쪽에서는 남조(南朝)가 들어섰는데, 남북조 모두에서 여러 나라가 세워지고 사라지기를 반복했다. 그러던 중 양견(梁堅, 수 문제)이 세운 수(隋)

나라가 서기 589년 남조의 진나라를 멸망시키고 마침내 중국을 통일했다.

수나라가 건국되자 고구려와 사이가 좋지 않았던 신라는 수나라와 외교 관계를 맺어 고구려를 압박하려 했다. 고구려는 이에 맞서 서북방의 돌궐과 외교 관계를 맺었다. 그리고 신라 진흥왕이 백제 성왕을 전사시켜 신라와 사이가 나빠진 남방의 백제와도 동맹을 맺었다. 이로써 동북아시아에서는 수와 신라가 결연한 동서 세력과 돌궐·고구려·백제가 서로 결연한 남북 세력이 팽팽하게 대립하게 되었다.

동서 세력의 맹주는 중원의 패자 수나라였고, 남북 세력의 맹주는 북방의 패자 고구려였다. 어느 한 세력이 굴복하지 않는 한 각 세력의 맹주인 수와 고구려의 대결은 피할 수 없는 것이었다.

1차 고·수 대전 – 고구려가 먼저 공격하다

중원을 통일한 수 문제(文帝)는 고구려에 국서를 보내, 복종하지 않으면 정벌하겠다고 협박했다. 영양왕은 이에 굴복하는 대신 말갈 군사 1만여 명을 이끌고 두 나라의 국경 역할을 했던 요하(遼河, 랴오허 강)를 건너 수나라의 요서 지방을 먼저 공격했다. 그러나 수나라 영주총관 위충(韋沖)이 반격하자 영양왕은 요하를 건너 되돌아왔다.

고구려가 수나라를 먼저 공격한 것은 보통 사건이 아니었다. 영양왕이 직접 1만여 명의 군사를 이끌고 요서 지역을 공격했다는 사실은 수나라와의 전면전을 각오하지 않고는 할 수 없는 일이었다. 특이한 점은 영양왕이 동원한 군사가 고구려의 정예 부대가 아닌 말갈 군사라는 점이었다. 영양왕은 자신의 친위군을 두고 있었으나 일부러 말갈 군사를 이끌고 간 것이다.

이 공격으로 전쟁 위기가 높아졌다. 영양왕은 어차피 전쟁을 피할 수 없다면 고구려를 전시 체제로 바꾸기 위해 선제공격을 감행한 것이다. 전쟁이 일어날 기미가 높아진 고구려는 국왕을 중심으로 더욱 뭉치게 되었고, 영양왕은 이렇게 수나라의 공격에 대비했다.

영양왕의 짐작대로 수 문제는 즉각 대항해서 군사를 일으켰다. 김부식이 편찬한 《삼국사기》는 이 사실을 이렇게 적고 있다.

수 문제는 (영양왕이 공격했다는 보고를) 듣고 크게 노해 한왕(漢王) 양양(楊諒, 문제의 넷째 아들)과 왕세적(王世積, 뒤에 이세적으로 이름이 바뀜)을 원수로 삼아 수군과 육군 30만을 거느리고 가서 치게 하였다.

곧 수나라 30만 대군이 고구려로 쳐들어왔다. 수 문제의 아들인 한왕 양양은 육군 총사령관이었는데, 육군은 임유관(臨楡關, 오늘날의 산하이관)을 열고 고구려로 진격했으며, 수군 총사령관 주라후(周羅侯)는 산동반도에서 배를 타고 평양성으로 나아갔다. 고구려와 수나라의 1차 전쟁이었다.

수나라는 30만 대군으로 단번에 고구려를 멸망시키려 했지만, 전쟁의 상황은 수나라의 뜻대로 돌아가지 않았다. 1차 전쟁에 대한 중국의 기록에 따르면, 수나라 육군은 임유관을 통해 고구려 영토 안으로 들어오는 데는 성공했다. 그러나 군량 보급이 미처 뒤따르지 못해 굶주렸다. 설상가상으로 음력 6월이 되자 장마가 시작되어 많은 수나라 병사들이 질병에 걸렸다는 것이다. 수군(水軍)도 마찬가지였다. 수군은 산동반도를 떠나 평양성으로 향하다가 폭풍을 만나 전함이 적잖이 부서지거나 표류했다고 한다. 수나라 군사는 9월에 후퇴했는데, 10명 중에 8, 9명이 죽었다고 기록하고 있다.

단재 신채호 | 일제 강점기의 독립운동가·사학자·언론인으로, 한국 근대 사학의 기초를 확립했다.

그런데 중국 측 기록의 요점은, 질병과 폭풍 때문에 1차 전쟁이 고구려의 승리로 돌아갔다는 것이다. 그러나 단재 신채호 선생은 이런 중국의 기록을 믿지 않았다. 그는 수나라 군사들이 고구려 군사에게 대패한 것을 기록에 남기기 싫어서 질병과 폭풍을 핑계 삼은 것이라고 주장했다. 질병이나 폭풍 때문이 아니라 고구려군에게 대패했다는 것이다. 그리고 그 전투를 '임유관 전투'라고 설명하고 있다.

신채호 선생은 고구려가 수나라 대군을 참패시킨 '임유관 전투'에 대해 《대동운해(大東韻海)》와 《서곽잡록(西郭雜錄)》에서 보았다고 기록했다. 이 두 책은 지금은 전하지 않는데, 신채호 선생은 임유관 전투에서 큰 공을 세운 고구려 장수의 이름을 강이식(姜以式)이라고 밝혔다. 강이식 장군이 이끄는 고구려군에게 대패한 사실을 감추기 위해 질병과 폭풍 때문에 패했다는 식으로 역사를 왜곡했다는 것이다.

단숨에 고구려를 멸망시키려다 되레 크게 혼이 난 수 문제는 다시는 고구려를 공격할 생각을 하지 못했다. 고구려는 혼자 힘으로 남북 세력의 맹주 자리를 굳건히 지킨 것이다.

대운하의 다리 | 수나라 양제 때 완성된 대운하의 최종 건설 목적은 고구려 정벌이었다.

2차 고·수 대전 – 살수 대첩

그러는 사이 수나라를 세운 문제가 죽고 양제(煬帝)가 즉위했는데, 시중에는 양제가 아버지인 문제를 독살했다는 소문이 무성했다. 수 양제는 진(秦)나라의 시황제(始皇帝)와 함께 중국 역사상 유명한 폭군이다.

수도를 장안에서 낙양(洛陽, 오늘날의 뤄양)으로 옮긴 수 양제는 낙양부터 강남(양쯔 강 남쪽)의 장주에 이르는 대운하를 팠는데, 무려 100만 명의 백성들을 동원한 큰 공사였다. 대운하는 북으로 탁군(지금의 베이징 부근)까지 연결되었는데, 이 공사로 무수히 많은 백성들이 죽어나갔다.

수 양제가 대운하를 판 표면적 이유는 강남의 곡창 지대와 중원을 연결하기 위한 것이었다. 그러나 진짜 목적은 고구려를 공격하기 위한 것으로,

병사와 식량 등을 북쪽으로 보다 쉽게 나르기 위해서였다.

　군사와 물자를 수송할 대운하가 만들어지자 양제는 본격적인 전쟁 준비에 나섰다. 전국의 부자들에게 돈을 걷어 무기를 사들였고, 무기를 점검하여 나쁜 것이 있으면 책임자를 그 자리에서 죽여버릴 정도로 준비를 철저히 했다. 또한 고구려와 가까운 산동반도 동래에서 전함 300척을 만들라고 명령했다. 그런데 독촉이 하도 심해서 일꾼들은 하루 종일 물속에서 나오지도 못하고 일해야 했다. 이 때문에 허리 아래 살이 썩어 구더기가 생기고 죽는 일꾼이 10명 중 3, 4명이나 되었을 정도였다.

　이렇게 고구려에 대한 침략 준비를 끝낸 수 양제는 611년 2월 전국의 군사를 탁군으로 모이게 했다. 이곳에서 전군을 좌·우군 각각 12군씩, 모두 24군으로 새롭게 편제했다. 이리하여 612년, 양제는 드디어 고구려 정벌 명령을 내렸다. 제2차 전쟁이 시작된 것이다.

　24군으로 편성된 수나라 대군은 모두 113만 3,800여 명으로 보통 200만 대군이라고 불렀다. 이는 역사상 최대의 병력이었다. 이런 대규모 군대는 중국 역사에서도 일찍이 볼 수 없는 광경이었다.

　양제는 하루에 1군씩 출발시켰는데, 군과 군 사이에 40리의 거리를 두도록 했다. 수나라 대군은 40일 만에야 출발을 끝냈는데, 대열의 길이가 960리나 되었다. 수 양제는 자신이 직접 최정예 부대인 어영군을 지휘해 요동의 고구려 성을 공격했으며, 우문술(宇文述)과 우중문(于仲文)이 이끄는 9군은 고구려 수도 평양성을 공격하게 했다.

　물론 해군도 동원되었다. 해군 사령관 내호아(來護兒)는 군선(軍船)을 이끌고 바다를 건너 평양에서 60리 떨어진 패수로 들어가게 했다.

　이에 맞서 영양왕은 평양성에서 멀리 떨어진 요동 지역의 방위는 육군

사령관 을지문덕(乙支文德)에게 맡기고, 왕의 동생 건무(후의 영류왕)에게는 평양에서 가까운 지역의 방위를 맡겼는데, 이때 고구려의 병력은 약 30만 명이었다.

200만 대군과 싸워야 하는 고구려는 성을 지키는 데 주력하기로 했다. 고구려는 '청야(淸野)'를 사용했다. 모든 백성들을 성으로 들어가게 한 후, 바깥에 남아 있는 건물이나 농작물 따위를 모조리 불태워 적군이 이용하지 못하게 하는 전술이었다. 이 전술은 성을 오래도록 사수하면서 적을 피곤하게 만든 다음 틈을 타서 기습하는 게릴라전으로 이어졌다.

고구려군의 이런 전략은 큰 성공을 거두었다. 고구려 군사들이 요하를 지켰기 때문에 수나라는 요하를 건너는 데만도 맥철장과 전사웅 같은 수많은 장수와 군사들이 목숨을 잃어야 했다. 겨우 요하를 건넌 수 양제는 요동성을 거세게 공격했지만, 요동성은 4개월 동안이나 굳건히 버텨냈다.

이러는 사이 우문술·우중문 등이 이끄는 육군은 압록수(압록강) 서쪽까지 진격했고, 내호아가 이끄는 수군은 평양성 60리 밖에 진을 쳤다. 수군 부사령관 주법상은 우문술이 이끄는 육군이 도착한 후 함께 공격하자고 했으나, 내호아는 혼자 공을 차지하려는 욕심에 육군을 기다리지 않고 먼저 공격했다. 그러나 공을 세우기는커녕 고구려의 복병에게 걸려 겨우 죽음을 면하고 도망쳤는데, 살아 돌아간 자가 겨우 수천 명에 불과할 정도의 큰 패배였다.

평양성을 직접 공격해야 하는 우문술·우중문이 이끄는 30만 5,000명의 육군은 보급이 큰 문제였다. 수 양제는 이 문제를 해결하기 위해 군사 개개인에게 100일분의 식량·장비·의복 등을 지고 가라고 명령했다. 그러나 100일분의 군수품이 너무나 무거웠던 병사들은 이를 몰래 땅에 묻어버렸고, 정작 평양성 가까이 왔을 때에는 식량이 떨어져 굶주리게 되었다.

을지문덕은 수나라 군사의 허실을 정탐하기 위하여 거짓 항복을 청하고 우중문의 진영으로 갔다. 그는 수나라 군사가 굶주린 빛이 역력한 것을 알아차렸다. 그래서 을지문덕은 수군을 더욱 피곤하게 하기 위해 싸우다가 거짓으로 달아나기를 하루에 일곱 번이나 반복했다. 이 때문에 굶주린 수나라 군사들은 더욱 피로에 빠졌다. 유인 작전에 말린 수군이 평양성 30리 밖까지 왔을 때, 을지문덕의 유명한 오언시(五言詩)가 날아들었다.

을지문덕 | 고구려의 명장으로 침착·대담하고, 지략과 무용에 뛰어났으며, 시문에도 능했다.

신기한 그대의 책략 천문을 꿰뚫었고	神策究天文(신책구천문)
기묘한 그대의 계산 지리를 통달했구려	妙算窮地理(묘산궁지리)
전쟁에 승리한 공이 이미 높으니	戰勝功旣高(전승공기고)
족한 줄 알았거든 이만 그치기를 원하노라.	知足願云止(지족원운지)

수나라는 "족한 줄 알았거든 이만 그치기를 원하노라"는 구절을 을지문

〈살수 대첩도〉| 고구려 영양왕 23년(612) 고구려와 수나라 사이에 살수에서 벌어진 전쟁을 묘사한 그림이다.

덕이 전쟁이 끝나기를 바라고 있는 것이라고 생각해서 항복하라는 답서를 보냈다.

을지문덕은 사자를 보내 거짓 항복을 하면서 "만약 군사들이 물러가면 임금을 모시고 행재소*에 나가 빌겠다"고 말했다. 우문술은 을지문덕의 거짓 항복에 속아 철수를 시작해서 7월에는 살수(薩水, 지금의 청천강)라는 곳에 이르렀다.

수나라 군사들이 살수를 반쯤 건넜을 무렵 고구려군이 갑자기 기습해왔다. 우왕좌왕하던 수나라 군사들은 추풍낙엽처럼 쓰러졌는데, 적장 신세웅까지 전사할 정도였다. 기록에 따르면 겨우 살아남은 군사들은 450여 리의 긴 거리를 하루 낮 하루 밤 사이에 달려 도주했다고 한다. 그냥 앞만 보고 마구 달아났다는 이야기다. 그래서 30만 5,000명이었던 수나라 육군이 요동성 밖에 이르렀을 때는 겨우 2,700여 명만 남았으니 참패도 이런 참패가 없었다.

양제는 더 이상 싸워봐야 고구려를 이길 수 없다는 사실을 뼈아프게 깨달았다. 그는 우문술 등에게 패전의 책임을 물어 쇠사슬로 묶어서 퇴각하고 말았다. 이것으로 고구려와 수나라의 제2차 전쟁도 고구려의 승리로 끝나게 됐는데, 이것이 우리 고대 전쟁사에 길이 빛나는 '살수 대첩'이다.

3차, 4차 고·수 대전

두 차례의 전쟁이 모두 패배로 끝나자 중국에는 '고구려 정벌 길은 죽으러 가는 길'이란 노래까지 퍼졌다. 그러나 수 양제는 다음 해(613) 봄 신하들의 반대를 무릅쓰고 다시 고구려를 침략했다. 이것이 제3차 고·수 대전이다.

수나라 군사들은 최신 무기로 요동성을 공격했으나, 20여 일이 지나도 성은 함락되지 않았다. 수 양제는 100만 개의 자루에 흙을 담아 요동성보다 더 높이 쌓아서 위에서 공격하라고 명령했다. 또한 성보다 높은 누차(樓車)를 만들었는데, 그 바퀴가 여덟 개였다. 이동하면서 성 안을 내려다보며 공격하기 위한 것이었다. 최신 군사 장비를 동원한 수나라의 공세에 요동성은 위험 상태에 놓였으나, 고구려는 수성(守城)의 명수답게 잘 막아내고 있었다.

이때 수나라 예부상서 양현감이 반란을 일으켰다는 급보가 양제에게 날

아들었다. 자칫 황위를 빼앗길지도 모른다는 두려움에 빠진 수 양제는 각종 무기와 군량을 산처럼 쌓아둔 채 밤사이에 몰래 철수해버렸다.

급거 귀국해 양현감의 반란을 진압한 수 양제는 614년에 다시 고구려를 공격했으니, 이것이 제4차 고·수 대전이다. 그러나 이때의 전쟁은 수 양제의 오기일 뿐 이미 수나라는 어떤 방법을 동원해도 고구려를 꺾을 수 없었다. '고구려에 가서 개죽음 당하지 말자'는 노래까지 유행했다. 이런 상황에다 수나라 내부에서 전쟁에 반대하는 반란까지 잇따라 수나라는 내전 상태에 접어들었다.

중국 각지가 내전에 휩싸였고 수 양제는 그 와중에 부하에게 죽임을 당한다. 결국 고구려와 네 차례나 전쟁을 벌이며 국력을 소진한 수나라는 618년에 멸망하고, 당나라가 그 뒤를 이었다. 수나라를 세운 것이 581년이었고, 589년에는 중원을 통일하는 기염을 세웠으나 불과 29년 만에 고구려를 침공한 대가로 스스로 멸망하고 만 것이다.

이로써 고구려는 남북 세력의 맹주로서 말갈족과 거란족 등을 자신의 휘하에 둔 채 동북아시아의 강국으로 우뚝 설 수 있었다.

고·당 대전
고구려와 당나라의 전쟁

연개소문의 등장

중국 사람들이 역사상 가장 위대한 황제로 꼽는 인물은 바로 당 태종 이세민(李世民)이다. 그러나 그 즉위 과정은 그리 순조롭지 못했다.

이세민은 수나라를 무너뜨리고 당나라를 세우는 과정에서 가장 큰 공을 세웠다. 그러나 태자 자리가 형 건성(建成)에게 돌아가자 커다란 불만을 가졌다. 626년 2월, 이세민은 변을 일으켜 형과 동생을 죽이고 아버지를 내쫓았다. 이 사건이 궁궐 북쪽 현무문에서 발생했기 때문에 '현무문의 변(變)'이라고 불린다.

당나라는 618년 이세민의 아버지 이연(李淵)이 세웠는데, 이 해는 고구려의 영양왕이 재위 29년 만에 세상을 떠나고 이복동생 영류왕(榮留王)이 즉위한 해이기도 하다. 영류왕은 제1차 고·수 대전 때 수나라 대군을 몰살시켰던 맹장이었다. 그러나 막상 즉위 후에는 당나라와 대립하기보다는 평화롭게 지내기를 원했다. 그래서 영류왕은 즉위 초부터 여러 차례 당에 사신을 파견하고, 고구려에 잡혀 있던 수나라 전쟁 포로들을 돌려보냈다.

영류왕이 이처럼 저자세로 나오는데도 당 태종은 무리한 요구를 계속했다. 631년에는 사신을 보내 '경관(京觀)'을 헐어버리라고 요구했다. 경관은 고구려를 침공한 수나라 군사들의 시신으로 만든 일종의 승전 기념물로서, 고구려의 무사정신이 담겨 있는 상징물이었다. 그런데 영류왕은 이 굴욕적인 요구까지 받아들여 경관을 허물었다.

그러나 영류왕이 아무리 저자세 외교로 일관해도 당 태종은 고구려 정벌의 꿈을 거두지 않았다. 경관을 허문 지 10년 후인 641년에 당 태종은 진대덕을 사신으로 보냈는데, 그는 사신이라기보다는 간첩에 가까웠다. 고구려 산수를 유람한다는 구실을 내세워 고구려의 지리와 정세를 정탐했던 것이다.

하지만 영류왕이라고 당 태종의 침략 야욕을 모르는 것은 아니었다. 천리장성을 쌓으려 한 것이 이를 말해준다. 천리장성은 북으로는 만주 북쪽의 농안에서 남으로는 요동반도 대련(大連, 다롄) 부근의 비사성까지 연결하는 성이다. 이 천리장성은 당의 침략에 대비하여 쌓은 것이다.

그런데 영류왕이 장성 축조 책임자로 연개소문(淵蓋蘇文)을 임명하면서 큰 사건이 발생했다. 영류왕이 연개소문을 임명한 것은 당나라에 대한 저자세 외교를 비판하는 그를 수도에서 멀리 떨어진 오지로 보내버리려는 의도였다. 연개소문은 북으로 떠나기에 앞서 열병식을 하겠다며 대신들을 초청했다. 그러고는 열병식 도중에 정변을 일으켜 영류왕과 대신들을 죽이고 정권을 잡았다.

대신들과 영류왕을 죽인 연개소문은 영류왕의 조카인 장(藏)을 왕위에 앉히는데, 그가 바로 고구려의 마지막 왕인 보장왕(寶藏王)이다. 그러나 보장왕은 이름뿐인 임금에 지나지 않았고, 스스로 대막리지(大莫離支)가 된 연개소문이 사실상의 지배자였다.

이는 연개소문이라는 인물로 상징되는 대당 강경파가 정권을 장악했다는 뜻이었다. 또한 북방의 패자 고구려와 중원의 패자 당의 충돌이 임박했음을 뜻하는 것이었다.

당 태종, 고구려를 침략하다

연개소문의 정변 소식을 들은 당 태종은 연개소문을 강하게 비난했다. 그는 신하들에게 "연개소문이 임금을 죽이고 대신들을 도륙했으며 백성들을 괴롭힌다"며 고구려를 정벌해야 한다고 주장했다. 그러나 형과 동생을 죽인 후 아버지를 내쫓고 즉위한 당 태종에게 연개소문을 비난할 자격이 없다는 것은 말할 나위도 없다.

당 태종은 또한 고구려가 신라를 공격하지 말라는 자신의 명령을 듣지 않는다고 비난했다. 신라는 과거 고구려가 수나라와 싸우는 틈을 타서 고구려의 남쪽 영토 500리를 빼앗았는데, 고구려는 이것을 돌려받아야 신라를 공격하지 않겠다고 주장했다.

연개소문은 신라를 공격하지 말라는 당 태종의 요구 따위는 무시했다.

심지어 신라를 공격하지 말라고 요구하는 당나라 사신이 왔을 때 일부러 신라의 두 개 성을 공격해 빼앗기도 했다.

연개소문은 어차피 당과의 전쟁이 불가피하다고 판단하고 있었다. 중원의 패자가 된 당 태종 역시 고구려 정벌을 결심했다. 그러나 이미 여러 차례의 고·수 대전에서 고구려의 전쟁 실력을 본 중국인들은 대부분 전쟁에 반대했다.

당 태종은 낙양으로 가서 전(前) 의주자사 정원숙을 찾아 전쟁에 대한 의견을 물었다. 정원숙은 과거 수 양제를 따라 고구려를 침략한 경험이 있었다.

그는 "요동은 길이 멀어 군량을 운반하기가 곤란하고, 고구려는 성을 잘 지키므로 이를 쳐 갑자기 함락시키기는 불가능합니다"라고 반대했다. 당 태종은 "오늘 당나라의 힘은 수나라와 비교할 것이 아니다. 공은 이 점을 알아야 한다"라며 무시했다.

어떤 반대도 당 태종의 침략 의지를 꺾을 수는 없었다. 드디어 644년 12월, 당 태종은 탁군(지금의 베이징 지역)에 군사를 집결시킨 후 고구려 침략을 명령했다. 육군 총사령관 이세적은 645년 봄 요하를 건너 고구려의 현도성으로 쳐들어갔다. 그러나 고구려가 성문을 굳게 닫고 지키는 바람에 함락시키는 데 실패했다. 육군 부사령관 도종 역시 신성을 공격했으나 함락시키지 못했다. 그렇게 전쟁은 복잡한 양상으로 흘러갔다.

다시 전열을 가다듬은 이세적과 도종은 신성 남쪽에 있는 개모성을 포위·공격해 함락시켰다. 당나라는 성 안에 있던 10만 석의 양곡을 빼앗고, 1만 명의 고구려인을 포로로 삼는 등 기세를 올렸다. 영주도독 장검도 한족(漢族, 중국 민족)이 아닌 이민족 군대를 이끌고 건안성(개평)을 공격하여 고구려군 수천 명을 죽였다.

당의 해군 사령관 장량은 약 500여 척의 전선(戰船)에 4만 3,000명의 병사를 태우고 산동반도의 내주를 출발했다. 장량은 요동반도 끝자락의 고구려 비사성을 함락시키고 고구려인 8,000여 명을 죽였다.

승기를 잡은 당군은 고구려의 군사 요충지인 요동성을 포위했다. 요동성은 수 양제도 몇 번이나 공격했으나 함락시키지 못했던 난공불락의 성이었다. 당 태종은 자신이 직접 이끄는 주력 부대와 신성을 공격하던 군대까지 요동성 공격에 합류시켜 공격했다. 이로써 요동성 전투는 전쟁의 승패를 가로지르는 분수령이 되었다.

당 태종 | 당나라 제2대 황제(재위 626~649)로, 본명은 이세민이다.

요동성 사수의 중요성을 간파한 연개소문은 4만 명의 지원군을 보냈으나, 요동성 근처에서 패배하는 바람에 합류하지 못했다. 당군은 포차*·충차* 등 성을 공격하는 새로운 장비를 대거 동원했다. 나중에는 화공(火攻)까지 쓰는 바람에 요동성은 결국 함락되고 말았다. 이때 고구려군 1만여 명이 전사했으며, 다른 1만여 명의 군인과 남녀 백성 4만여 명이 포로가 되었다. 또한 50만 석의 식량까지 당군의 수중에 들어갔다.

요동성이 함락되었다는 소식에 충격받은 고구려 군사들은 사기가 크게

* 포차(抛車)
커다란 돌을 던지는 수레. '포거'라고도 함

* 충차(衝車)
성문을 파괴하는 기기

떨어졌다. 당군은 곧이어 요동성 서남쪽의 백암성을 공격했다. 백암성주 손대음(孫代音, '손벌음'이라고도 기록됨)은 심복 부하를 몰래 보내 "우리는 항복을 원하지만 성 안에는 따르지 않는 사람이 있다"고 항복 의사를 보였다.

당 태종은 당나라 깃발을 주면서 "꼭 항복하겠거든 마땅히 깃발을 성 위에 세우라"고 말했다. 손대음이 그 말대로 깃발을 성 위에 세워놓자 성 안의 사람들은 당나라 군사가 이미 성에 들어온 줄 알고 항복하고 말았다. 이 전투에서 다시 1만여 명의 고구려인이 당나라의 포로가 되었다.

안시성 전투

잇단 패전으로 고구려는 위기에 빠졌다. 반면 사기가 오른 당나라 군사는 6월 20일 안시성에 집결했다. 인구 10만 명의 안시성은 난공불락의 성으로 이름이 높았다. 연개소문이 정변을 일으켰을 때 안시성만은 연개소문을 따르지 않았는데도 항복을 받아내지 못했다는 이야기가 전해질 정도였다.

요동성 전투가 전쟁의 대세를 가름하는 첫 번째 분수령이었다면, 안시성 전투는 두 번째 분수령이었다. 연개소문이 안시성을 구하기 위해 남부욕살 고혜진과 북부욕살 고연수에게 15만 명의 대군을 주어 보냈다. 그만큼 이 싸움이 중요하다는 뜻이다.

그러나 고연수는 무모하게 당군과 맞붙었다가 패전해 3만여 명의 사상자를 낳았고, 3만 7,000여 명이 포로로 잡혔으며, 5만 마리씩의 말과 소,

〈안시성도〉 | 안시성은 자연적으로 험준한 요새였다. 그림은 18세기쯤에 그려진 것으로 보인다. 작자 미상.

그리고 갑옷 1만 벌을 빼앗기고 말았다.

지원군이 전멸함으로써 안시성은 혼자서 당군과 맞서 싸워야 했다. 안시성을 완전 포위한 당군은 하루에도 5~6회씩 거듭 공격했으나, 안시성은 이를 굳건히 막아냈다.

포차로 큰 돌을 쏘아 성벽이 파괴되면 성 안에서는 얼른 목책을 세워 허물어진 곳을 막았다. 그러나 지원군도 없는 상황에서 안시성 홀로 오래 버티기는 어려웠다. 계속되는 공격에 잠시도 쉴 수 없었던 고구려 군사는 이미 지칠 대로 지쳐 있었으나 오직 초인적인 의지로 버텨내고 있었다.

초조해진 당 태종은 안시성 옆에 흙으로 산을 만들라고 명령했다. 안시성보다 높은 흙산을 쌓아 그 위에서 공격하려는 작전이었다. 당나라는 군사를 동원해 60일 만에 안시성보다 높은 흙산을 쌓았다. 흙산 위에서 포차 등으로 공격하면 안시성은 속수무책으로 당할 수밖에 없었다. 그런데

완성된 흙산이 무너지면서 흘러내린 흙이 안시성의 성벽 일부를 무너뜨
렸다.

고구려군은 이 틈을 놓치지 않고 재빠르게 무너진 흙산으로 올라가 당
군을 물리치고 흙산을 점령했다. 만약에 당군이 먼저 무너진 흙산을 이용
해 안시성으로 난입했다면 안시성은 단번에 끝장났을 것이다. 그만큼 고
구려 군사의 대응이 재빨랐다. 화가 난 당 태종은 흙산을 탈환하기 위해 3
일간 총공격을 펼쳤으나 실패하고 말았다. 그러는 사이 어느덧 겨울이 다
가오고 있었다.

겨울에는 요동 지역의 기후가 영하 30도 아래까지 내려가기 때문에 남
쪽 지방에서 온 당나라 군사들로서는 견딜 수가 없었다. 더욱이 요동 지역
은 다른 곳보다 겨울이 일찍 닥치는 곳이었다. 말 먹을 풀이 말라버리고 얼
음이 얼기 시작하자 더 이상 주둔하기가 어려워졌다. 더욱이 식량마저 떨
어져가고 있었다. 당 태종은 결국 음력 9월 18일 군사를 돌릴 수밖에 없었
다. 안시성의 완벽한 승리였다.

안시성 전투는 당 태종의 인생에서 유일하게 겪은 패배였다. 이런 당 태
종과 직접 싸워 이긴 안시성주의 이름은 당시 기록에는 남아 있지 않지만,
나중에 양만춘(楊萬春)으로 알려졌다.

당나라 역사서들은 "안시성 사람들은 떠나가는 당군을 두려워하여 성
안에 숨어 나오지도 않았고, 안시성주는 성에 올라 송별의 예를 갖추었다.
…… 당 태종은 안시성주에게 비단 100필을 보내 그의 충성심을 치하했
다"고 기록하고 있다. 이는 모두 당 태종의 마지막 자존심을 살려주기 위
한 거짓 기록에 지나지 않는다.

실제로는 고구려 군사들이 송별의 예를 갖추기는커녕 후퇴하는 당군을

기습 공격했던 것이다. 추운 날씨 속에서 기습까지 당한 당군은 철수에 커다란 어려움을 겪지 않을 수 없었다. 김부식이 편찬한 《삼국사기》는 당 태종이 군사와 함께 후퇴하는 모습을 다음과 같이 기록하고 있다.

> (당 태종은) 이세적과 도종에게 명해서 보병과 기병 4만을 거느리고 후군으로 서게 하고 요동에 이르러 요수를 건너는데, 요동 진펄*의 수렁 때문에 수레와 말들이 통과할 수가 없었다. (당 태종은) 장손무기에게 명령하여 1만 명의 군사를 거느리고 풀을 베어 길을 메우며 물이 깊은 곳은 수레로써 다리를 삼도록 했다. 당 태종은 스스로 나무를 말에 매어 채찍질을 하며 이 일을 도왔다. 10월에 당 태종은 포구에 이르러 말을 멈추고 길 메우는 것을 독려했다. 군사가 발착수*를 건너니 폭풍이 불고 눈이 내려 군사들의 옷이 젖어 얼어 죽는 자가 많으므로 길가에 불을 피우고 폭풍이 멈추기를 기다렸다.

> *진펄
> 땅이 질어 질퍽한 벌

> *발착수(渤錯水)
> 요하 유역의 광활한 습지인 요택과 요하 사이에 있는 지류

고구려군이 길을 모두 막았기 때문에 당나라는 습지를 택해 도망가야 했다. 당 태종까지 길을 만드는 데 직접 나서야 했을 정도로 상황은 급박했다. 뒤에는 고구려군이 쫓아오고 있었기 때문이다. 안시성 싸움은 당 태종의 첫 패배로서 많은 일화를 남겼는데, 그중 하나가 당 태종이 눈에 화살을 맞았다는 것이다.

당 태종은 안시성에서 철수한 지 몇 년 지나지 않은 649년에 죽었는데, 중국의 역사서들은 그가 죽은 이유를 서로 다르게 기록하고 있다. 그래서

단재 신채호 선생은 당 태종이 안시성 전투의 후유증으로 죽었다고 주장하기도 했다.

이후에도 당 태종은 자신의 생애에 첫 치욕을 안겨준 고구려를 무너뜨리기 위해 몇 차례 더 고구려를 공격했으나 모두 실패하고 말았다. 그는 649년 세상을 떠날 때에야 "고구려를 더 이상 공격하지 말라"는 유언을 남긴다. 자존심이 강했던 그로서는 죽는 순간에야 비로소 고구려 정벌이 성공할 수 없음을 인정한 셈이다. 죽기 전 당 태종은 고구려 출정을 깊이 뉘우치며 "위징(魏徵)이 만약 살아 있었다면 나에게 이런 일을 행하도록 만들지는 않았을 것이다"라고 탄식했는데, 위징은 올바른 말을 잘하던 신하였다.

이로써 고·당 대전 역시 고·수 대전과 마찬가지로 고구려의 승리로 끝났고, 연개소문은 당 태종을 상대로 승리를 거두었다. 그러나 불과 얼마 전까지만 해도, 심지어 우리나라의 기록에서조차 연개소문을 좋지 않게 묘사하는 경우가 많았다. 고·당 대전에 대해 기록한 《자치통감》, 《구당서》, 《신당서》 등의 중국 기록들이 연개소문에 대해 부정적인 기록을 남겼기 때문이다. 고려 때 편찬한 《삼국사기》도 이런 중국 기록들을 인용해서 썼기 때문에 연개소문에 대해서는 부정적으로 기술했다.

그러나 연개소문은 중국 제일의 황제 당 태종과 겨루어 완벽하게 승리를 거둔 우리 역사의 위대한 인물이다. 또한 고구려는 당시 세계 최대의 제국이었던 당나라와 싸워 당당히 승리를 거두면서 북방의 강자로 우뚝 군림하게 되었다.

나·당 전쟁
통일 전쟁의 완성

당나라의 배신

신라와 당나라는 백제와 고구려를 멸망시키기 위해 나·당 연합군을 만들면서 서로 약속한 것이 있었다. 신라의 김춘추(金春秋, 훗날의 태종무열왕)와 당 태종 이세민이 맺은 이 협약은 진덕여왕 2년(648) 당나라 장안에서 맺어졌다.

협약의 주요 내용은 나·당 연합군이 백제와 고구려를 멸망시키면 "평양 이남, 백제의 영토는 신라가 차지한다"는 것이었다. 따라서 백제를 멸망시킨 신라는 옛 백제 땅이 모두 신라의 영토가 되는 것으로 생각했다.

그러나 당나라는 백제가 무너지자 그 영토를 자신들이 차지하려고 했다. 옛 백제 지역에 당나라의 행정기관인 웅진도독부를 설치했던 것이다.
이는 옛 백제 지역을 당나라가 차지하겠다는 뜻이었다.

　신라는 당의 이런 태도를 배신이라고 여기고 분개했으나, 아직 고구려가
남아 있었기 때문에 속으로 불만을 삭이고 있었다.

　그 후 고구려가 망하자 당나라는 평양에 안동도호부를 설치해 무장 설
인귀(薛仁貴)에게 다스리게 했다. 이는 옛 백제 영토와 옛 고구려 영토를
모두 당나라가 차지하겠다는 속셈이었다. 당 태종과 신라의 태종무열왕이
맺었던 조약은 휴지 조각이 돼버렸고, 신라는 헛고생만 한 셈이었다.

신라, 고구려 부흥군을 지원하다

태종무열왕의 뒤를 이어 즉위한 문무왕(文武王)은 그럴 수는 없다고 생각
했다. 백제와 고구려 영토를 모두 당나라가 차지한다면 신라는 얻는 것이
아무것도 없게 된다. 문무왕은 이대로 있으면 안 되겠다는 생각에서 웅진
도독부로 쳐들어가 그 일부 영토를 빼앗았다. 그러자 당나라는 당장 대군
을 몰고 쳐들어올 것처럼 심하게 반발했다.

　결국 문무왕은 재위 9년(669) 5월 김유신(金庾信)의 동생 김흠순(金欽
純)과 김양도(金良圖)를 사과 사절로 당에 보낼 수밖에 없었다. 이들은 당
의 장수들과 함께 백제·고구려와 싸웠던 전우들이었다. 과거의 전우를 보
내 당의 노여움을 누그러뜨리려 한 것이다. 그러나 당의 고종은 이들을 옥
에 가두어버리고는 신라를 공격할 준비에 착수했다.

　옥에 갇힌 김흠순은 이 사실을 빨리 신라에 알려야겠다는 생각에 당나

라에 와 있던 승려 의상(義湘)을 몰래 불렀다. 그는 의상에게 "빨리 본국에 가서 당나라가 침공하려 한다는 사실을 알리라"고 전했다.

문무왕 10년(670) 신라로 돌아온 의상은 문무왕과 김유신에게 이 사실을 알렸고, 문무왕과 김유신은 당나라와의 전쟁을 준비한다. 바야흐로 나·당 전쟁이 벌어지려는 것이다.

이처럼 양국에 전쟁의 기운이 감도는 가운데 670년 장안의 감옥에 갇혀 있던 김양도가 옥에서 죽고 말았다. 대아찬* 김양도는 통일 전쟁 과정에서 숱한 전공을 세운 명장이었다. 이 사건 후 당나라는 김흠순을 석방했지만, 문무왕과 김유신은 동맹국의 장군을 옥사시킨 만행을 두고 볼 수가 없었다.

문무왕과 김유신은 이이제이* 전략을 써서 당과 싸우는 고구려 부흥군을 뒤에서 지원하려고 계획했다. 고구려 부흥군이 기세를 떨치면 당나라는 쉽사리 신라를 공격하지 못할 것이기 때문이다.

신라는 당나라와 연결된 말갈군이 신라의 북쪽 영토를 공격하자 사찬* 설오유(薛烏儒)에게 군사 1만 명을 주어 고구려 부흥군의 고연무(高延武)와 손잡고 싸우게 했다. 신라와 고구려 부흥군의 연합 군대를 만든 것이다. 연합군은 말갈군을 크게 꺾는 성과를 거두었다. 이에 분노한 당나라가 군사를 보내 싸우려 하자 신라군은 일단 맞서지 않고 뒤로 물러섰다.

* **대아찬(大阿湌)**
  신라의 17관등 중 제5등급으로서 진골만이 받을 수 있는 관등임

* **이이제이(以夷制夷)**
  이민족을 이용해 다른 이민족을 무찌르는 것

* **사찬(沙湌)**
  신라 17관등 중 제8등급

문무왕, 대공세를 명령하다

같은 해 7월 문무왕은 대아찬 유돈을 웅진도독부에 보내 화친을 청했다. 당나라를 방심시키기 위한 작전이었다. 웅진도독부에서도 백제인 미군(彌軍)을 사신으로 보내 신라의 본심을 알아내려 했다. 그런데 문무왕은 미군을 잡아 가두면서 웅진도독부 전 지역에 대한 대공격에 나섰다. 문무왕 자신이 말고삐를 쥐고 직접 전쟁에 나선 것이다. 본격적인 나·당 전쟁의 시작이었다.

당나라는 설마 신라가 웅진도독부를 직접 공격하리라고는 예상하지 못했기 때문에 크게 당황해 제대로 대응하지 못했다. 신라는 불과 한 달 만에 무려 82개 성을 빼앗았다. 그러나 쉽게 승리한 것만은 아니었다. 신라 장군 중신·의관 등이 명령을 기다리지 않고 퇴각했다는 기록이 이를 뒷받침해준다.

장군이 국왕의 명령도 없이 퇴각했다는 것은 그만큼 위험했다는 뜻이다. 명령 없이 퇴각한 경우 그 책임자를 사형시키지만, 문무왕은 그들의 벼슬만을 거둬들였다. 신라군은 이런 위기를 겪으며 여러 성을 빼앗은 것이다.

신라에게 나·당 전쟁은 통일을 완성시키기 위한 마지막 전쟁이었다. 당나라를 쫓아내지 못하면 그동안 백제·고구려와 싸운 것이 모두 허사가 되기 때문이다. 문무왕은 당나라를 이 땅에서 내쫓는 길만이 통일 전쟁을 마무리 짓는 일이라는 사실을 잘 알고 있었다.

문무왕은 재위 11년(671) 정월 다시 웅진도독부를 공격했으나, 웅진 남쪽에서 신라 장수 부과(夫果)가 전사하고 당나라가 동원한 말갈병에게 포

위되는 등 전세는 오히려 신라에게 불리하게 돌아갔다. 그러나 문무왕은 위축되지 않고 같은 해 6월 웅진도독부의 가림성(加林城, 지금의 충남 부여군 임천면)을 공격했다. 신라군과 당군이 직접 맞붙은 이 전투에서 신라 장수 죽지(竹旨)는 유인 전술로 당나라 장수 여섯 명과 백제 출신 장군 두 명을 사로잡고 5,300명의 목을 베는 대승을 거두었다.

이로써 신라는 옛 백제 지역 대부분을 지배할 수 있게 되었고, 웅진도독부는 사실상 무너졌다. 문무왕은 그해 7월 백제의 옛 수도 사비성(지금의 부여군)에 소부리주(所夫里州)를 설치해 신라의 행정구역으로 삼았다.

이에 분노한 당 고종은 설인귀에게 수군을 보내며 이를 다시 빼앗으라고 명령한다. 황해를 건너온 설인귀의 수군은 백제를 멸망시킬 때처럼 금강 하류 기벌포(伎伐浦)에 배를 정박시키고 상륙 준비를 했다. 그러나 문무왕은 의자왕이 아니었고, 신라군 역시 백제군이 아니었다. 신라의 장수 당간은 당군이 상륙하기 전에 습격해 선박 70여 척을 침몰시키고, 중국 장수 겸이대후(鉗耳大侯)와 사졸 100여 명을 포로로 사로잡았다. 이때 물에 빠져 죽은 당군은 이루 헤아릴 수도 없을 정도였다.

당 고종은 더욱 화가 나서 육군과 수군을 대거 동원해 신라를 공격했다. 더구나 육군은 당과 말갈 군사가 합친 당·말갈 연합군이었다. 신라군은 백수성에서 남하하던 당·말갈 연합군을 저지했다. 이때 신라군에는 옛 고구려 군사들도 포함되어 있었다. 이 전투에서 승리하는 것은 대단히 중요했다. 중국에서 온 군사를 꺾는다면 당나라도 더 이상의 방법이 없기 때문이다.

백수성 전투는 처음에는 신라에 유리하게 돌아갔다. 신라의 장창당*이 삽시간에 당군 3,000여 명을 포로로 잡았던 것이다. 그러나 이 일이 오히려 다른 당*의 사기를 꺾었고, 이는 신라군이 분열되는 결과를 낳았다. 그 사이 당군이 공격하는 바람에 신라군은 대아찬 효천 등이 전사하고 2,000여 군사가 사로잡히는 대패를 당했다.

당나라 본국에서 건너온 군사에게 패배함으로써 신라는 큰 충격에 휩싸였다. 자칫하면 신라도 백제·고구려처럼 멸망할지 모른다는 두려움 때문이었다. 문무왕은 급찬* 원천(原川)에게 사죄문과 각종 예물을 주어 당나라로 보냈다. 또한 금강 전투에서 사로잡은 당나라 장수 겸이대후와 군사 170명도 되돌려보냈다.

김유신의 죽음

설상가상으로 고구려 부흥군도 당나라 장수 이근행에게 쫓겨 호로하(瓠瀘河, 임진강)까지 밀려났다가, 이곳에서 다시 패전해 수천 명이 사로잡히고 나머지는 겨우 도망쳤다. 게다가 같은 해인 673년 7월 삼국 통일의 영웅 김유신이 79세를 일기로 세상을 떠나고 말았다. 신라가 위기에 빠졌을 때 신병(神兵)이 수호한다는 전설까지 나돌던 불패 장군이 사망하자 신라는 큰 충격을 받았다. 신라가 망할 것이라고 판단한 아찬 대토(大吐)가 당나라에 붙으려다가 발각되어 사형당하는 일까지 발생할 정도였다.

김유신 | 신라의 장군으로, 김춘추를 무열왕으로 추대하고 삼국 통일을 이룩한 영웅이다.

당군은 이 기회를 이용해 신라를 멸망시키기 위해 총공세를 폈다. 말갈 군뿐만 아니라 거란군까지 거느리고 신라 북쪽으로 쳐들어온 것이다. 문무왕은 이런 사태에 크게 당황했으나 맞서 싸우는 것 이외에 다른 방법이 없었다.

문무왕의 굳은 결의는 신라군의 사기를 크게 높였다. 신라군이 임진강(호로하)과 한강 근처에서 당·말갈·거란 연합군과 아홉 번 싸워 모두 이기고, 2,000여 명의 목을 베는 전과를 거둔 것이다. 이 전투의 승리로 신라는 백수성 전투의 패전과 김유신의 죽음으로 인한 위기에서 벗어날 수 있었다.

문무왕의 이런 자세에 분개한 당 고종은 문무왕의 왕위를 박탈했다. 당 고종은 장안에 와 있던 동생 김인문을 신라왕으로 삼아 귀국하게 하는 한편, 유인궤와 이근행에게 대군을 주어 다시 신라를 공격하게 했다.

다시 전쟁에 휩싸인 신라는 675년(문무왕 15) 유인궤가 이끄는 당군과 칠중성(七重城, 경기도 파주시 적성)에서 맞붙었으나 크게 패하고 말았다. 게다가 말갈과 발해의 수군까지 동원된 기습전에 큰 피해를 입고 만다.

이후 전세는 일진일퇴를 거듭해 신라군과 당군이 승패를 주고받는 혼란이 계속되었다. 당 고종은 전세를 단숨에 뒤집기 위해 장군 이근행에게 20만 명의 대군을 주어 신라를 멸망시키라고 명령했고, 신라군은 이들과 세 번 싸웠지만 세 번 모두 패했다.

더 이상 밀리다가는 사직을 보존할 수 없겠다고 판단한 문무왕은 매초성(買肖城, 경기도 양주시 혹은 경기도 연천군)에 배수의 진을 쳤다. 문무왕 15년, 나·당 전쟁 중 최대의 전투인 '매초성 전투'는 이렇게 시작됐다. 이 전투에서는 앞서 백수성 전투에서 패했는데도 죽지 않고 살아남았다는 이유로 부모에게 버림받은 김유신의 아들 원술(元述)이 참전해 큰 공을 세운다. 원술은 부모에게 버림받은 한을 풀기 위해 목숨을 걸고 싸웠던 것이다.

신라군은 매초성을 함락시켰을 뿐만 아니라 말 3만 380필을 얻는 대승을 거두었다. 수많은 당군이 전사했음은 물론이다. 매초성 전투는 나·당 전쟁의 승패를 사실상 결정지은 전투로, 당나라 20만 대군의 완패는 당군의 사기를 결정적으로 꺾고 말았다.

물론 매초성 전투 이후에도 크고 작은 전투는 계속되어 신라와 당나라는 이기기도 하고 지기도 하면서 지루하게 싸웠다. 그러나 매초성 전투를 고비로 나·당 전쟁은 차차 신라의 승리로 기울었다.

하지만 이런 사실을 인정할 수 없었던 당 고종은 677년 2월 고구려의 마지막 임금 보장왕을 요동도독 겸 조선왕으로 삼아 고구려 유민들과 함께 만주로 돌려보낸다. 이는 백제 의자왕의 아들 부여융(扶餘隆)을 웅진도독으로 임명해 신라와 대립하게 한 것과 마찬가지로, 보장왕을 조선왕으로 삼아 신라와 싸우게 하려는 전술이었다.

그러나 요동의 신성에 도착한 보장왕은 당나라의 꼭두각시가 되기를 거부했다. 말갈과 손잡고 고구려를 부활시키려 했던 것이다. 하지만 이런 사실이 발각되는 바람에 보장왕은 681년 중국의 변방인 사천성으로 유배되었다가 이듬해 사망했다.

이로써 신라를 멸망시키려던 당나라의 모든 계획은 실패로 돌아갔다. 신라는 나·당 전쟁에서 당당히 승리를 거둔 것이다. 나·당 전쟁이 신라의 승리로 종결되었을 때, 신라의 북쪽 영토는 호로하에서 함경남도 철관성(鐵關城, 함경도 덕원)까지 이르렀다. 물론 당은 신라의 이런 영토를 인정하지 않았지만 나·당 전쟁에서 패배한 이상 어쩔 도리가 없었다.

그 후 성덕왕 34년(735)에 발해가 당나라를 공격하자, 당나라는 발해를 견제하기 위해 평양성 이남 영토의 영유권이 신라에게 있음을 공식적으로 인정했다. 648년 신라의 태종 김춘추가 당 태종 이세민과 합의한 군사 동맹 조약은 이렇게 공식화된 것이다.

사실 신라의 삼국 통일은 고구려가 차지했던 대륙 강역과 백제가 차지하고 있던 일본 등의 해양 강역을 상실한 것이었다. 게다가 자칫하면 고구려와 백제 강역을 당나라에게 내줄 뻔했다. 전쟁으로 아무것도 얻지 못한 채 우리나라 강역을 당나라 천지로 만들 뻔했던 것이다.

그러나 신라는 나·당 전쟁까지 치르면서 당나라를 이 땅에서 몰아냈다. 비록 고구려가 차지했던 벌판과 백제가 차지했던 일본 등지의 해양은 상실했지만, 약소국 신라의 처지에서는 강역을 크게 넓힌 승전이었다.

세계 해군사에
빛나는
한산도 대첩

임진왜란의 한판 승부

조선이 개국한 지 정확히 200년 만인 1592년(선조 25) 4월, 일본(왜)은 육군과 수군을 앞세워 조선을 공격했다. 왜군은 처음에 육지에서 승리한 여세를 몰아 단숨에 압록강까지 돌파할 기세였다. 그러나 이순신(李舜臣)이 이끄는 조선 수군에게 옥포, 당포, 당항포, 율포 등지에서 연달아 패하면서 차질이 생겼다.

일본에서 전쟁을 지휘하던 도요토미 히데요시(豊臣秀吉)는 왜의 수군에게 조선의 수군을 꺾고 평양성으로 북상해 고니시 유키나가(小西行長)의 육군과 합류하라고 명령했다. 육군과 수군이 합세해 명나라까지 북상하라는 명령이었다. 그러기 위해서는 먼저 이순신이 이끄는 조선 수군을 격파해야 했다. 그래서 조선에 파병된 왜의 모든 수군은 대거 부산으로 집결했다.

왜의 수군은 3개 부대로 편성되었다. 와키사카 야스하루[脇坂安治]가 이끄는 제1부대가 주력 부대였는데 대선 36척, 중선 24척, 소선 13척으로 모두 73척이었다. 이들은 7월 7일 오후 2시경 남해안의 견내량(見乃梁, 거제도 사등면

이순신 | 임진왜란 최고의 영웅으로 명량 대첩, 한산도 대첩 등 수많은 해전을 승리로 이끈 명장이다.

덕호리로 지금의 거제대교가 있는 곳)으로 이동했다. 역시 수군 장수였던 구키 요시타카[九鬼嘉隆]가 이끄는 제2부대와 가토 요시아키[加藤嘉明]가 이끄는 제3부대도 42척의 전함을 근처의 안골포로 이동시켰다.

왜 수군은 이 대선단으로 이순신의 전라좌수영군을 격파한 후 금산에 주둔한 일본 육군과 합류할 예정이었다. 그 후 전라도 전 지역을 유린하면서 북상해 평양에서 고니시 유키나가의 육군과도 합류할 계획이었다. 그리고 평양에서 육지와 바다 양면으로 명나라로 쳐들어갈 생각을 하고 있었다.

이순신 장군은 이런 왜 수군의 움직임을 알아차렸다. 그래서 7월 5일 전라우수사 이억기(李億祺)와 함께 전라좌도와 전라우도의 전선 48척을 본영(本營)인 여수 앞바다에 모아 합동 훈련을 실시했다. 전투에 대비해 모

의 훈련을 한 것이다.

다음 날인 7월 6일, 전라좌·우수영 수군은 본영을 출발해 노량 앞바다에서 경상우수사 원균(元均)이 거느리고 온 전선 8척과 합세했다. 조선의 전 수군이 모인 삼도 수군의 전선은 모두 56척이었다.

'견내량 해전'인가 '한산도 대첩'인가

7월 7일 이순신의 연합 함대가 당포(唐浦, 지금의 통영시 미륵도 서남쪽 산양면 삼덕리)에 이르자 날이 저물었다. 그때 당포의 목관* 밑에 속해 있는 목

부(牧夫) 김천손이 급히 달려와 중요한 정보를 제공했다.

"적선 70여 척이 오늘 하오 2시경 거제도 견내량으로 들어가 대기하고 있습니다."

견내량은 한산도로 들어가는 길목이다. 현재는 한산도가 더 유명하지만, 당시 한산도는 사람이 살지 않는 무인도였다. 한산도 대첩이 끝난 후 이순신이 조정에 바친 장계의 제목도 '견내량에서 왜병을 쳐부순 보고서'였다. 그러나 일본군과 대첩을 벌였던 격전지는 한산도 앞바다였으므로 '한산도 대첩'이라는 명칭도 옳다.

견내량은 통영반도와 거제도가 마주보는 좁다란 바닷길로서 매우 특이한 자연 조건을 지닌 곳이다. 이순신이 이곳을 결전장으로 삼은 데는 그만한 이유가 있었다.

견내량은 남북의 길이가 약 3킬로미터로서 폭이 가장 넓은 곳은 약

400미터이다. 그러나 썰물이 되어 물이 빠지면 그 너비는 200미터 정도로 줄어드는데, 그나마 양쪽 가장자리가 얕아 판옥선* 같은 큰 배는 바닥이 닿을 정도였다. 또한 곳곳에 암초가 있어 물길을 제대로 알지 못하면 항해하기 어려운 곳이었다. 조수 간만의 차도 심해서 조수에 의한 물살이 최대 시속 8킬로미터에 이를 정도로 빠른 지역이었다.

한산도 대첩이 벌어진 날 견내량의 수위가 가장 높아지는 시간은 오전 9시였다. 그때부터 물이 점점 빠지기 시작해 여섯 시간이 지나면 물의 깊이가 가장 얕아진다. 물살의 흐름은 물이 가득 차는 만수위인 오전 9시에는 거의 정지된 듯하다가 썰물이 되면서 점차 속도가 붙기 시작한다. 그렇게 세 시간 후인 낮 12시가 되면 밀물과 썰물의 중간 지점에서 가장 빠른 유속(流速)인 시속 8킬로미터가 되는 것이다.

이순신은 이러한 지형과 물길을 이용하여 작전을 구상했다. 이번에 패전하면 조선의 미래는 기약할 수 없었다. 조선군이 패배하면 곡창 지대인 전라도를 왜군에게 내주어야 했다. 왜군은 조선 수군에게 패하면서 보급로가 막혀 극심한 식량난에 시달려왔는데, 이곳에서 조선군이 패배하면 왜군에게 군량미를 대주는 것과 마찬가지였다. 자칫 서해안까지 왜에게 내주게 되면 조선은 사실상 왜적의 손에 들어가는 것이다. 조선의 운명은 이 해전에 걸려 있다고 해도 과언이 아니었다.

이순신은 왜적을 한산도 앞바다까지 유인했다. 이순신은 조정에 올린 장계에서 자신의 작전 구상을 이렇게 밝혔다.

견내량은 지형이 좁고 암초가 많아서 판옥선과 같은 큰 배는 배끼리 서로 부딪히게 될 것이기 때문에 싸우기 어렵습니다. 또한 왜적이 만일 전세가 불리하게 되면 언덕을 타고 육지로 올라가버릴 수도 있습니다. 그래서 한산도 앞바다 한가운데로 유인해와서 모두 잡아버릴 계획입니다.

드디어 한산도 대첩의 날이 밝았다. 7월 8일 새벽, 이순신은 연합 함대를 이끌고 왜군이 정박하고 있는 견내량으로 향했다. 일찍 식사를 마친 조선 군사들의 사기는 높았다. 그러나 왜군은 아직 아침 식사 전이었다.

조선 수군이 견내량으로 향한 지 얼마 안 되어 왜의 대선 1척과 중선 1척이 조선 수군을 발견하고 견내량으로 쏜살같이 들어갔다. 조선군의 출현을 지휘부에 보고하려는 것이었다.

이순신이 먼저 판옥선 5~6척으로 적의 선봉을 쫓아가자 여러 척의 일본 전선들이 일제히 돛을 달고 쫓아 나왔다. 이순신은 일부러 자신이 지휘하는 판옥선에게 퇴각을 명했다. 일본군은 이순신이 탄 판옥선을 열심히 추격해서 좁고 긴 견내량 수로를 빠져나왔다. 이때가 오전 9시경, 물이 가득 차는 만수위가 되는 때였다. 일본군은 물살 고요한 바다로 배를 몰고 나왔다. 일본군을 한산도 앞쪽 넓은 바다로 끌어들이려는 조선 수군의 유인책이었다.

이순신 장군이 일본군을 이곳으로 유인한 이유는 한산도는 산세가 험해서 기어오르기 어렵고, 만약 기어오른다 해도 다른 곳으로 빠져나갈 수 없는 막다른 골목 같은 곳이기 때문이다. 또 한산도는 사람이 살지 않기 때문에 먹을 것 없어서 이곳으로 도망친다 해도 결국 굶주려 죽게 될 것이었다.

〈한산 해전도〉 | 조선 수군은 한산도 앞바다 넓은 곳에 이르자 학익진으로 포위망을 점차 좁히면서 각종 총통을 쏘아대며 일본군을 몰아냈다.

뒤도 돌아보지 않고 쏜살같이 달아나던 조선 수군은 한산도 앞바다 넓은 곳에 이르자 갑자기 두 갈래로 갈라지더니 마치 학이 날개를 펴듯이 좌우로 쫙 진을 펼쳤다. 이것이 바로 그 유명한 '학익진(鶴翼陣)'이었다. 이순신은 학처럼 펼친 두 날개로 이루어진 포위망을 점차 좁히면서 각종 총통(銃筒)을 벼락처럼 쏘아댔다. 갑자기 갇힌 꼴이 된 왜적이 당황한 것은 당연했다.

이순신은 장계에서 이 광경을 다음과 같이 매우 짧게 설명하고 있다.

먼저 2~3척의 적선을 깨뜨리자 왜적들은 기가 꺾여서 앞을 다투어 도

망가므로 조선 수군은 화기를 우뢰처럼 퍼부어 적의 배를 불사르고 적
을 단숨에 쳐 죽였습니다.

학익진은 학의 날개를 오므리듯이 포위망을 좁혀 가다가 도망가는 적
선에게 포를 쏘아 불을 지르고 화살로 쏘아 죽이는 것이다. 또한 갈고리를
걸어 배를 움직이지 못하게 하고 적의 목을 베는 것이었다. 적병은 살기
위해 물속으로 뛰어들었지만 한산도 앞바다는 헤엄을 쳐서 육지로 나갈
수도 없었다.

왜장 와키사카 야스하루는 이러한 와중에 빠른 배를 타고 도망갔다. 와
키사카 가문에 전해지는 문서에 의하면, 대장인 와키사카 야스하루는 겨
우 살아남았지만 그를 따라갔던 나머지 와키사카 집안의 중신들은 거의
모두 죽었다고 한다.

와키사카는 노가 많은 빠른 배를 타고 있었으므로 공격과 후퇴를 마음
대로 할 수 있었음에도 갑옷에 화살을 맞을 정도로 위험하기가 십사
일생(十死一生)의 지경이었다. …… 마침내 김해로 물러갈 수 있었다.

…… 적(조선)의 군선들이 쳐들어오고 또 쳐들어와서 불화살을 수없이 많이 쏘아대므로 배가 모두 불타고 말았다. 이때 와키사카 가문의 여러 중신들이 모두 함께 죽고 말았다.

뒷날의 기록에 따르면, 부하 400명과 같이 한산도로 상륙했던 왜의 수군 부장 마나베 사마노조는 왜의 수군이 참패하는 모습을 바라보면서 할복 자결했다고 한다. 당시 왜의 수군이 얼마나 처참한 패전을 당했는지 짐작할 수 있다.

왜선 73척 중에 도망간 것은 모두 14척에 불과한데, 이 중에는 와키사카 야스하루의 배가 포함되어 있었다. 이 해전에서 사로잡거나 불태워진 왜군 전함은 모두 59척이었다. 왜군의 전사자 수는 정확히 밝혀져 있지 않은데, 자료에 따라 많게는 4만여 명에서 적게는 9,000여 명으로 기록하고 있다.

왜군 400여 명은 기진맥진한 상태로 한산도에서 배를 버리고 섬 위쪽으로 올라갔다. 이순신의 장계에 의하면, 원균에게 한산도에 상륙한 왜 수군의 처리 문제를 맡겨놓고 왔는데, 원균이 그 뒤 적선이 많이 몰려온다는 잘못된 정보를 듣고 포위를 풀고 가버리는 바람에 왜군들이 뗏목을 만들어 탈출했다고 한다.

일본 측의 기록에 의하면, 섬에 상륙한 왜군은 솔잎과 해초를 먹으면서 조선 수군이 철수하기를 기다렸다가 불타버린 배의 판자를 이용해서 뗏목을 만들어 200여 명이 간신히 김해로 돌아왔다고 한다.

그렇다면 왜군이 이처럼 큰 피해를 입은 데 비해 조선 수군의 피해 상황은 어떠했을까?

총탄에 의한 다수의 전사자와 부상자는 있었지만, 배는 단 한 척도 파괴되지 않았다. 선조는 승전 소식에 크게 기뻐하며 이순신을 정헌대부(正憲大夫, 정2품)로, 이억기와 원균을 각각 가의대부(嘉義大夫)로 품계를 올려 포상했다.

한산도 대첩의 승전은 물론 이순신의 뛰어난 지도력 덕분이었다. 그러나 이 모든 것이 단지 이순신의 공만은 아니었다. 이순신에게 한산도로 출전해야 한다고 극력 주장했던 순천부사 권준(權俊)과 광양현감 어영담(魚泳潭) 같은 지방관들의 노력도 있었다. 조선 후기의 역사학자 이긍익은《연려실기술(燃藜室記述)》에서 임진왜란 때 큰 공을 세웠던 문신인 백사 이항복의《백사집(白沙集)》을 인용해서 이렇게 전하고 있다.

이순신의 공은 당연히 수군에서는 으뜸이 될 것이다. …… (이순신은) 자신이 맡은 호남만을 굳게 지키면서 한산섬 어귀는 엿보지 않으려 하다가 순천부사 권준과 광양현감 어영담이 극력 권하자 군사를 출동시켰다 한다.

이항복은 이순신에게 한산도로 달려가자고 주장했던 광양현감 어영담에 대해서는 이렇게 적고 있다.

어영담의 본관은 함종 어씨인데 담략이 뛰어났다. 무과로 급제하기 전에 여도만호(呂島萬戶)가 되었다. 과거에 급제한 뒤에는 항상 바닷가 여러 진(鎭)에 소속되어 있으면서 바닷길의 평탄하고 험한 것을 측량하고 경험하지 않은 데가 없어서 바다 드나들기를 제 집 뜰 안 밟듯이 했다.

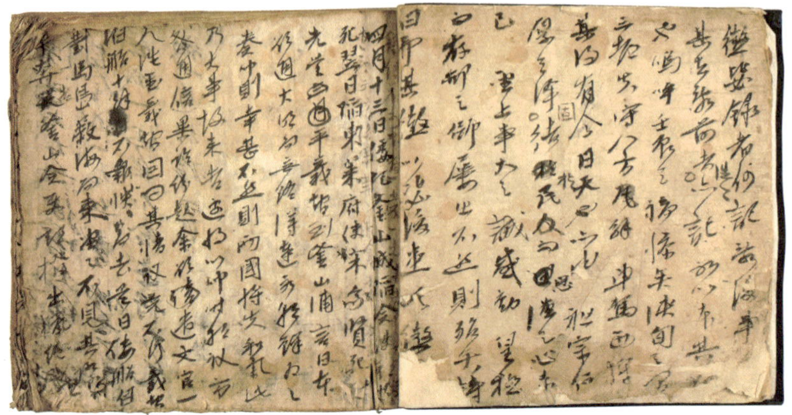

《징비록》 | 유성룡이 선조 25년(1592)부터 31년(1598)까지 7년 동안에 걸친 임진왜란에 대하여 적은 책으로, 임진왜란의 원인, 전황 따위의 수난상을 수기(手記)로 기록한 중요한 사료이다.

그러므로 적에게 쫓기거나 위험을 당한 일이 없었다. 이번 공은 영담이 제일인데, 후일 공을 논할 적에 단지 당상관에 올려주고 선무공신*에 참례하지 못하니 변방 사람들이 애석하게 여겼다.

한산도 대첩 때 견내량 인근의 지형을 분석하고 작전을 수립한 데에는 어영담 같은 지방관의 공이 컸던 것이다. 어영담 같은 부하 장수의 도움을 받았다고 이순신의 공이 깎이는 것은 아니다. 오히려 부하 장수들의 능력을 전투에 이용할 수 있었던 탁월한 지도력이 더욱 빛나는 것이다.

이처럼 한산도 대첩은 이순신과 어영담 같은 수하 장수들, 그리고 이름 없는 군졸들이 힘을 합해 이루어낸 승첩(勝捷)이다. 이 해전을 진주성 대첩(1592년 10월 5~10일), 행주 대첩(1593년 2월 12일)과 더불어 임진왜란 3대 대첩의 하나로 부른다.

임진왜란 당시 도체찰사로서 전쟁을 총지휘했던 유성룡(柳成龍)은 《징비록(懲毖錄)》에서 이날의 해전을 다음과 같이 기록했다.

이순신이 한산도 해전으로 왜군의 한 팔을 꺾었기 때문에 비록 고니시 유키나가가 평양을 점령했어도 군세가 외로워 더 이상 나아가지 못하였다. 한편 우리 조선은 전라도, 충청도와 황해도, 평안도의 서해 연안 일대를 온전히 보존할 수 있었기에 군량을 조달할 수 있었으며, 명령을 전달할 수 있게 되어 중흥을 이룩했다. 또한 명나라 군사가 육로로 와서 구원하여 왜군을 물리칠 수 있었으니, 이것은 모두 한산도 해전의 공적이었다. 아, 이 어찌 하늘의 뜻이 아니겠는가!

러시아 군사를
격파한
나선 정벌

효종의 북벌

조선군은 효종(孝宗) 때 러시아군과 싸웠다. 그것도 조선 땅이 아니라 두 만강 북쪽 만주 땅에서였다. 그렇다면 조선군은 왜 러시아군과 만주에서 싸워야 했을까?

이때 조선군을 파견한 효종은 과거 병자호란이 끝난 후 청나라에 인질로 끌려가 만 8년 동안 생활했었다. 그때는 봉림대군 시절이었다. 큰형 소현세자가 인질 생활을 마치고 귀국한 후 갑자기 세상을 떠나는 바람에 아버지 인조(仁祖)의 뒤를 이어 임금이 된 것이다.

즉위 후 효종은 인질 생활의 치욕을 잊지 않고 북벌(北伐)을 준비했다.

효종 영릉 | 병자호란 당시 봉림대군이었던 효종은 큰형인 소현세자와 함께 청나라에 끌려가 8년간의 인질 생활을 했던 만큼 누구보다 북벌의 의지가 강했다.

군사를 길러 압록강을 건너 청나라를 무찌르겠다는 계획이었다. 그 결과 재위 6년(1655) 가을에는 한강의 노량진 백사장에서 1만 3,000여 명의 정예 군사들이 열병식을 펼칠 수 있었다.

이 열병식은 "사대부와 일반 백성은 물론, 서울 사대부 집안의 아녀자들까지 모여 인산인해를 이루었다"고 《조선왕조실록》에 기록될 정도로 장관을 이루었다. 그러나 일부 문신들은 이 열병식을 "청과 분쟁거리가 된다"고 비판하며 군사력 증강을 반대했다.

그래서 효종은 당시 문신들에게 큰 힘을 갖고 있던 송시열(宋時烈)에게 "정예 포병(砲兵, 소총수) 10만 명을 길러 자식처럼 사랑해서 모두 결사적으로 싸우는 용감한 병사로 만든 다음, 기회를 봐서 오랑캐들이 예상하지 못할 때 곧장 쳐들어갈 계획이오"라면서 북벌에 함께 하자고 설득했던 것이다. 이런 생각에서 효종은 포병을 열심히 육성했다.

효종이 재위 4년(1653) 제주도에 표류되어 온 네덜란드 사람 하멜(Hamel)을 훈련도감에 배속시킨 것도 소총을 만들기 위해서였다. 당시 네덜란드는 대포를 비롯해 무기를 잘 만드는 나라였다.

그런데 효종이 이처럼 애써 기른 포병이 막상 대결한 상대는 청나라가 아니었다. 청나라의 요청으로 러시아군과 싸우기 위해 두만강을 건넌 것이다. 그것도 효종 5년(1654)과 9년(1658) 두 차례에 걸친 싸움이었다. 러시아를 당시에는 '나선(羅禪)'이라고 불렀는데, 나선이란 러시아인이란 뜻의 '러시안(Russian)'을 한자로 옮긴 발음이다.

러시아군이 만주에 나타나다

러시아가 만주 북쪽 흑룡강 주변에 나타난 것은 1650년경이었다. 이전의 러시아는 나라 땅은 넓지만 유럽 국가 중에서 발전이 더뎠는데, 17세기 초 로마노프 왕조가 들어선 이후 빠르게 성장하기 시작했다. 그런데 로마노프 왕조가 들어서기 이전에도 만주와 가까운 동쪽 시베리아에는 벌써 '카자크(Kazak) 족'이라 불리던 러시아인들이 진출하고 있었다. 이때가 임진왜란 10여 년 전인 1580년대였다.

그중에서도 가장 먼저 우랄 산맥을 넘어 시베리아로 진출한 인물은 러시아에서 전설적 영웅으로 꼽히는 예르마크 티모페예비치(Yermak Timofeyevich)였다. 예르마크 등이 머나먼 시베리아까지 진출한 이유는 모피를 팔아 돈을 벌기 위해서였다. 또한 러시아 정부가 정치범을 비롯해서 많은 죄수들을 시베리아로 보낸 이유도 고급 모피를 얻기 위한 것이었다. 17세기 모피 수입과 판매는 러시아 정부의 유력한 재원으로서 국고 수입의 10퍼센트나 차지하고 있었다.

이들이 모피를 얻기 위해 시베리아 남쪽에 있는 만주의 흑룡강까지 진출하면서 그 강가에 사는 중국계 주민들과 마찰이 빚어졌다. 그러자 러시아는 1643~1651년 사이에 포야르코프(V. Poyarkov)와 하바로프(E. Khavarov) 등에게 원정대를 구성해 흑룡강으로 가도록 했다. 하바로프는 흑룡강 주위의 부락을 점령하고 흑룡강 우안(右岸)에 알바진(Albazin)이라는 성(城)을 쌓아서 군사 기지로 삼았다. 그리고 걸핏하면 흑룡강 지류인 송화강까지 내려와 물자를 약탈했다.

러시아의 이런 침략 행위에 청나라가 발끈한 것은 당연했다. 당시 만주에 사는 청나라 사람들의 숫자는 그리 많지 않았지만, 이 지역은 청나라 왕조의 발상지로서 신성시하는 곳이었기 때문이다.

청나라는 1652년 영고탑(寧古塔, 지금의 닝안현성寧安縣城)으로 청나라 군사들을 보내 러시아의 남침을 막게 했지만 패하고 말았다. 러시아군이 무기도 뛰어날 뿐 아니라 사기도 높았기 때문이다. 청나라는 1653년 사이호달(沙爾虎達)이란 인물을 장군으로 삼아 영고탑으로 보내는 한편 이듬해에는 명안달례(明安達禮)에게 청나라의 최정예 군사인 북경 수비대를 이끌고 가서 러시아군을 물리치라고 명령했다.

청나라는 그래도 불안해서 이 전쟁에 조선을 끌어들였다. 조선군의 출병을 요구한 것이다. 조선은 인조 14년(1636)의 병자호란 때 맺은 '병자조약'에 청나라가 파병 요청을 하면 응하게 되어 있었다.

효종 5년(1654) 2월, 청은 조선에 사신을 보내 조총과 창을 쓰는 병사 100인을 뽑아 3월 10일까지 영고탑으로 보내라고 요구했다. 나선 정벌

을 위해서라는 명목인데, 당시 조선으로서는 '나
선'이란 처음 듣는 이름이었다.

그래서 효종은 청의 사신을 불러 "나선이란 어
디 있는가?"라고 물었다. 청나라 사신은 "영고탑 근처에 있는 별종*입니
다"라고 대답했다. 효종은 나중에 나선 정벌에 나섰던 조선군 사령관의
보고를 듣고서야 비로소 나선이 러시아를 뜻하는 말이란 사실을 알게 되
었다.

청나라의 요구를 거절할 수 없었던 효종은 종3품 무관직에 있던 함경북
우후(北虞侯) 변급을 사령관으로 삼아 '나선 정벌군'을 파견하기로 결정했
다. 이것이 조선과 러시아의 첫 접촉이었다.

제1차 나선 정벌

효종이 정벌군을 파견한 이유는 '병자조약' 때문이기도 했지만, 그동안 육
성한 조선 조총병이 얼마나 강한지 시험해보고 싶은 의도도 있었다. 또한
언젠가는 적으로 싸우게 될 청나라 군사에 대한 경험을 쌓으라는 뜻도 있
었다.

이런 여러 목적을 띤 1차 나선 정벌군은 변급의 인솔로 효종 5년(1654)
3월 26일 두만강을 건너 만주 땅에 들어간다. 만주에서 청군과 합류한 조
선군은 4월 16일 영고탑으로 향하여 27일 송화강에 이르렀다. 조선군은
회령에서 영고탑까지 10일분의 식량만 휴대했는데, 이는 장기전을 하지
않겠다는 뜻이었다.

나선 정벌군은 28, 29일 이틀간 송화강에서 러시아군과 대결했다. 이때 조선군은 100명의 조총수와 취사 등을 담당하는 20명의 화병(火兵)과 30명의 보급병, 군마 등으로 이루어져 있었다.

조선군 사령관 변급의 보고서에 따르면, 러시아군은 대선 13척, 소선 26척에 병력은 400명 미만이었다. 반면 청나라 군사까지 합친 조·청 연합군은 대선 20척, 소선 140척에 병력은 약 1,000명 내외로서 러시아군보다 많았다. 그러나 청군은 러시아에 이미 크게 당한 뒤이므로, 그들과 직접 맞서 싸우기를 두려워해서 육지에 방책을 쌓는 방어전을 선호했다.

이 전투에서 러시아군과 정면에서 맞붙은 것은 조선군이었다. 효종이 애착을 갖고 "자식처럼 키우겠다"고 말했던 조선 조총수들은 러시아군에게 많은 사상자를 내게 했고, 이에 러시아군은 5월 2일 퇴각하고 말았다. 반면 조선측의 사상자는 없었을 정도로 완벽한 승리였다. 조선군은 5월 16일 회군하여 6월 13일에는 영고탑으로 돌아왔고, 21일 무사히 두만강을 넘어 귀국했다.

1차 나선 정벌에서 조선 조총수들의 위력을 본 러시아군들은 "머리 큰 사람(大頭人)이 두렵다"는 기록을 남겼는데, 이는 벙거지〔전립(戰笠)〕를 쓴 조선군을 뜻하는 말이었다.

조선군은 이 전투에서 러시아뿐만 아니라 청나라 군사도 꺾을 수 있다는 자신감을 갖게 되었다. 청나라 역시 이 승리로 자신감을 얻고는 이듬해 명안달례를 보내 송화강 깊숙이 들어온 러시아군을 몰아냈다. 그러나 청나라의 우세는 곧 뒤집어져서 러시아군이 다시 들어왔다. 그리하여 청군은 효종 9년(1658)에 다시 조선군의 출병을 요청했다. 제2차 나선 정벌이 시작된 것이다.

제2차 나선 정벌

효종 재위 9년 3월, 청국은 황제의 명의로 조선에 국서를 보내 "조총수 200명을 5월 초순까지 영고탑에 보내달라"고 요청했다. 또한 청나라 예부에서도 따로 공문을 보내 "현지에서 식량을 얻기가 어려우니 조선군의 식량은 조선군이 스스로 준비하되 왕복 일자를 계산하여 운반해달라"고 요청했다.

효종은 일단 이 요청을 거부했다. 두 번씩이나 청나라를 위해 러시아와 싸울 이유가 없다고 생각한 것이다. 그러나 청나라에서 거듭 국서를 보내자 다시 응할 수밖에 없었다.

2차 나선 정벌군의 사령관은 함경북병마우후 신류(申瀏, 1619~1680)였다. 3개월분의 군량을 휴대한 조선군은 조총수 200명과 기고수*·화정* 등 60여 명을 포함해 모두 260여 명이었다.

5월 2일 두만강을 건넌 정벌군이 영고탑을 거쳐 송화강 어귀에 이른 것은 5월 15일이었다. 조선군은 이곳에서 청의 대형 함선들이 도착하기를 기다렸다가 6월 5일 함선에 나누어 타고 송화강 본류로 나갔다.

6월 10일 드디어 흑룡강과 합류하는 지점에서 조·청 연합군은 러시아 스테파노프 함대와 만나 격전을 벌였다. 청군은 기함* 등 초대형선 4척, 대형선 36척, 중형선 12척 등 모두 52척의 함선과 2,500여 명의 병력이었고, 러시아군은 대형선 11척에 약 500여 명의 병력이었다.

이 전투에서도 가장 용감하게 큰 전공을 세운

*기고수(旗鼓手)
　기를 들거나 북을 치는 병사

*화정(火丁)
　식사를 담당하는 병사

*기함(旗艦)
　지휘관이 타는 지휘선

것은 조선의 조총수들이었다. 조선 조총수들의 불벼락에 러시아군의 사령관 스테파노프가 전사했을 정도였다. 러시아군은 전함 11척 중 10척이 불에 타 침몰하고 말았다. 유일하게 침몰하지 않은 함선에 탔던 러시아군 95명만이 겨우 조·청 연합군의 포위망을 뚫고 도망갔을 뿐, 나머지는 모두 전사했다.

그런데 1차 나선 정벌에서는 조선군의 희생자가 없었지만, 2차 나선 정벌에서는 조선군에서도 희생자가 나왔다. 8명이 전사하고 25명이 부상했던 것이다. 청군의 희생은 더 커서 120여 명이 전사하고 200여 명이 부상당하는 큰 피해를 입었다.

전투에 승리하고도 이런 희생이 발생한 이유는 청군 사령관 사이호달이 러시아 전함을 나포*하려 했기 때문이다. 그것도 러시아 전함에 실려 있다고 생각한 재물 때문이었다. 조선군 사령관 신류가 쓴《북정일기(北征日記)》에 의하면, 사이호달은 러시아 군함의 재물에 탐을 내서 군함을 나포하겠다고 나섰다. 나포 작전은 격침 작전보다 몇 배나 어렵고 위험하기 마련이다. 전쟁에 나선 지휘관이 승전보다 재물에 더 욕심이 나서 부하들을 죽음으로 내몰았던 것이다.

＊나포(拿捕)
사람이나 배, 비행기 등을 사로잡음

전투에 승리한 조선군은 송화강 하구로 철수했으나, 청나라 측은 러시아의 재침을 우려해 다음 해(1659) 봄까지 주둔해달라고 요구했다. 조선군 사령관 신류는 연장이 불가능한 여러 가지 이유를 대면서 청나라를 설득했고, 11월 18일 겨우 영고탑을 떠나 12월 12일 회령으로 귀국했다.

이번 2차 정벌에서도 비록 청나라 사령관의 욕심 때문에 전사자가 나오기는 했지만, 러시아군을 상대로 큰 전공을 거둔 조선 정벌군은 1·2차 나선 정벌에서 모두 승리하는 쾌거를 이룩했다.

신류 장군은 누구인가

나선 정벌은 조선 조총수의 위력을 국내외에 과시하는 계기가 되었고, 효종은 두 차례의 승전으로 북벌에 자신감을 갖게 되었다. 만약 효종이 이듬해 사망하지 않고 더 오래 살았다면 북벌이 가능할 수도 있었을 것이다.

효종은 재위 10년(1659) 만에 사망하는데, 그의 아들인 현종 14년(1673)에 청나라가 큰 혼란에 빠지는 '삼번(三藩)의 난'이 일어났다. 청나라는 만주족이 세운 나라였는데, 한족(漢族) 출신 오삼계(吳三桂) 등 세 명의 번왕*들이 청나라 타도를 기치로 군사를 일으킨 것이다.

이때 조선에서는 남인(南人) 윤휴가 북벌을 주장했지만, 서인(西人)들이 끝내 반대하면서 압록강을 건너지는 못했다. 만약 효종이 이때까지 살아 있었다면 틀림없이 북벌을 단행했을 것이다.

조선 출정군 사령관 신류 장군은 재조명되어야 할 인물이다. 그는 정벌 과정을 자세히 기록한 《북정일기》를 남겼는데, 나라에 대한 충절과 부하에 대한 애틋한 사랑이 생생하게 기록되어 있는 것이 마치 이순신의 《난중일기》와도 같다.

《북정일기》에는 조선군이 승리를 거둔 과정과 청나라의 장기 주둔 요청을 거부한 일, 그리고 청군 사령관 사이호달의 무리하고 욕심 많은 요구에도 조선군의 의기를 굽히지 않은 사실 등이 잘 나타나 있다.

신류 장군은 평산 신씨 시조인 장절공 신숭겸의 23대 손으로 경북 칠곡 사람이다. 그는 장현광(張顯光)의 문인(門人)으로 문과에 여러 차례 나아갔으나 낙방하자 무과에 응시하여 급제했다. 그 후 혜산진첨절제사, 함경북병마우후가 되었다가 나선 정벌 때 큰 전과를 올렸다. 뒤에 김해부사, 경상좌도병마절도사를 거쳐 이순신 장군이 역임했던 삼도수군통제사가 되었다. 이후 신류의 후손들은 무과에 많이 진출했는데, 구한말까지 약 40여 명의 무과 급제자를 배출했다.

그래서 세상에서는 그의 가문을 이순신의 덕수 이씨 문중과 비견되는 무문*으로 평가하며 '영남 무반 제일가'로 불렀다. 신류 장군이 사망한 후 평생을 그와 함께 했던 무관 유혁연(柳赫然)은 다음과 같은 시로 그를 기렸다.

* **무문**(武門)
　무관 가문

일찍이 비변사에 함께 있었고
늦게는 전쟁터에 함께 달렸지
백발에도 마음은 칼을 잡았고
북벌에 둔 뜻을 통음으로 달랬네
믿음직한 관방장은 떠나갔어도
대를 잇는 가업에 후손이 번창하네
늙은 나는 나라 위해 눈물 참지만
다시 그 누가 국경을 지킬 텐가.

일당백의 승리,
봉오동 대첩

동포의 정성으로 구입한 무기

일제가 1910년 대한제국을 완전히 점령하자, 전국 각지의 애국지사들이 만주와 연해주(沿海州, 시베리아 남쪽) 등지로 망명해 독립운동에 나섰다. 이들은 만주 각지에 한인들이 자치적으로 운영하는 교포 조직을 세우고, 무관학교를 세워서 독립군 장교들을 양성했다.

드디어 1919년 3·1운동이 일어나 독립에 대한 의지가 높아지자, 독립군들은 압록강과 두만강을 건너 국내의 일본군과 경찰서를 타격하는 국내 진공 작전을 전개했다. 만주에는 여러 독립군 부대들이 있었는데, 홍범도(洪範圖)의 대한독립군은 약 300여 명의 군사에 장총 200정과 권총 40

압록강 | 우리나라와 중국의 경계를 이루는 강. 독립군은 주로 압록강과 두만강 일대를 중심으로 항일전을
전개했다.

정, 아울러 장총 1정당 200발의 탄약을 보유하고 있었다.

그런데 독립군들은 어떻게 이런 무기들을 지닐 수 있었을까? 아무리 싸울 의지가 있어도 무기가 없으면 아무 소용이 없었다. 그러나 무기를 구하는 것은 결코 쉬운 일이 아니었다. 일본이 독립군에게 무기가 들어가지 않도록 온갖 수단을 다 써서 방해했기 때문이다.

그러나 방법이 전혀 없는 것은 아니었다. 연해주에는 제1차 세계대전 때 시베리아로 출병했던 체코군이 철수하면서 음성적으로 팔고 간 무기들이 있었다. 독립군은 이 무기를 구입하러 나섰는데, 그 값이 대단히 비쌌다. 독립군들은 연해주와 남만주·북만주의 한인 사회, 그리고 국내의 동포들로부터 비밀리에 군자금을 모아 무기를 구입했다. 그야말로 동포들의 피땀 어린 정성으로 마련된 돈이었다.

독립군의 모습과 그들이 사용한 무기

그러나 무기를 구입했다고 모든 문제가 해결된 것은 아니었다. 러시아 연해주, 즉 시베리아에서 서간도나 북간도의 독립군 부대까지 운반하는 것 또한 엄청나게 어려운 일이었다. 소련과 중국 관헌의 엄중한 감시를 피해야 했기 때문에 무기 운반 자체가 하나의 전투였다.

특히 중국·소련 국경을 통과할 때는 뇌물로 관헌을 매수하거나 그렇지 않으면 죽음을 무릅쓰고 날라야 했다. 대부분 칠흑같이 어두운 밤중에 사람들이 다니지 않는 험한 산길을 이용해서 무기를 운반했다. 무기가 무거워서 보통 1명당 2~3정의 무기와 탄약만을 지고 나를 수 있었다. 그래서 수십 명에서 수백 명에 이르는 건장한 체격의 독립군이 무기 운반 임무를 맡아야 했다. 독립군은 자신이 지닌 무기 한 정, 탄약 한 발이 이런 과정을 거쳤다는 사실을 알기 때문에 무기를 아주 소중하게 다루었다.

독립군의 무기는 한꺼번에 구입하는 것이 아니라 여기저기에서 조금씩 구입했기 때문에 그 종류도 매우 다양했다. 일반 장총류는 러시아제 5연발총과 단발총이 주종을 이루었고, 권총류는 루거(Luger) 권총이 제일 흔했다. 이밖에도 드물지만 기관총도 있었고, 폭탄이라 칭하던 수류탄도 보유했다.

홍범도 장군이 이끌던 대한독립군의 무기도 대부분 연해주의 블라디보스토크에서 구입해 북간도까지 운반한 것들인데, 봉오동 전투를 치를 무렵에는 다수의 기관총과 권총, 탄약 등을 보유하게 되었다.

독립군의 통합

독립군은 조직과 병력이 여기저기 흩어져 있었다. 우수한 화력과 일관된 지휘 체계를 갖춘 일본군과 싸우기 위해서는 독립군도 하나의 대부대로 통합되어야 했다. 만주의 여러 독립군 지휘관들이 부대를 통합하기 위해 회의를 연 것은 이 때문이다.

1920년 5월 28일 북간도에서 홍범도 장군을 중심으로 열린 '군사통일회의'가 바로 그것이다. 이 회의에 참석한 대한독립군, 대한국민군, 군무도독부는 하나의 통일 군단을 만들기로 합의했다. 이 통일 군단의 명칭이 봉오동 전투의 주역 중 하나인 '대한북로독군부(大韓北路督軍府, 이후 북로독군부라 부름)'였다.

북로독군부는 군사 조직만이 아니라 행정 조직까지 갖춘 일종의 정부였다. 북로독군부의 정치·행정의 총책임자인 북로독군부장은 최진동(崔振東)이었고, 군사·지휘의 총책임자는 홍범도 장군이었다.

조직을 정비한 북로독군부는 중국 길림성 화룡현(和龍縣) 봉오동(鳳梧洞)에 병력을 집결시켰다. 두만강을 건너 대대적인 국내 진공 작전을 전개할 계획이었다. 그간 소규모 부대가 압록강, 두만강을 건너 일제를 습격한 적은 여러 차례 있었지만, 이처럼 대대적인 국내 진공 작전 계획은 처음이었다.

봉오동 골짜기와 그 일대에는 700~800명 이상의 북로독군부 군사들이 몰려들었다. 뿐만 아니라 60명가량의 신민단 독립군도 이 부근으로 집결했다. '봉오동 대첩'의 주역들이 모인 것이다.

봉오동 전투의 전초전 – 삼둔자 전투

봉오동 대첩은 1920년 6월 7일에 벌어졌는데, 그보다 사흘 전인 6월 4일 화룡현 월신강(月新江) 삼둔자(三屯子)에서 먼저 벌어진 전투가 그 전초전이었다.

6월 4일 새벽 독립군의 한 소부대는 국내 진공 작전의 일환으로 삼둔자를 출발해 두만강을 건넜다. 이들은 함경도 종성 북방 5리 지점에 있는 강양동(江陽洞) 헌병 순찰대를 급습했다. 이들은 일본군 1개 소대를 섬멸한 후 두만강을 건너 삼둔자로 돌아왔다.

일본군은 이 사건에 크게 놀랐다. 헌병 1개 소대가 전멸한 것은 작은 사건이 아니었던 것이다. 일제는 보복하기 위해 독립군 추격에 나섰다. 니이미 지로(新美二郎) 중위가 이끄는 남양 수비대 1개 중대와 헌병경찰중대가 독립군을 뒤쫓아 두만강을 건넌 것이다. 그러나 독립군들은 이미 깊은 산중으로 몸을 숨긴 뒤였다.

일본군은 대체로 정규군에게는 약하지만 민간이 학살에는 강한 전통을 갖고 있었다. 이때도 독립군을 발견하지 못한 일본군은 분풀이로 무고한 한인 동포를 학살하는 만행을 저질렀다. 이 소식을 들은 독립군들은 삼둔자 서남쪽 산기슭에 잠복했다. 그러고는 일본군을 깊숙이 끌어들인 후 일제히 공격을 개시해 전멸시켰다. 이것이 바로 삼둔자 전투인데, 독립군에게 보복하겠다며 두만강을 건넜던 일본군이 도리어 독립군에게 전멸당한 것이다.

이 사건에 일본군은 경악했다. 독립군이 국경을 넘어 헌병 1개 소대를 섬멸한 데 이어, 보복을 위해 두만강을 건넜던 남양 수비대와 헌병경찰중대까지 전멸시켰으니, 자칫하면 독립군들이 사방에서 쳐들어올 수 있는 상황이었다.

당시 두만강을 수비하던 일본군은 함북 종성군 나남에 사령부를 두고 있던 일본군 제19사단이었다. 그간 19사단을 무적이라고 선전해왔던 일제로서는 큰 망신을 당한 것이었다. 그래서 19사단이 '월강추격대대(越江追擊大隊)'를 편성해 독립군을 뿌리 뽑겠다고 출진했다.

월강추격대대는 글자 그대로 두만강을 넘어(월강) 만주와 연해주의 독립군을 토벌하기 위해 만들어진 부대였다. 19사단의 정예 병사들로 구성된 이 부대의 지휘는 야스가와〔安川〕 소좌(少佐)가 맡았다. 삼둔자 전투에서 겨우 살아남은 니이미 지로 중위와 그 부대원들도 월강추격대대에 합류했는데, 이들은 과거의 참패를 만회하겠다며 의지를 불태웠다.

봉오동 전투가 벌어지다

월강추격대대가 두만강을 건넌 것은 어둠이 칠흑같이 깔린 6월 6일 오후 9시경, 새벽에 독립군들을 기습한다는 전략이었다. 일본군은 7일 새벽 봉오동을 향해 고려령 서편으로 진입했다.

봉오동은 봉오골로도 불리는 긴 골짜기였는데, 사면이 야산으로 둘러싸여 마치 삿갓을 엎어놓은 듯 보이는 천연 요새였다. 입구로부터 25리 되는 골짜기에는 하·중·상동이라 불리는 각각 30~60호쯤 되는 규모의 마을이 있었는데, 그곳에는 한인들이 살고 있었다.

독립군 사령관(사령부장) 홍범도는 이미 일본군의 보복 공격을 예상하고 있었다. 그는 일본군과 교전에 앞서 주민들을 미리 산중으로 대피시켜 마을을 텅 비게 만들었다. 그리고 전군에게 작전 지시를 내렸다. 제1중대는 봉오골 윗마을 서북쪽에 매복하게 하고, 제2중대는 동산(東山)에 매복하게 했으며, 제3중대는 북산(北山)에, 제4중대는 서산(西山) 남쪽에 매복해서 지시를 기다리게 했다. 홍범도 본인은 2개 중대를 이끌고 서북면 북쪽에 매복했으며, 군무국장 이원(李園)에게는 본부 병력 및 잔여 중대의 인솔과 서북 고지에서 탄약과 음식을 공급하라고 지시했다. 또한 만일의 경우에 대비해 퇴로를 확보하라고 지시했다.

이렇게 군사 배치를 끝낸 홍범도 장군은 전군에게 일본군의 본대가 포위망 안에 완전히 들어올 때까지 움직이지 말라고 명령했다. 자신의 발포 신호가 있을 때까지 사격하지 말라는 지시였다. 일본군을 포위망 깊숙한 곳까지 끌어들인 후 일제 사격으로 섬멸시키려는 계획이었다.

홍범도 장군은 제2중대 3소대 1분대장 이화일(李化日)에게 일본군을 유인하라고 명령했다. 고려령 북쪽 1,200미터 고지와 그 북쪽 마을에 대기하고 있다가 일본군이 나타나면 교전하는 척하면서 일본군을 포위망 안으로 유인하라는 지시였다.

일본군 대대는 봉오동 골짜기 입구에서 정찰 부대를 먼저 보냈다. 이화

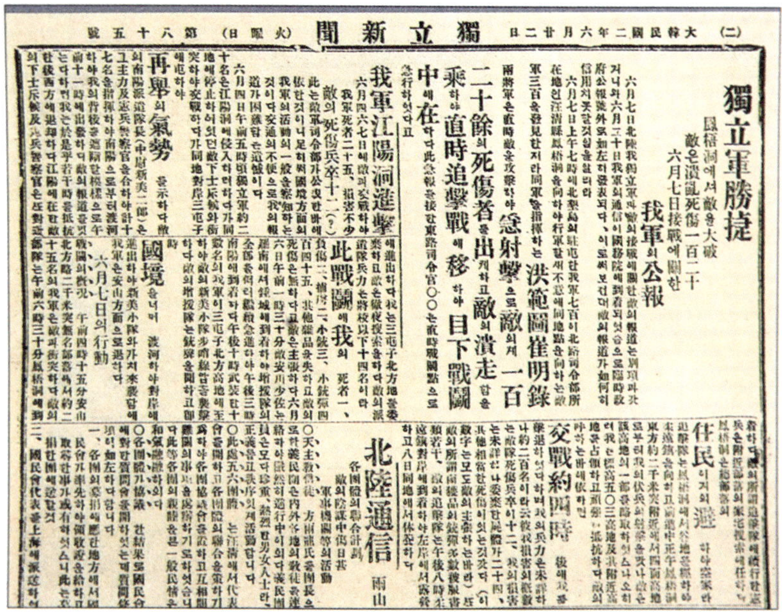

獨立新聞　第八十五號　（火曜日）　大韓民國二年六月廿二日　（二）

獨立軍勝捷

國梧洞에셔 敵을 大破
敵은 潰亂死傷一百二十
六月七日接戰에關한

我軍의公報

我軍江陽洞進擊

北陸通信　雨山

交戰約圖

봉오동 대첩 내용이 실린 당시의 독립신문 기사

일 분대장은 적당히 싸우다가 패주하는 척해야 했다. 그런데 독립군의 사기가 너무 높아서 일본군을 집중 타격한 결과 일본군을 일시 퇴각시켰다.

일본군은 이 공격이 유인책이라는 사실을 눈치 채지 못했다. 일본군은 부상병을 호송시키고 흐트러진 전열을 수습해 봉오동 골짜기로 들어섰다. 일본군은 오전 8시 30분경에 봉오동 입구에 도착했다. 봉오동은 아무런 인적이 없었다. 홍범도 장군의 지시로 모두 숨은 것이었다.

봉오동 하동 마을을 정찰한 일본군은 독립군들이 겁을 먹고 북으로 도주했다고 판단했다. 그래서 후방에서 기다리던 월강추격대대에게 봉오동으로 진격하라고 연락했다. 월강추격대대는 전위 부대를 앞세우고 봉오동의 하동으로 거침없이 진격해왔다. 이 마을에서 독립군을 발견하지 못한 일본군은 북로독군부장 최진동의 집을 비롯해 마을을 불태우고, 미처 피난하지 못한 노약자를 닥치는 대로 살육하는 만행을 저질렀다.

하동 마을을 유린한 일본군은 오전 11시 30분경 중동·상동 마을로 진군해왔다. 오후 1시경에는 일본군 전위 부대가 상동 마을 남쪽 300미터 지점의 비파동 방면으로 가는 갈림길까지 진출했다. 드디어 독립군의 포위망 속으로 들어온 것이다. 그러나 홍범도 장군은 계속 기다렸다. 기관총대를 앞세운 주력 부대까지 독립군의 포위망 속으로 깊숙이 들어오기를 기다린 것이다.

드디어 일본군 주력 부대가 포위망 깊숙이 들어왔다. 사령관 홍범도는 신호탄을 발사했다. 일제 공격 신호였다. 동시에 3면의 고지에 미리 매복하고 있던 독립군은 일본군을 향해 일제히 집중 사격을 개시했다.

불의의 기습을 받은 일본군은 그제야 포위망에 걸린 사실을 깨달았다. 일본군 기관총대도 일제히 대응 사격에 나섰다. 일본군들은 우세한 화력을 배경 삼아 포위망을 뚫고 나가려 했다. 그러나 독립군은 벼르고 벼른 이 기회를 놓치지 않았다. 유리한 지형을 선점한 독립군의 맹렬한 공격으로 일본군 사상자가 속출했다.

포위망 안에서 무려 3시간을 버티던 일본군은 사상자가 계속 늘어나자 결국 도망갈 수밖에 없었다. 이때 강상모가 지휘하는 독립군 2중대는 도주하는 일본군을 추격하여 또다시 큰 타격을 입혔다.

일본군 측 자료에 의하면, 참패한 일본군은 도망가는 길에 봉오골에 남아 있던 어린이 등 민간인 16명을 학살한 다음 패잔병을 이끌고 19사단 본부로 돌아갔다고 한다. 이것이 유명한 '봉오동 대첩'의 경과이다.

상해(상하이) 임시정부 군무부는 봉오동 전투에서 일본군은 전사 157명,

압록강 국경 경비병의 검문 검색 모습 | 봉오동의 승첩 소식을 들은 국내의 많은 젊은이들이 독립군이 되기 위해 압록강과 두만강을 건넜다.

중상 200여 명, 경상 100여 명의 큰 타격을 입었고, 아군은 전사 4명, 중상 2명의 경미한 피해를 입었다고 발표했다.

한편 중국 신문인 《상해시보(上海時報)》는 이 전투를 크게 보도했고, 상해 임시정부에서 발행하는 《독립신문》도 봉오동의 승전보를 대대적으로 알렸다. 이 소식은 10여 년간 일제의 학정에 시달리던 민족에게 큰 기쁨과 희망을 주었다.

이 전투에 참가했던 독립군들은 멀지 않은 장래에 대대적인 국내 진공 작전을 펼칠 수 있으리라는 기대에 부풀었다. 국내 진공 작전으로 일본군을 축출하고 광복을 이룰 수 있으리라는 희망을 갖게 된 것이다. 당시 봉오동 승첩(勝捷) 소식을 전해들은 국내의 많은 젊은이들은 독립군의 한 사람이 되기 위해 압록강과 두만강을 건넜다.

불멸의
청산리 대첩

훈춘 사건을 조작한 일제

1920년 6월의 봉오동 참패는 일제에게 큰 충격을 주었다. 그간 일제는 '무적의 황군(皇軍)'을 자처하며 일본군이 무적이라고 선전해왔는데, 이 모든 것이 자신들의 선전에 불과했다는 사실이 드러난 것이다. 충격에 빠진 일제는 대책을 서둘렀다.

일제는 만주 독립군에 대한 특별한 대책을 세우지 않으면 정말 큰일이 벌어질 수도 있겠다고 여겼다. 봉오동 승첩에 힘입은 독립군들이 대규모 국내 진공 작전에 나서서 압록강과 두만강을 건너고, 여기에 국내의 한국인들이 대거 합세한다면 사태가 어디로 흐를지 알 수 없는 일이었다. 그래서 일제는 '간도 지방 불령선인 토벌 계획'이란 것을 수립했다.

'불령선인(不逞鮮人)'이란 '제멋대로 행동하며 일제에 저항하는 조선인'이란 뜻으로, 독립사상을 가진 조선인이나 독립군을 지칭하는 말이다. 이 계획의 핵심은 일본군이 간도, 즉 만주로 진격해 독립군과 이를 지원하는 조선인들을 토벌하겠다는 것이다.

그런데 이 계획을 실행에 옮기려면 한 가지 어려운 점이 있었다. 만주는 일본 영토가 아니라 중국 영토라는 점이다. 이럴 때 일제는 사건을 조작하는 방법을 즐겨 사용했다. 즉, 자작극을 벌이는 것이다. 이른바 '훈춘〔琿春〕 사건'이 그것이다.

일제는 중국 마적 두목 장강호(張江好)를 매수해 훈춘을 공격하라고 사주했다. 일제의 돈을 받은 장강호는 400여 명의 마적을 이끌고 9월 25일과 10월 2일 두 차례에 걸쳐 훈춘성을 공격했다.

'훈춘 사건'으로 일본 영사관이 불타고, 많은 중국인과 조선인이 사망했으며, 일본인도 사상자가 발생했다. 일제는 자신들이 시킨 이 사건을 한국 독립군이 일으킨 것이라고 우겨댔다. 그러면서 '일본 국민의 생명과 재산을 보호'한다는 구실로 만주 출병을 단행했다.

이때 만주로 출병한 일본 토벌대는 조선 주둔 19사단을 중심으로 20사단, 시베리아 파견군 14사단과 11사단에서 병력을 차출했다. 모두 1만 8,000~2만 명에 달하는 대부대였다. 그것도 소총은 물론 기관총과 대포 등 중화기로 무장한 정예 부대였다. 일제는 대부대를 보내서 독립군을 뿌리 뽑으려 한 것이다.

자국민이 죽는 것도 아랑곳하지 않고 '훈춘 사건'을 일으킨 데서 일제가 봉오동 참패에 느낀 위기감이 얼마나 컸는지를 알 수 있다.

김좌진 장군 동상 | 북로군정서의 총사령관으로 '청산리 대첩'을 승리로 이끈 독립운동가이다.

그러나 만주의 한국 독립군도 이미 이런 사실을 예견하고 있었다. 봉오동에서 참패를 당한 일제가 가만히 있지는 않으리라고 생각했던 것이다. 만주 독립군들은 원래의 근거지를 떠나 백두산 등 새로운 근거지를 향해 이동하는데, 여기에는 중국 당국자들의 권유도 있었다.

그간 일제는 여러 차례 만주의 중국 당국자들에게 한국 독립군을 함께 토벌하자고 제의했다. 그러나 중국 당국은 일본군이 한 번 만주로 들어오면 쉽게 나가지 않을 것이란 생각에서 공동작전 제의를 거절했다. 자신들이 직접 독립군을 수색하겠다는 명분으로 거절한 것이다. 일제의 압박이 심해지자 중국 당국자들은 한국 독립군에게 국도변에서 멀리 떨어진 곳으로 근거지를 옮겨달라고 요구했다.

어렵게 터를 닦아놓은 근거지를 옮기는 것은 어려운 일이었으나, 중국 당국의 사정을 이해하는 독립군은 그들의 요구를 받아들여 근거지를 옮기기로 결정한다.

김좌진(金佐鎭) 장군이 이끄는 북로군정서(北路軍政署, 대한군정서라고도 함)도 이에 따라 근거지를 왕청현(汪淸縣)에서 백두산 기슭으로 옮기기로 결정했다. 북로군정서는 1920년 9월 8일 원래의 근거지였던 왕청현 서대파(西大坡)를 떠나 40일간 행군한 끝에 10월 5일 새로운 근거지인 화룡현 삼도구(三道溝)에 도착했다. 인적이 드문 산길 등을 통해 400여 리를 행군한 것인데, 이곳이 바로 백두산 기슭의 일부인 청산리(靑山里) 부근이었다.

청산리는 폭이 제일 좁은 곳이 4~5리이고, 가장 넓은 곳은 8~9리나 되는 높고 깊은 계곡 분지였다. 서북쪽은 비교적 수림이 적고, 동남쪽으로 갈수록 울창한 계곡이 펼쳐지는 천혜의 요지였다.

어랑촌 전투

청산리 대첩은 청산리 계곡 여기저기에서 벌어졌던 크고 작은 10여 차례의 전투를 말하는 것이다. 그중에서 가장 규모가 크고 또 가장 오랜 시간 격전을 벌였던 것이 백두산 기슭의 이도구(二道溝) '어랑촌(漁郞村) 전투'였다.

어랑촌은 1910년 나라가 망한 이후 함경북도 경성군 어랑사(漁郞社)란 마을의 주민들이 이주해 개척한 마을이었다. 이 어랑촌을 중심으로 10월 22일 아침부터 종일 전투가 벌어졌다.

어랑촌 전투가 있기 전에 독립군과 일본군은 '백운평 전투'와 '천수평 전투'를 전개했다. 일본군 수색 기병 중대가 먼저 이 두 지역에 쳐들어왔는데 독립군이 이를 격퇴했다.

첫 전투에서 승리를 거둔 독립군은 기뻐할 틈도 없이 다음 전투를 준비해야 했다. 전투에서 패전한 일본군 기병 중대 4명이 도망쳤기 때문이다. 이들이 어랑촌 앞 이도하(二道河) 부근에 주둔하고 있는 일본군 본대에 이 사실을 알리면 일본군 본대가 직접 공격해올 것이 뻔하기 때문이었다.

비록 백운평 전투와 천수평 전투에서 패했지만 일본군은 자신감에 넘쳐 있었다. 막강한 화력으로 무장한 대부대였기 때문이다. 청산리 부근에 모인 일본군 병력만 무려 5,000여 명이었다. 그것도 보병보다는 기병 연대와 포병대가 주축을 이루고 있는 중화기 부대였다. 반면 북로군정서는 어랑촌 전투 때 숫자가 600명을 넘지 못했고, 화력에서도 절대적인 열세였다.

김좌진 장군은 열세인 병력과 화력을 지형으로 극복해야 한다고 생각했다. 먼저 유리한 고지를 차지해 선제공격을 가해야 한다는 판단이었다. 그래서 북로군정서는 어랑촌의 서남단 고지를 먼저 차지했다. 일본군도 뒤늦게 이 고지를 목표로 진격해왔다.

고지를 먼저 차지한 독립군은 위에서 아래로 일본군을 내려다보게 되었다. 반면 일본군은 고지 밑에서 위에 있는 독립군을 공격해야 했다. 일본군은 병력과 화력에서 절대적으로 우세했지만, 지형에서는 불리했다. 반면에 독립군은 지형은 유리했으나, 병력과 화력에서 절대적으로 불리했다. 게다가 계속된 강행군과 잇단 전투로 지쳐 있었다.

독립군이 우세한 지형을 차지하고 있었지만 일본군은 이를 두려워하지 않았다. 병력과 화력이 절대적으로 우세했기 때문이다. 기병 연대장 가노

[加納] 대좌는 연대 병력으로 북로군정서 독립군을 포위하기 시작했다.

22일 오전 9시경 일본군은 독립군을 완전히 포위했다고 판단하고 일제히 공세를 퍼부었다. 비록 지형이 유리했지만 워낙 화력과 병력 수에서 열세였기 때문에 시간이 흐를수록 북로군정서가 불리했다.

작전 중인 일본군 부대들이 계속 어랑촌으로 집결했다. 그러나 북로군정서는 더 이상 증원할 군사가 없었기 때문에 열 배가 넘는 일본군과 목숨을 걸고 싸우는 수밖에 없었다. 일본군의 포위망은 점점 좁혀졌다.

이때 독립군에 기다리던 지원군이 나타났다. '완루구 전투'를 치르고 서쪽으로 이동하던 홍범도 장군의 독립군 연합 부대가 나타난 것이다. 북로군정서 독립군이 일본군에게 포위된 채 공격당하고 있다는 정보를 듣고 급히 달려온 것이다. 홍범도가 거느린 독립군 연합 부대는 1,500여 명으로 일본군보다는 적었지만, 독립군으로서는 대부대였다. 일본군은 북로군정서를 포위했던 병력을 나누어 독립군 연합 부대와도 싸워야 했다.

비록 독립군 두 부대의 병력을 다 합쳐도 일본군의 반도 되지 않았지만, 독립군 연합 부대의 합류로 이들의 사기가 크게 올라갔다. 드디어 전세는 서서히 역전되기 시작했다. 일본군에 많은 전사자와 부상자가 속출하기 시작했다. 그러나 일본군은 후퇴하지 않았다. 5,000명이 넘는 중화기로 무장한 정규 일본군이 소수의 비정규군에게 쫓겨 후퇴하기에는 자존심이 허락지 않았던 것이다.

일본군은 먼저 포병이 포탄을 쏘아대어 독립군의 기세를 꺾은 다음 보병으로 한 발 한 발 전진해왔다. 그러는 사이 기병대를 우회시켜 독립군의 측면을 공격했다. 시간이 갈수록 전투는 치열해져서 오전 9시부터 시작된 전투는 해가 기울 때까지 그칠 줄을 몰랐다.

독립군 전사들은 하루 종일 굶으며 싸워야 했다. 인근 마을의 아낙네들은 치마폭에 밥을 싸서 빗발치는 총알을 무릅쓰며 산으로 올라왔다. 그러나 독립군 전사들은 밥 먹을 틈조차 낼 수 없었다. 아낙네들이 주먹밥을 만들어 한 덩이 두 덩이 독립군의 입에 넣어주어야 할 지경이었다.

이때 독립군에게 밥을 날라주었던 이 마을은 뒷날 일본군의 보복으로 불에 타 잿더미가 되었고, 동포들은 무참히 학살당했다.

독립군의 빛나는 승리

독립군은 독립 전쟁에 몸과 마음을 바쳤기 때문에 죽음도 두려워하지 않았다. 북로군정서 기관총 중대장 최인걸(崔麟杰)은 기관총 사수가 전사하자 기관총을 스스로 자신의 몸에 묶었다. 그리고 몰려오는 일본군을 향해 집중 사격을 가했다. 일본군의 공격은 주춤해질 수밖에 없었다. 기관총 탄환이 다 떨어지자 최인걸은 맨몸으로 적과 맞서 싸우다 장렬하게 전사한다.

치열했던 그날의 모습을 당시 교성대장(敎成隊長)으로 전투에 참여했던 이범석(李範奭)은 그의 자서전 《우둥불》에서 다음과 같이 기록하고 있다.

수없이 날아다니는 포탄은 노란 풍진을 일으켰다. 바람결에 김좌진 장군의 군모가 벗겨졌다. 장군은 맨머리로 전투를 지휘하였다. 나의 군도는 포탄 파편에 두 동강이 났다. 코와 입은 피투성이가 되었다. …… 우리의 군마(軍馬)도 모조리 쓰러져 피투성이가 되었다. 한 동지는 악전고

청산리 대첩 승리 기념 사진

투 끝에 19발의 적탄을 몸에 맞고서야 넘어졌다. 극렬한 분노에 온몸이 불덩어리가 된 전(田) 동지는 앉아서 쏘고, 엎드려 쏘고, 서서 쏘고, 미친 듯이 연사(連射)하여 혼자서 20여 명의 적을 거꾸러뜨렸다.

드디어 만주의 초겨울 짧은 해가 지기 시작했다. 고지에 어둠이 내리기 시작하자 일본군의 공격은 약화될 수밖에 없었다. 독립군은 상대적으로 이 지역의 지형을 잘 아는 반면 일본군은 그렇지 못했기 때문이다. 드디어 일본군은 퇴각하기 시작했다.

독립군을 섬멸하려던 일본군의 계획이 실패로 끝나는 순간이었다. 청산리 대첩 중 가장 치열했던 어랑촌 전투에서도 독립군이 승리를 거둔 것이다. 독립군은 날이 샐 때까지 기다릴 필요가 없었다. 북로군정서 독립군은 홍범도 연합 부대와 연락하고, 어둠을 타 부대를 나누어 안도현 방면으로 이동했다.

어랑촌 전투에서 일본군은 큰 타격을 입었다. 이 전투에서 기병 연대장 가노 대좌를 비롯해서 다수의 전사자와 부상자가 발생했다. 상해 임시정부는 어랑촌 전투에서만 일본군 300명을 사살했으며, 부상자는 세지 못할 정도로 많다고 밝혔다.

일본군은 그간 모든 보고서에서 독립군을 패퇴시켰다고 우겨댔지만, 어랑촌 전투에서만은 일본군이 패전했다는 사실을 간접적으로나마 시인하지 않을 수 없었다. 그러나 전사자 3명, 부상자 11명이라고 숫자를 크게 줄여 기록했다.

청산리 전투에 직접 참전했던 이범석은 청산리 대첩에서 일본군의 전사자와 부상자를 가노 기병 연대장을 포함하여 1,000여 명 가량으로 추산했다. 독립군 측도 약 100여 명의 사상자를 냈다고 회상했다.

청산리 대첩은 10월 21일부터 26일까지 일주일 동안 청산리 계곡의 백운평 전투를 시작으로 천수평·어랑촌·완루구·고등하 등지에서 벌어진 크고 작은 10여 차례의 전투를 모두 말하는 것이다. 이 모든 전투에서 독립군은 모두 승리했다. 10대 0이었다. 대첩이 벌어진 화룡현 이도구와 삼도구 일대는 민족의 영산인 백두산 기슭이었으므로 그 의의는 더욱 크다.

훈춘 사건을 꾸며내면서까지 간도를 침략한 일본군에게는 더욱 뼈아픈 패배였다. 독립군은 자신들을 전멸시키겠다고 달려들던 일본군 대부대와 맞서 싸워 완전한 승리를 거두었다. 독립정신으로 무장한 독립군이 거둔 위대한 승리였다.

독립군에게 완패한 일본군은 특유의 전통을 살렸다. 정규군에게 약하고 양민 학살에 능한 일본군의 빛나는(?) 전통이었다. 청산리에서 쫓겨내려온 일본군은 만주 각지의 한인 양민들을 학살했다. 경신참변이 그것이었다.

경신참변(庚申慘變)

1920년 간도에서 일본군이 한국 민간인들을 무차별 학살한 사건. '간도참변 (間島慘變)' 또는 '경신 간도 학살 사건'이라고도 한다.

봉오동 전투와 청산리 전투에서 완패한 일본군은 그 보복으로 한국 민간인들에 대한 무차별적 학살 작전을 전개했다. 한국인 마을들을 보는 대로 불태우고, 민간인을 학살했으며, 재산과 식량을 약탈했다.

10월 9일부터 11월 5일까지 27일 동안 간도 일대에서 학살된 민간인들의 숫자는 현재 확인된 수만 3,469명에 이른다. 그밖에 확인되지 않은 숫자와 3~4개월에 걸쳐 학살된 수를 합하면 수만 명에 이르는 민간인이 학살당했을 것으로 추정된다. 정규군에 약하고 민간인 학살에 강한 '무적 황군'의 속성을 잘 말해주는 사건이다.

위대한 정복 군주, 광개토태왕

광개토태왕의 등장

열여덟 살이란 젊은 나이에 왕위에 올라 고구려 역사상 가장 넓은 영토를 개척한 임금이 바로 광개토태왕이다. 고구려 19대 임금으로, '광개토(廣開土)'는 글자 그대로 '영토(土)를 크게 넓혔다(廣開)'는 뜻이다.

고국양왕(故國壤王)의 아들인 광개토태왕의 본명은 담덕(談德)인데, 중국 측 기록은 안(安)이라 적고 있다. 광개토왕이란 명칭은 《삼국사기》에 기록된 시호*이다. 광개토는 시호를 줄여서 부르는 것이고, 고구려인들이 직접 지은 시호는 '국강상광개토경평안호태왕(國岡上廣開土境平安好太王)'으로서, 이는 '광개토태왕릉비(廣開土太王陵碑)'에 나온다. 이를 줄여서 '광개토태왕'이라고 부른다. 능비에 쓴 태왕(太王)은 왕보다 높은 것으로서 아래에 여러 왕들을 둔 황제라는 뜻이다. 실제로 고구려는 그 아래에 말갈 등의 많은 제후국들을 둔 황제국가였다.

'국강상광개토경평안호태왕'이란 시호는

---

* **시호(諡號)**
죽은 후에 높여 붙이는 이름

* **호우(壺杅)**
뚜껑 달린 청동 그릇. 장수왕 3년(415) 광개토태왕을 기념해 만들었다는 글씨가 밑바닥에 새겨져 있다.

* **모두루묘지명(牟頭婁墓誌銘)**
중국 길림성 집안현(지안현)에 있는 고구려 관리 모두루의 무덤에서 발견된 묘지명. 이를 통해 4~5세기 고구려의 여러 사항들을 알 수 있다.

경주시 호우총(壺杅塚)에서 출토된 호우*나 모두루묘지명*에도 나온다. 따라서 지금까지 불러왔던 '광개토왕'이나 '광개토대왕'보다는 '광개토태왕'이나 '호태왕'이라고 부르는 것이 더 정확한 명칭이다(이후 '호태왕'으로 약칭).

호태왕은 '영락(永樂)'이라는 연호를 사용했는데, 이 때문에 살아생전에는 '영락대왕'이라 일컬어졌다고 한다.

호태왕에 대해서는 그의 아들 장수왕이 414년에 세운 광개토태왕릉비(이후 '호태왕릉비'로 약칭)에 자세하게 기록되어 있고, 고려시대에 김부식이 편찬한 《삼국사기》에도 기록이 나온다.

광개토태왕릉비 | 중국 만주의 길림성에 있는 고구려 제19대 광개토태왕의 업적을 기록한 비석. 호태왕릉비라고도 한다. 높이가 5.34미터로 우리나라에서 가장 큰 비석이다.

호태왕의 정복 활동은 백제와 왜, 가야를 정벌하는 남방 정벌과 북방의 각 이민족들을 정벌하는 북방 정벌로 나눌 수 있는데, 여기에서는 세계로 뻗은 고구려의 북방 진출과 관련된 정복 활동을 중심으로 살펴보자.

4~5세기 동북아시아 국제 정세

호태왕이 즉위했을 무렵 국제 정세가 변화했다. 위·촉·오의 세 나라가 싸웠던 삼국시대는 위나라의 대신이었던 사마씨 집안에서 세운 진(晉)나라가 통일하면서 끝이 난다. 그러나 진나라는 곧 남쪽으로 쫓겨 내려가 동진(東晉)을 세우고, 북방에는 여러 민족들이 세력을 다투는 5호 16국(五胡十六國) 시대가 전개되었다.

호태왕은 이런 국제 정세의 변화를 놓치지 않고 고구려가 서북방으로 뻗어나갈 기회로 삼았다. 그러나 호태왕이 전쟁만으로 영토를 넓힌 것은 아니었다. 요동 지역에 있던 모용씨(慕容氏)와 관계를 맺은 것이 이를 말해준다.

원래 요동 지역에는 선비족인 모용씨가 큰 세력으로 존재했다. 그 후 모용씨가 망하고 전진(前秦)이 들어섰지만, 전진도 곧 멸망하고 모용씨가 세운 후연(後燕)이 다시 요동 지역을 장악했다. 이런 와중에 후연의 일파인 고운(高雲)이 등장해 북연(北燕)을 세웠다.

그런데 고운은 원래 고구려인인 고화(高和)의 손자였다. 고운은 모용씨 모용보(慕容寶)의 양자가 되었다가 세력을 길러 북연을 건국한 것이다. 북연 역시 고구려인이 세운 동족 왕조였다. 그래서 호태왕은 북연에 사신을 보내 동족이 임금이 된 것을 축하했고, 고운 역시 이에 답례하면서 고구려와 북연은 우호 관계를 맺게 되었다.

이 무렵 중국 북방에서는 선비족이 세운 북위(北魏, 386~534)가 주변 여러 나라들을 정복하며 강국으로 등장하기 시작했다. 여러 민족들이 수많은 왕국을 세우는 5호 16국 시대가 남북조(南北朝) 시대로 바뀌는 계기가 되었다. 중국 북쪽에는 북위가, 남쪽에는 송(宋)이 서로 대립하게 된 것이다. 여기서 북조는 선비족이 세운 북위를 뜻하고, 남조는 송(宋, 420~479)·제(齊, 479~502)·양(梁, 502~557)·진(陳, 557~589) 등 한족들이 세운 여러 왕조들을 뜻한다.

호태왕이 영토를 확장하려면 중국 북방의 패자인 북위와 경쟁해야 했다.

비려·후연의 정벌

호태왕은 서쪽 정벌에 나섰는데, 그 내용은 호태왕릉비의 '영락 5년(395)' 조의 비려(碑麗, 거란) 정벌 기사에서 알 수 있다.

영락 5년에 호태왕은 친히 군사를 이끌고 부산(富山)을 지나 염수(鹽水) 가에 이르러 비려 3개 부락 600~700개의 영(營)을 깨뜨리고 소와 말, 양 등 수많은 가축을 빼앗았으며, 양평도(襄平道)로 개선하는 길에 북풍(北豊) 등 요하 부근의 토경을 순수*하고 수렵을 한 후 돌아왔다.

이 기록에서 염수는 현재 내몽골에 있는 시라무렌 강을 뜻한다. 호태왕은 시라무렌 강 지역까지 진출해서 거란족을 정복했던 것이다. 염수는 글자 그대로 소금이 산출되기 때문에 중요한 곳이었다. 이 지역을 정복한 호태왕은 이곳을 순수함으로써 고구려의 영토로 편입되었음을 과시한 것이다.

*순수(巡狩)
임금이 나라 안을 두루 살피며 돌아다니던 일

*함몰민구(陷沒民口)
거란에게 빼앗겼던 고구려인

《삼국사기》는 거란 정벌에 대해서 재위 5년이 아니라 재위 2년의 사건이라고 기록하고 있다. 《삼국사기》〈고구려본기〉 '광개토왕 2년' 조에는 "(왕이) 북으로 거란을 쳐서 남녀 500명을 사로잡고, 또 본국의 함몰민구* 1만 명을 데리고 돌아왔다"라고 기록하고 있다. 이 기사로 고구려는 과거 거란에게 1만 명 이상의 사람을 빼앗겼는데, 호태왕이 거란을 정벌하고 이들을 데려왔다는 사실을 알 수 있다.

당시 거란은 후연 북쪽에 있었다. 후연은 호태왕의 거란 정벌이 자신들의

만리장성 | 중국 본토의 북변, 몽골과의 사이에 축조된 성벽. 지도상의 총 연장은 2,700킬로미터이나 실제는 5,000~6,000킬로미터에 이른다. 404년 고구려 군대는 이 만리장성을 넘어 베이징까지 공격했다.

세력을 침범한 것이라며 크게 화를 냈다. 거란을 자신들의 제후국이라고 주장한 것이다. 호태왕은 영락 10년(400) 후연에 사신을 보냈다. 후연과 정면 승부하기보다 일단 우호 관계를 맺으려고 한 것이다. 그러나 후연은 호태왕이 무례하다며 오히려 고구려를 공격했다.

후연은 고구려의 신성과 남소성 등 2개의 성과 700여 리의 땅을 빼앗고 5,000여 가구를 이주시켰다. 이때 호태왕은 신라를 침략한 왜를 정벌하기 위해 대군을 파병했는데, 후연은 이 때문에 고구려의 북방 경비가 소홀해졌다고 생각하고 공격한 것이다.

호태왕은 고구려가 서북방 지역으로 진출하려면 후연과 한판 승부가 불가피하다고 생각했다. 그래서 영락 12년(402) 후연의 숙군성(宿軍城)을 공격했다. 숙군성은 후연의 수도였던 용성(龍城) 부근에 있었는데, 후연의 평주 자사 모용귀(慕容歸)는 성을 버리고 달아나야 했다. 호태왕은 영락 10년에 빼앗겼던 땅을 되찾으면서 후연의 간담을 서늘하게 한 것이다.

호태왕은 2년 후인 영락 14년(404)에 다시 한 번 후연을 공격한다. 중국 기록인 《진서(晉書)》의 후연 국왕 모용희(慕容熙)에 대한 기록에는, 404년 고구려 군대가 연군(燕郡, 오늘날의 베이징 지역)까지 쳐들어와서 100명을 죽였다고 적혀 있다. 이는 호태왕이 이끄는 고구려 군대가 오늘날 중국의 수도인 베이징 지역까지 공격했다는 뜻이다. 이듬해 모용희는 고구려 요동성을 공격해 작년의 패배를 복수하려 했으나, 이기지 못하고 돌아가야 했다.

다음 해인 영락 16년(406)에 후연 국왕 모용희는 고구려에 복속된 거란을 공격했다. 고구려의 배후를 끊기 위해서였다. 거란을 공격한 모용희는 고구려까지 공격했으나, 호태왕의 고구려 군사에게 패해 오히려 3,000리 이상이나 쫓겨나야 했다. 후연은 호태왕과 맞섰다가 살 곳을 잃고 이리저리 쫓겨다니는 신세가 된 것이다. 한때 북방의 패자로 군림하던 후연으로서는 큰 망신이었다.

호태왕릉비는 호태왕이 재위 17년(417)에도 정복 전쟁을 벌였다고 기록하고 있는데, 비문의 여러 글자가 심하게 닳아서 어디를 정벌했는지는 알 수 없다. 알아볼 수 없는 글자를 빼놓고 문장을 만들면 이렇게 된다.

(영락) 17년에 보병과 기병 5만을 파견해 (11자 알아볼 수 없음) 싸움이 붙어 목을 베어 죽이고 갑옷 1만 개를 거둬들였고 군수 장비도 무수히 거두어들였다. 돌아오는 길에 사구성과 누성 (11자 알아볼 수 없음)을 쳐부수었다.

이때 호태왕이 공격한 대상에 대해서 남방의 가야나 백제로 보기도 하고,

북방의 후연으로 보기도 하는데, 글자를 알아볼 수 없으므로 정확하게 말할 수 없다. 다만 이 해가 고구려 사람인 고운이 북연을 세워서 왕위에 오른 해라는 점에서 고운의 건국을 돕기 위해 후연을 공격했을 가능성이 높다.

숙신·동부여 정벌

호태왕은 영락 8년(398)에는 숙신(肅愼)을 정벌했다. '호태왕릉비'에 적힌 글을 보자.

군대를 파견해서 숙신의 땅을 시찰하고 막사나성·가태라곡에서 남녀 300여 명을 포로로 잡아왔다. 이때부터 (숙신이) 조공을 바치고 고구려를 섬기겠다고 약속했다.

숙신은 과거 고구려 13대 서천왕(西川王, 재위 270~292)이 동생 달가(達賈)를 보내 굴복시킨 적이 있었다. 이로써 고구려의 제후국이 되었는데, 그 후 고구려의 세력이 약화되자 다시 독립했던 것이다. 그런데 호태왕이 이 숙신을 다시 복속시키고 제후국으로 삼은 것이다.

또한 영락 20년(410)에 호태왕은 동부여(東扶餘)를 공략한다.

동부여는 옛날에 추모왕에게 속한 백성이었는데 중간에 배반하고 조공을 바치지 않았다. 그래서 대왕은 직접 군대를 거느리고 토벌하러 갔다. 군대가 부여성에 도착하니 부여의 온 나라가 놀랐고 대왕의 은혜가 널리 퍼졌다. 그리하여 군대를 철수하여 돌아오는데, 그들 중 대왕을 사

***압로(鴨盧)**
　동부여의 성을 다스리던 직위

모하여 다섯 압로*들이 자진해서 항복했다. 이렇게 공격하여 함락시킨 성의 수는 64개이며, 촌의 수는 1,400개이다.

위의 비문에 나타나는 동부여는 어떤 나라일까? 부여는 원래 만주 북쪽 장춘(長春)·농안(農安) 지역에 있던 나라였다. 이를 북부여라고도 하는데, 그 후 서기 280년 무렵 선비족(鮮卑族) 모용씨의 침략을 받아 그 왕족들이 피난했다. 이들 북부여 왕족들이 피난한 지역을 일부 학자들은 두만강 유역의 옛 옥저 지역이라고 생각한다. 옛 옥저 지역에 동부여가 수립되었다고 보는 것이다.

옥저는 고구려의 지배를 받던 제후국이었는데, 동부여도 고구려의 지배를 받았다. 그러다 고구려가 후연 등에게 패하면서 국력이 약화되자, 고구려의 지배에서 벗어나려고 시도한 것이다. 호태왕은 재위 17년(407), 고구려 사람 고운이 세운 북연이 수립됨으로써 고구려의 배후에 울타리가 생기자 후연을 격파한 후 동부여를 다시 복속시켰던 것이다.

이때 함락시킨 성이 64개, 촌이 1,400여 개라는 사실은 동부여의 영역이 두만강 유역부터 우수리 강* 유역과 연해주 남부 지역까지 이르는 광대한 것이었음을 보여준다. 이런 광대한 영토를 가진 동부여는 호태왕 때 고구려에 완전히 병합된다. 이는 고구려가 오늘날 러시아령 연해주 남부까지도 영토로 삼았다는 뜻이다.

*우수리 강
러시아와 중국의 경계를 이루며 흐르는 강

찬란한 고구려 문화

호태왕은 영락 10년(400)에 신라 내물왕(奈勿王)의 요청으로 5만 명의 원군을 보내 신라를 침략한 왜군을 격퇴했다. 이런 정복 활동들로 호태왕은 북으로는 만주 북쪽 끝 지역, 서로는 후연 지역, 동으로는 연해주 지역, 그리고 남으로는 한강 남쪽 지역에 이르는 대제국을 건설했다. 이 광대한 지역에 사는 여러 나라들을 속국으로 거느리는 제국 고구려를 건설한 것이다. 태왕(太王), 즉 천자의 나라 고구려를 크게 확장시킨 것이다.

호태왕의 이런 정복 활동은 군사 방면에만 국한되는 것이 아니었다. 군사 강국은 반드시 문화 강국이기도 하다는 것이 역사의 진리다. 그래서 호태왕 때 고구려 문화는 크게 발전한다.

호태왕이 등장한 5세기 이후 고구려는 중국과는 또 다른 고구려만의 세계관을 가지고 독창적이고 화려한 문명을 꽃피웠다. 이 시기에 조성된 고구려의 피라미드식 무덤이나 고분 벽화 등은 고구려가 중국과는 다른 독자적인 문화를 갖고 있었음을 보여준다.

북조의 패자 북위의 문화에는 고구려적인 요소가 많이 나타나고 있다. 또한 고구려 문화는 실크로드의 주요 지점인 돈황(敦煌, 둔황) 등 서역의 문화에도 큰 영향을 미쳤다. 뿐만 아니라 일본 열도에도 고구려의 선진 문화가 전파되면서 일본 문화의 발전에도 많은 영향을 끼쳤다.

특히 호태왕 때 백제와 신라가 고구려의 영향권 안으로 들어오면서 삼국 간의 문화적·사상적·언어적 공감대가 크게 강화되었다. 이는 훗날 삼국 통일의 기본적인 토대가 되었다. 이렇듯 호태왕의 정복 활동은 우리 민족을 형성시킨 중요한 계기가 되기도 했던 것이다.

3부

한국사를 빛낸
자랑스러운 세계의 유산

호국 불교의 힘,
팔만대장경

팔만대장경을 만든 이유

팔만대장경(八萬大藏經)은 유네스코에서 지정하는 세계 문화유산으로도 등재된 국제적인 문화재이다. 8만 1,258판에 이르는 경판(經板)의 엄청난 숫자는 물론, 목판에 한 글자 한 글자를 섬세하게 새긴 정성이 보는 이들의 입을 다물지 못하게 한다.

그런데 고려는 왜 팔만대장경을 만들었을까? 그 이유에 대해서는 몽골이 쳐들어오자 "부처의 힘으로 외적을 방어하겠다는 마음으로 팔만대장경을 조판하였다"라는 설명이 있다.

고려는 불교의 나라라고 불러도 과언이 아닐 정도로 고려인들은 불심이

팔만대장경 | 고려시대에 나라를 지키려는 일념으로 여러 차례에 걸쳐서 제작되었다. 경판의 수가 8만 1,258판에 이르며, 현재 합천 해인사에 보관되어 있다.

깊었다. 그래서 부처의 힘, 즉 불력(佛力)에 의해 몽골의 침입을 물리치기 위해서라는 설명도 전혀 근거가 없지는 않다.

고려인들이 팔만대장경을 만든 가장 중요한 동기 중의 하나가 신앙심이었던 것은 분명하다. 신앙심 없이 팔만대장경을 만드는 큰 사업을 벌일 수는 없을 것이기 때문이다.

그러나 몽골이 쳐들어오는 국난 외중에 이런 대규모 사업을 펼친 이유가 오직 불심 때문만이었을까? 더구나 과거 일본인 식민사학자들은 한국을 점령하고 나서 "몽골의 침입에 허덕이면서도 국방의 능력을 보여주기보다는 종교상의 미신 때문에 팔만대장경을 만들었다"고 깎아내렸다. 고려를 종교상의 미신 때문에 국력을 낭비하는 나라로 폄하한 것이다. 국방비에 쓸 돈을 엉뚱한 데 썼다는 논리다. 과연 그러했을까? 이에 대해서는 보충 설명이 필요할 것이다.

대장경이 무엇이기에 몽골군의 위협이 목전에 달한 위급한 상황에서 국력을 기울여 만들었을까? '대장경'이란 불교의 교리를 모두 모아 편찬한 경전을 뜻한다. 인도 이외의 지역에서 대장경을 가장 먼저 만든 나라는 중국 송(宋)나라였다.

송나라 태조는 재위 4년(972) 대장경을 만들라고 명령했지만 완성을 보지 못하고 죽었다. 이 사업은 송 태종에게 계속 이어져 983년에 완성되는데, 이를 '북송칙판대장경(北宋勅板大藏經)'이라고 한다. '북송 황제의 명으로 새겨진 대장경'이란 뜻이다. 그러나 총 13만 장에 달하는 이 대장경은 송나라 휘종이 금나라에 잡혀갈 때 모두 사라져 현재는 전하지 않는다.

북송칙판대장경은 이렇게 사라졌지만 그 인쇄본이 고려에 전래되었다. 송나라에 갔던 고려의 사신들이 북송칙판대장경의 인쇄본을 가져온 것이다. 이를 본 고려 현종은 자신도 이런 대장경을 만들기로 결심했다.

현종은 개성의 현화사에 대장경을 간행하는 부서를 두어 대장경을 만들도록 한다. 그래서 현종 때부터 선종 때까지 고려 최초의 대장경이 만들어지는데, 이것이 '초조고려대장경(初雕高麗大藏經)'이다. '처음 새긴 고려대장경'이란 뜻이다.

불에 탄 대장경

초조고려대장경의 내용을 더욱 풍부하게 한 인물은 대각국사(大覺國師) 의천(義天)이었다. 의천은 고려 문종의 넷째 아들인 왕자였다. 문종은 불심이 깊었는데, 11세 때 왕자들에게 "누가 출가하여 복전*이 되겠느냐?"라고 물을 정도였다. 부왕의 이런 뜻에 따라 출가를 자원할 정도로 의천은 불심이 깊었다.

의천은 전국의 불교를 총괄하는 승통(僧統)의 직책에 올랐으나, 이에 만족하지 않고 송나라로 유학을 가려 했다. 문종은 의천을 출가시켰지만 외국에 보내고 싶지는 않아서 허락하지 않았다. 그 후 문종이 세상을 떠나자 의천은 어머니에게 편지를 남기고 유학길에 올랐다.

그러나 의천은 이듬해 어머니와 형이기도 했던 새 왕 선종의 간절한 요청으로 귀국할 수밖에 없었다. 의천은 이때 불교 서적 3,000여 권을 가지고 와서 초조대장경을 보완하는 자료로 삼았다.

귀국 후 흥왕사의 주지가 된 의천은 천태종을 개창하고, 흥왕사에서 대

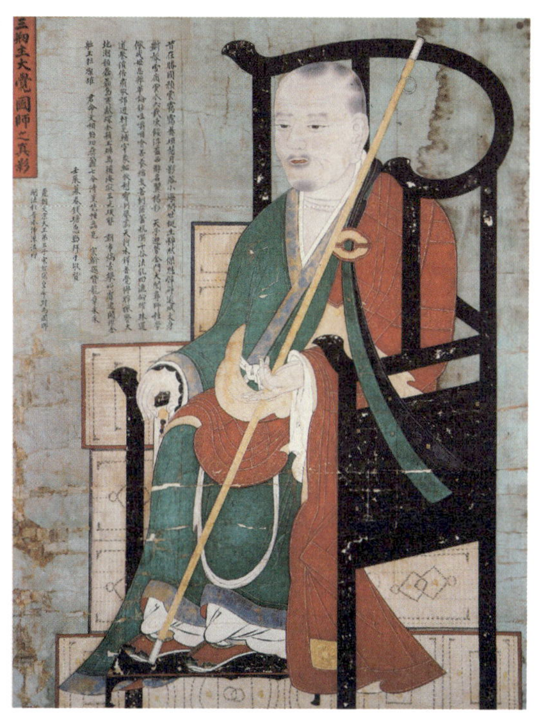

장경을 만들었다. 이때 의천은 국내는 물론 송나라와 요나라, 그리고 일본
에 있는 대장경까지 폭넓게 수집해서 대장경을 만들었는데, 이것이 '속장
경(續藏經)'이다. 속장경을 일명 '의천의 속장경'이라고 하는 이유는 그가
이 모든 사업을 주도했기 때문이다.

그런데 대구 부인사에 봉안되어 있던 초조대장경과 속장경은 고종 19
년(1232) 몽골의 2차 침략 때 대부분 불타고 만다. 이때 경주의 유명한 황
룡사 9층 목탑도 함께 불타고 말았다. 초조대장경과 속장경은 이때 대부
분 불에 탔는데 그 일부만이 일본의 교토와 나라, 그리고 우리나라의 송
광사와 고려대학교 도서관 등에 전한다.

이때 고려는 무신들이 정권을 잡고 있던 무신정권기였다. 고려는 다음

황룡사터 | 신라시대의 대표적인 사찰로, 고려시대 몽골군의 침입으로 불타 절터만 남아 있다.

의 두 사건 이후 문관이 크게 득세하는 문관 중심 사회가 되었다. 하나는 윤관(尹瓘)의 실각이었다. 윤관은 예종 2년(1107) 여진을 정벌해서 9성을 쌓고 지금의 두만강 북쪽 700리 지점까지 올라가서 '고려지경(高麗之境)', 즉 여기까지 '고려의 영토'라는 비석을 세웠다. 이후 여진이 9성을 돌려줄 것을 요청하자 고려는 9성을 돌려주고, 윤관의 벼슬을 빼앗았다.

또 하나는 묘청(妙淸)의 실각이었다. 묘청은 인종 13년(1135) 서경(西京, 평양)으로 천도하면, 금나라가 항복하고 36국이 모두 신하의 나라가 되는 황제국이 될 것이라고 주장하면서 봉기했다가 김부식 등에게 패하고 말았다. 이후 고려는 문신들이 모든 권력을 장악하는 극도의 문치 사회가 되었다.

그러다 의종 24년(1170) 젊은 문신 한뢰가 대장군 이소응의 뺨을 때린 사건이 발단이 되어서 무신들이 난을 일으켜 정권을 잡았다. 이때부터 원종 11년(1270)까지 100년간을 무신정권 시기라고 하는데, 무신정권은 성립 때부터 불교계와 불편한 사이였다.

　무신정권 수립 이전 불교계는 왕실, 문신 귀족과 아주 가까운 관계였다. 그런데 무신들이 왕실, 문신 귀족들을 내쫓고 집권하자 불교계가 크게 반발했다. 명종 4년(1174)에는 귀법사의 승려 100여 명이 무신정권을 타도하자며 무기를 들고 봉기할 정도로 불교계는 무신정권에 반대했다.

　무신정권은 처음 난을 일으킨 이의방, 정중부를 시작으로 천민 출신 이의민이 정권을 장악했다가 최충헌(崔忠獻) 등 최씨 4대가 집권하는 시기로 이어진다. 그런데 최충헌이 최씨 무신정권을 세운 뒤에도 불교계는 무신정권과 맞서 싸웠다.

　최충헌이 집권하던 고종 4년(1217) 거란군이 쳐들어오자 최충헌은 승려들로 이루어진 승군(僧軍)을 전쟁에 내보냈다. 그런데 승군은 거란과 싸우는 대신 패잔병으로 가장하고 개경으로 들어와 최씨 무신정권을 공격했다. 승군과 최충헌의 가병(家兵) 사이에 치열한 시가전이 벌어졌는데, 결과는 최충헌의 승리로 끝이 났다.

　《고려사(高麗史)》는 이때 "최충헌이 성문을 닫고 도망간 승려들을 수색해서 모두 죽였다"면서 "때마침 큰비가 내려서 피가 개울물처럼 흘렀다"라고 기록하고 있을 정도로 많은 승려들이 이 사건으로 목숨을 잃었다.

　이 사건으로 최씨 무신정권과 불교계는 더욱 사이가 벌어졌다. 최충헌으로서도 불교계의 반발은 큰 일이었다. 최충헌은 불교계의 반발을 무마하기 위해서 자신의 부인 정화택주가 낳은 둘째 아들을 조계종에 출가시키기도 했다. 최충헌의 이런 적극적인 노력 덕분에 무신정권에 대한 승려들의 반발은 줄어들었지만, 여전히 많은 승려들은 무신정권에 비판적이었다.

　최충헌이 죽고 그 아들 최우(崔瑀)가 즉위했지만 상황은 크게 나아지지

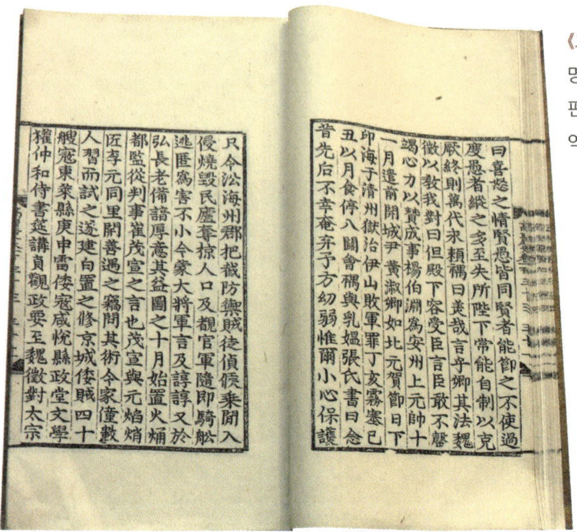

《고려사》 | 조선시대 세종의 명으로 정인지, 김종서 등이 편찬한 고려조에 관한 기전체 역사책이다.

않았다. 최우는 자신의 두 아들 만전과 만종을 출가시킬 정도로 불교계와 사이를 개선하려고 했지만 큰 효과를 거두지는 못했다.

집권자 최우와 매제 정안

최우의 측근 중에 여동생의 남편 정안(鄭晏)이 있었다. 그는 불심이 깊은 사람이어서 최우와 불교계가 다투는 것을 걱정했다. 그러던 중 대구 부인 사에 보관되어 있던 대장경 목판이 몽골군에 의해 불탔다는 소식을 듣자, 이를 최우와 불교계를 가깝게 해줄 수 있는 계기로 만들기로 결심했다. 그것은 바로 불타버린 대장경을 다시 만드는 국가적인 사업을 벌이는 것이었다.

그동안 팔만대장경은 무신정권에서 천도*한 강화도에서 각판(刻板)된 것으로 알려져왔다. 그러나 최근 경남 하동군 남해도와 그 맞은편에 있던 진양군에서 만들어졌다는 사실이 밝혀졌다. 남해도와 진양군은 정안이 조상 대대로 물려받은 식읍(食邑)이었다. 식읍이란 해당 지역에 사는 백성들에게 세금을 거두거나 노동을 시킬 권한이 있는 땅을 뜻하는데, 정안이 여기에서 나오는 재원을 모두 희사하여 팔만대장경을 만들었던 것이다.

정안은 1243년 이 지역에 팔만대장경을 만드는 대장도감의 한 갈래인 분사도감을 설치하고 대장경 제작에 나섰다. 분사도감이 생긴 1243년에서 1245년에 이르는 3년 동안 만든 대장경이 전체 대장경의 절반이 넘었다. 정안은 팔만대장경 조판을 통해 자신의 처가였던 최씨 정권과 불교계가 서로 협력해 몽골과 싸우기를 바랐던 것이다. 정안이 이런 대사업에 막대한 개인 재산을 내놓은 것은 그가 독실한 불교 신자였음을 의미한다.

팔만대장경은 고종 23년(1236)부터 시작해서 고종 38년(1251)까지 15년간에 걸쳐 완성되는데, 분사도감이 활약한 3년이 대장경을 가장 활발하게 만들던 시기였다. 이렇게 완성된 대장경을 '재조(再雕)대장경' 또는 '팔만대장경'이라고 부른다.

대장경은 원목을 베어 바닷물에 담가두고, 필요할 때 꺼내 자른 후 찌거나 그늘에 말려서 겉면을 대패질하고 글자를 새겨넣은 것이다. 이렇게 만들어진 '재조대장경'은 경판의 수가 8만 1,258판이어서 흔히 '팔만대장경'이라고 부르는데, 가장 방대하고 정확한 것으로 인정받고 있다.

팔만대장경의 재질은 최근까지도 자작나무로 알려져 있었는데, 전자 현미경을 이용한 조사 결과 자작나무는 거의 없고 산벚나무와 돌배나무가 대부분이라는 사실이 새로 밝혀졌다.

* 천도(遷都)
수도를 옮김

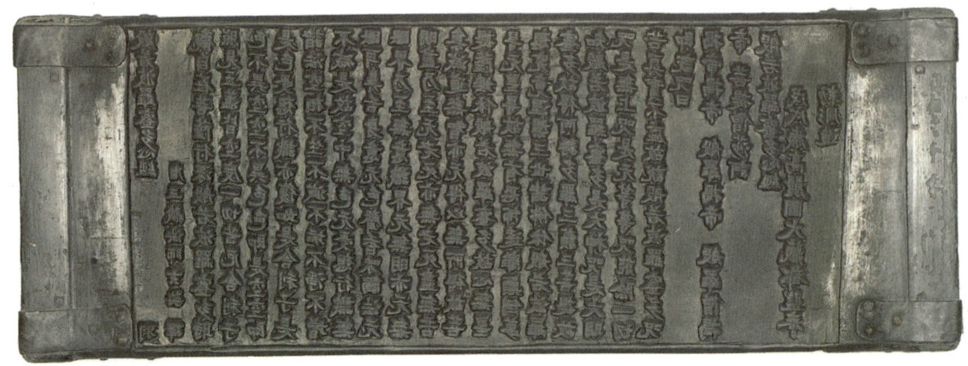
해인사 팔만대장경판

　이렇게 완성된 대장경은 고종 38년(1251) 남해도에서 강화도로 운송되었다. 그해 9월 강화도의 서문 밖 '대장경판당(大藏經板堂)'에서 국왕과 신하, 승려들이 참석한 가운데 국가적 대사업이 완성되었음을 부처님께 고하는 의식이 치러졌다. 정안을 비롯해 이 의식에 참석한 모든 이들은 최씨 정권과 불교계가 합심해 몽골과 싸우기를 바랐다. 또한 몽골의 침략을 물리치고 개경으로 환도할 수 있도록 부처님의 가호를 빌었을 것이다.

　실제로 이 대사업으로 최씨 정권과 불교계의 불편한 관계는 사실상 끝나게 되었다. 팔만대장경을 만듦으로써 최씨 정권과 불교계는 서로 화해하게 되었고, 우리 민족은 오늘날 세계에 자랑할 수 있는 민족의 보물을 갖게 된 것이다.

기록 문화의 백미,
《조선왕조실록》

세계에서 제일 방대한 기록

《조선왕조실록(朝鮮王朝實錄)》은 조선의 창업 군주인 태조(1392년 즉위)
부터 철종(1864년)이 승하할 때까지 25대 472년
간의 긴 기간 동안 각 국왕에 따라 연월일 순서로
기록한 편년체* 역사서로, 총 1,893권 888책에
달하는 방대한 분량이다.

> *편년체(編年體)
> 사실을 연대순으로 기록하는 기술 방법

　《조선왕조실록》에는 보통 '고종실록'과 '순종실록'은 포함시키지 않는
데, 이 부분은 1925년에 일제가 편찬했기 때문이다. 일제가 편찬한 두 실
록의 정식 명칭은, 고종에 관한 실록인 《고종태황제실록(고종실록)》과 순

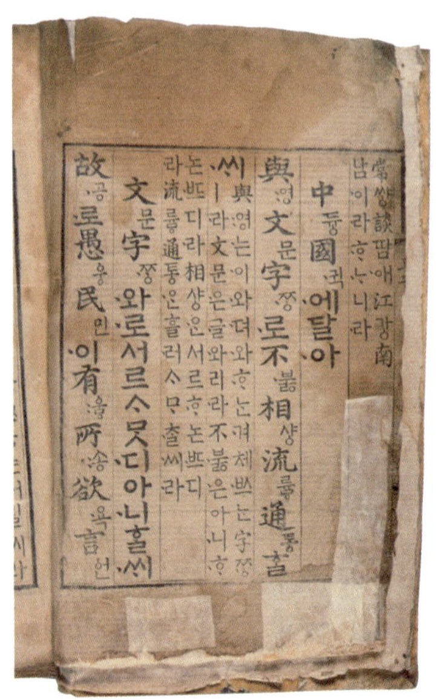

《훈민정음》 | 세종에 의해 1443년에 창제된 우리나라 글자인 훈민정음에 대한 해설서이다.

종에 관한 실록인《순종황제실록(순종실록)》이다. 이 둘까지 합치면 그 기간과 권수는 더 늘어난다.

《조선왕조실록》은 세계 역사상 가장 방대한 역사서이다. 중국에도 한 왕조에 대해 이렇게 오랜 기간 동안 자세하게 기록된 실록은 없다. 중국뿐만 아니라 일본·베트남 등 유교 문화권 국가에서는 모두 실록을 작성했지만, 이들 실록들은《조선왕조실록》과 비교하면 아주 간략한 편이다.

또한 그 내용에 있어서도 차이가 난다. 다른 나라의 실록들은 모두 국왕의 영향을 받았지만,《조선왕조실록》은 유일하게 국왕이 그 내용을 볼 수 없었기 때문에 민감한 내용도 많이 실려 있다.

이런 원칙 때문에《조선왕조실록》은 다른 어느 나라 실록보다 가장 충실하게 기록되었다. 무려 500여 년에 걸친 왕정 기록이 하나의 체계 아래 기록된 예도 세계 역사상 드물기 때문에 일찍이 국보 제131호로 지정되었으며, 1997년에는《훈민정음(訓民正音)》과 더불어 유네스코에 의해 세계기록유산으로 등록되었다.

사관과 사초

오늘날 《조선왕조실록》을 읽은 사람들은 그 내용이 국왕과 신하들의 말만 기록한 것이 아니라 그 분위기까지 기록한 점에 많이 놀라워한다. 이는 사관(史官)이 두 명이기 때문이다.

중국 고대에 두 명의 사관이 있었는데, 이들을 각각 좌사(左史)와 우사(右史)라고 한다. 좌사는 황제와 신하들의 움직임을 적고, 우사는 말을 적는 것으로 역할이 나뉘어 있어서 자세한 현장 묘사가 가능했다. 우리나라에서도 삼국시대부터 사관이 존재해서 역사서를 편찬했던 것으로 기록에 나온다.

조선시대에는 춘추관에서 실록 편찬을 담당했으므로, 춘추관에서 일하는 벼슬아치들을 사관이라고도 불렀다. 그런데 예문관의 일부 벼슬아치들이 춘추관의 기사관*이란 벼슬을 겸임(兼任)했는데, 이들도 사관이었다.

사관은 비록 벼슬은 낮지만 임금이 참석하는 모든 회의에 참석해 그 내용을 기록할 권리가 있었다. 조선은 아무리 높은 벼슬의 신하라도 임금과 독대*하는 일이 허용되지 않았다. 임금의 모든 말과 행동은 사관에 의해 기록되었다.

실록은 사초(史草)를 토대로 만들어지는데, 사초란 사관들이 평상시에 국왕과 신하들의 업무 실태 전체를 자세하게 기록한 것이다. 또한 경연*에 참석해 임금과 대화를 나눈 신하도 모든 내용을 기록으로 남기게 되어 있었다. 이것도 사초였다.

* **기사관(記事官)**
  사건을 기록하는 관리

* **독대(獨對)**
  단둘이 만나는 것

* **경연(經筵)**
  임금과 학술과 정사를 논하는 것

국왕이 세상을 떠나면 실록을 편찬하기 위한 실록청(實錄廳)이 만들어진다. 실록청에서는 실록을 편찬하기 위해 사초를 모으라는 명령을 내린다. 경연에 참석했던 신하들이 사초를 내는 날짜를 어기면 은 20냥의 벌금에 처해졌다. 그러나 사초를 기록했다는 자체가 영광이었기 때문에 처벌의 정도가 가볍다고 해서 바치지 않는 경우는 거의 없었다고 한다.

사초 외에도 《시정기(時政記)》라는 기록이 있다. 중앙과 지방 각 관청의 업무 처리 상황과 공문서를 빠짐없이 기록한 일지(日誌)인 《시정기》는 춘추관에서 연월일 순으로 종합해서 정리했다.

또한 《승정원일기(承政院日記)》라는 것도 있는데, 승정원은 오늘날의 대통령 비서실에 해당한다. 승정원에서는 국왕이 신하들과 나눈 모든 대화를 기록한다. 사실 《승정원일기》가 실록보다 방대하다. 실록은 국왕과 신하들의 많은 대화 중에서 중요한 것을 선별해서 기록하지만, 《승정원일기》는 모든 대화 내용을 기록하기 때문이다.

국왕도 볼 수 없는 사초와 실록

사관의 사초는 대신들은 물론 절대권력을 가진 국왕도 볼 수가 없었다. '역사는 사실대로 바로 써서 숨김이 없어야 하는데, 만약 왕과 대신이 보게 된다면 숨기고 꺼려서 사실대로 바로 쓰지 못할까 염려했기' 때문이다.

국왕은 완성된 실록도 볼 수 없었다. 실록은 국왕의 아버지나 할아버지에 대한 기록이기 때문에 살아 있는 국왕이 본다면 큰 문제가 발생할 수 있었다. 《태종실록》이 완성되었을 때 세종은 아버지 태종에 대한 후

《조선왕조실록》 중 《태조실록》 | 《조선왕조실록》은 조선 태조 때부터 철종 때까지 25대 472년 동안의 역사적 사실을 편년체로 쓴 사서(史書)이며, 1997년 유네스코 세계기록유산으로 지정되었다.

세의 평가가 궁금해 열람하고자 했으나 대신들의 반대로 뜻을 이루지 못했다.

국왕은 국가적 행사가 있을 때 전례를 참고하기 위해서만 실록을 참고할 수 있는데, 이때도 실록 원본을 모두 보는 것이 아니라 승지나 사관이 초록*해서 보여주는 방식이었다. 국왕의 전제 권력으로도 어찌할 수 없을 만큼 사초와 실록의 권위는 엄격하게 유지되었다.

* 초록(抄錄)
 필요한 부분만을 뽑아 적은 것

실록은 어떻게 만들어지고 보존되었나

국왕이 승하하면 즉시 실록청이 설치된다. 대개 도청(都廳)과 일방(一房)·이방·삼방으로 부서가 나뉘는데, 각 방에서는 왕의 통치 기간을 고르게 나누어 편찬하는 일을 분담했다.

실록청이 설치되면 먼저 여러 사초와 《시정기》·《승정원일기》를 비롯해 《비변사등록(備邊司謄錄)》 등 국가 기관의 모든 기록은 물론, 국사에 관여했던 개인 일기나 문집, 상소문과 야사까지 필요한 모든 자료를 모았다. 기한을 정해놓고 사초를 납부하게 하는 것도 이때이다.

실록은 대개 세 단계를 거쳐 만들어진다. 첫 번째 단계는 날짜순으로 모든 기사를 정리하여 실록의 초안인 '초초(初草)'를 만드는 것이다. 둘째 단계는 도청에서 초초를 고치거나 줄여서 '중초(中草)'를 만드는 것이다. 이때 초초 가운데 빠진 사실은 추가하고, 불필요한 내용은 삭제하며, 잘못된 부분은 수정을 가하게 된다. 이렇게 만들어진 것이 '중초'이다. 마지막으로 세 번째 단계에서는 최고 책임자인 총재관과 도청당상이 중초를 다듬고, 문장과 체제를 통일하여 '정초(正草)'를 완성시켰다. 이것이 바로 오늘날 남아 있는 실록이다. 《조선왕조실록》은 이렇게 세 단계를 거쳐 완성되었다.

간행된 실록은 사고(史庫)에 보관했다. 이때 초초·중초·정초 등의 초고와 사초·《시정기》 등의 실록 편찬에 사용된 자료들은 모두 조지서*가 있던 세검정 앞 냇물에서 흐르는 물에 글씨를 지웠다. 이를 '세초(洗草)'라 하는데, 기밀이 새나가는 것을 막고, 간행된 정사(正史)에 대한 시비를 예방하며, 또한 실록 편찬에 소모되었던 많은 양의 종이를 다시 사용하려는 실용정신도 담겨 있는 행위였다.

실록은 2부를 만들어 춘추관과 충주사고에 보관했다. 충주사고에 보관한 것은 고려 때부터의 관행에 따른 것이다. 세종 때부터는 2부를 더 베껴서 모두 4부를 만들어 전주와 성주에도 사고를 짓고 보관했다. 문종 때부터는 정초본 외에 활자로 3부를 더 인쇄했다.

실록을 활자로 인쇄하는 것은 우리나라에서만 있었던 일이다. 중국을 비

---

* **조지서(造紙署)**
　종이를 만들던 관서

조지서가 있던 세검정 | 세검정 앞의 냇물에서 글씨를 지우는 세초를 했다.

롯해 동아시아의 다른 모든 나라의 실록은 손으로 쓴 필사본뿐인데, 인쇄본을 만들었다는 것은 우리나라 인쇄 문화의 발전상을 보여주는 사례라고 할 수 있다.

조선시대에는 정기적으로 사고에 관리를 파견해 실록의 보존 실태를 점검했다. 또한 3년에 한 차례씩 실록을 볕에 쪼여 말리는 작업을 했는데, 이를 '포쇄(曝曬)'라고 했다. 좀이 슬거나 습기가 차는 것을 피하기 위해서였다.

그런데 임진왜란 때 전주사고에 보관된 실록을 제외한 모든 실록이 불타 없어지고 만다. 세종 때 전주사고를 짓고 실록을 보관하지 않았다면, 우리는 지금 임진왜란 이전의 모든 실록을 갖고 있지 못하는 아찔한 상황을 맞게 되었을 것이다.

전주사고의 실록도 어렵게 보존될 수 있었다. 전주의 유생 안의(安義)·손홍록(孫弘祿) 두 사람은 왜적이 금산에 침입했다는 말을 듣고 전주사고가 위험하다고 판단했다. 이들은 자신들의 돈을 들여 전주사고에 보관되어 있던 《태조실록》부터 《명종실록》까지의 13대 804권에 달하는 실록을 정읍 내장산까지 지게로 지어 나른 후 이를 지켰다.

조정에서는 안의 등이 실록을 보관하고 있다는 소식을 듣고 이듬해 사관을 파견해 실록을 해주로 옮기고 이들을 포상했다. 실록은 그 후 안전을 위해 해주에서 강화도로, 다시 묘향산으로 옮겨진다. 임진왜란 때 실록이 불탄 사실에 놀란 조정은 전쟁이 끝난 뒤에 이 실록을 원본으로 삼아 3부를 더 만들었다.

이후 조정은 총 5부의 실록을 만들어 새로운 장소에 나누어 보관했다. 즉, 새로 인쇄한 실록은 서울의 춘추관과 지방인 경북 봉화군 태백산, 평북 영변군 묘향산 등 세 곳에 보관하고, 전주사고본은 강화도 마니산에, 교정본은 강원도 평창군 오대산에 각각 보관한 것이다.

그 후 묘향산사고의 실록은 인조 때 후금(청)과의 관계가 악화되자 전북 무주군 적상산으로 옮겨졌고, 강화도 마니산 실록은 병자호란 때 청군에 의해 손상된 것을 보수해서 같은 강화도 안의 정족산으로 옮겼다. 따라서 이후로는 실록을 말할 때 그 보관된 곳을 따서 '태백산본', '오대산본', '적상산본', '정족산본'이라고 부르게 되었다.

《조선왕조실록》은 20세기에 들어와 일제에 의해 또 한 번 수난을 겪는다. 일제는 1905년 통감부를 설치한 후 조선의 역대 모든 서적들을 수거하면서, 4개 사고에 보관된 책들을 모두 서울로 옮겨서 규장각에 있던 국가 소유의 서적들과 합쳐 일괄 통제하는 체제를 만들었다.

　1910년 대한제국을 완전히 강탈한 일제는 실록을 다시 분산시켰는데, 적상산본은 이왕직도서관(장서각)으로 옮기고, 오대산본은 일본의 동경제국대학으로 빼앗아갔는데 1923년 동경 대지진 때 불타서 없어졌다. 나머지 태백산본과 정족산본은 조선총독부 관리 아래 있다가, 1926년 경성제국대학이 개교하면서 이 학교의 부속 도서관으로 이관되어 해방 후 서울대학교에서 관리하게 되었다.

　해방 후 이왕직도서관에 있던 적상산본은 6·25전쟁 때 북한군이 가져가 현재 북한에서 보관하고 있는 것으로 알려져 있다. 서울대학교가 보관하고 있는 두 가지 실록(태백산본과 정족산본) 가운데 태백산본은 1986년 분산 관리 방침에 따라 정부기록보존소로 이관되었다.

실록의 역사의식

실록은 사실을 후대에 남기기 위해서 편찬했다. 그런데 국왕도 볼 수 없는 실록을 편찬하는 일은 절대 권력을 가진 국왕의 횡포를 견제하는 유력한 수단이었다. 임금뿐만 아니라 신하들도 그 행적의 옳고 그름을 낱낱이 기록해 후세에 남김으로써 국왕이나 신하 모두 감히 그릇된 짓을 하지 못하게 하려는 것도 실록 편찬의 목적이었다.

　사관은 해당 기록 밑에 사론(史論)이란 형식을 빌려서 자신의 생각을 적을 수가 있었다. 사론은 《성종실록》에서부터 본격적으로 등장하는데, 이후의 역대 실록에서 모두 5,792건이 수록되었다. 사론에는 공론(公論)이란 용어가 자주 등장하는데, 이는 사관들의 공통된 견해를 뜻한다. 때로는 사대부, 즉 선비(士)들의 일반적 견해를 뜻하기도 하는데, 이를 사론(士論)이라고 표현하기도 했다.

사관들이 가장 많이 남긴 사론은 고위 벼슬아치를 중심으로 한 인물에 대한 논평이다. 다음으로는 중요한 사건에 대한 논평, 국왕의 언행에 대한 논평, 제도에 대한 논평, 천재지변에 대한 논평 등의 순으로 많이 다루어졌다.

정치권력을 독점하고 전횡했던 고위 벼슬아치들에 대해서는 신랄한 사론이 가해졌다. 예를 들어 성종 때의 대신 정인지(鄭麟趾)의 졸기*에 이어지는 사관의 논평에서는, 그가 농장을 넓게 차지해서 지나치게 많은 재산을 모았다고 비판했다. 또 한명회(韓明澮)에 대한 사론에서는, 그가 임금의 비위를 맞추는 데만 급급하다고 해서 아첨하는 사대부란 뜻의 '아대부(阿大夫)'라고 비꼬았다.

***졸기(卒記)**
　사대부의 죽음에 관한 기록

사관들은 사론에서 이처럼 고위 벼슬아치들에 대해서도 엄격한 비판을 가했다. 역사를 두려워해야 바른 정치를 펼칠 것이라고 여겼기 때문이다. 국왕조차 마음대로 볼 수 없었던 조선의 왕조실록 편찬 정신이 우리에게 전해주는 메시지는 분명하다. 그때처럼 지금도 권력자들이 역사를 두려워해서 권력 행사에 신중을 기하고, 되도록 정의롭게 살라는 메시지를 전해주는 것이다. 이런 실록 편찬 정신은 우리가 현대에 반드시 계승해야 할 바람직한 유산인 것이다.

세계 최초의 금속활자본,
《직지심경》

금속활자에 관한 기록들

고려시대의 '금속활자' 앞에는 '세계 최초'라는 수식어가 붙는다. 세계에서
가장 먼저 금속활자를 만들어 사용했다는 뜻이다. 고려의 금속활자는 최
근까지 세계 최초로 알려졌던 독일인 구텐베르크의 금속활자보다 200년
이상이나 앞선 것이어서 서양인들을 놀라게 했다.

금속활자는 나무로 만든 목판활자로 인쇄한 것보다 글씨체가 훨씬 선명
하고 아름답다. 또한 금속활자의 사용은 그 나라 문화의 꽃인 서적 출판이
얼마나 발달했는가를 말해주는 것이기 때문에 문화적으로도 대단히 중요
하다. 그래서 서양인들은 당연히 자신들이 가장 먼저 금속활자를 사용했

다고 주장했으나, 고려에서 가장 먼저 사용했다는 기록이 잇따라 발견되면서 이런 주장은 무너지게 되었다.

고려에서 금속활자를 사용했다는 최초의 기록은 고려가 몽골군의 침입으로 수도를 강화도로 옮겼을 때의 것이다. 이때 무신정권의 집권자였던 최우가 《남명천화상송증도가(南明泉和尙頌證道歌)》라는 노래를 주자*로 인쇄해 널리 보급했다는 기록이 있다. 이때가 고종 26년인 1239년이다.

기록상으로 보면 이보다 앞서 금속활자가 사용되었을 수도 있다. 고려 무신정권 때의 문신 이규보(1168~1241)가 지은 《동국이상국집(東國李相國集)》에는 최우가 하나 남은 《상정고금예문(詳定古今禮文)》의 가장본*을 보존하기 위해 주자를 사용했다는 기록이 있다. 즉, "주자를 사용해서 《상정고금예문》 28부를 만들어 여러 기관에 나누어 간직하게 하였다"는 기록이다. 이때는 고종 21년(1234)에서 고종 28년(1241) 사이로 볼 수 있는데, 만약 고종 26년(1239)에 주자로 인쇄한 《남명천화상송증도가》보다 먼저 인쇄했다면 《상정고금예문》이 가장 빠른 것이다.

그러나 이때는 고려 조정이 몽골의 침략을 맞아 수도를 개경에서 강화도로 옮겼을 시기이다. 강화도로 천도해 몽골과 싸우는 급박한 외중에 금속활자를 만들었다고 보기는 어렵기 때문에, 이는 강화도로 옮기기 이전에 만들었다고 보는 게 옳다. 즉, 고려의 금속활자는 개경에서 강화도로 수도를 옮긴 1230년 이전에 만들어진 것으로 보아야 한다는 논리다.

이처럼 기록상으로는 고려에서 가장 먼저 금속활자를 만들어 인쇄했다

---

*주자(鑄字)

쇠붙이를 녹여 부어 활자를 만듦. 또는 그 활자

*가장본(家藏本)

집에서 간직하고 있는 것

는 사실이 분명하지만, 금속활자로 인쇄했다는 《남명천화상송증도가》는
물론 《상정고금예문》도 전해지지 않아서 서양에서는 이런 사실을 인정하
지 않아왔다.

세계 최초의 금속활자 인쇄본, 《직지심경》

그러던 중 1972년 '세계 도서의 해'를 기념하는 국제 전시회에 고려 우왕
3년(1377)에 간행한 《직지심경(直指心經)》의 실물이 출품되었는데, 이는
비록 앞의 《남명천화상송증도가》나 《상정고금예문》보다 150여 년 뒤의
것이지만, 현존하는 금속활자본으로는 세계에서 가장 오래된 것이었다.
이 《직지심경》이 출품됨으로써 서양은 이제 고려가 세계에서 가장 먼저
금속활자를 만들어 사용했다는 사실을 부인할 수 없게 되었다.

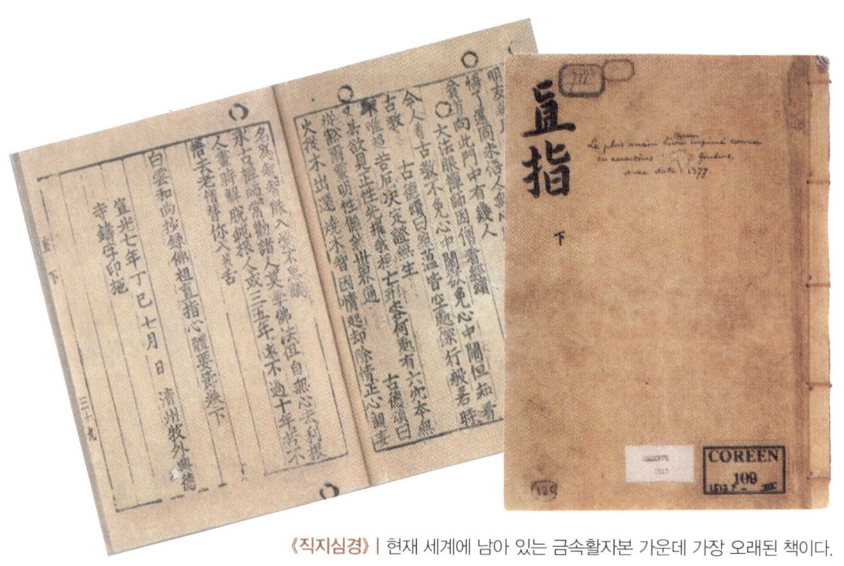

《직지심경》 | 현재 세계에 남아 있는 금속활자본 가운데 가장 오래된 책이다.

그런데《직지심경》은 왜 그렇게 뒤늦게 알려지게 되었을까?《직지심경》
은 편의상 줄여서 부르는 이름이고, 원래 이름은《백운화상초록불조직지
심체요절(白雲和尙抄錄佛祖直指心體要節)》이라는 긴 이름이다. 이 책은
첫 장이 떨어져나간 채 총 38장으로 구성된 하권 1책만이 한국이 아닌 프
랑스 국립도서관에 소장되어 있었다.

금속활자 인쇄물이 어떻게 프랑스로 흘러가게 되었을까? 이 인쇄본
은 1887년 주한 프랑스 대리공사였던 꼴랭 드 쁠랑시(Collin de Plancy,
1853~1922)가 조선에서 수집한 장서 중의 하나였는데, 후에 고전 수집가
앙리 브베르(Henri Vever, 1854~1935)에게 넘어가게 되었다. 그 후 1950
년엔 앙리 브베르의 유언에 따라 프랑스 국립도서관으로 이관되었다가
1972년에 국제 전시회에 출품된 것이다.

프랑스 정부는 고속철도 사업을 따내기 위해서 이 인쇄물을 우리나라에
영구대여 형식으로 반환한다고 약속했으나, 아직까지도 그 약속을 지키지
않고 있다.

이《직지심경》이 충북 청주시의 흥덕사에서 간행되었다는 기록이 있었
으나, 정작 흥덕사라는 절은 없어진 지 오래여서 어딘지 알 수가 없었다.
그러다가 1985년 청주시 운천동에 대한 발굴 조사에서 '흥덕사(興德寺)'
라는 글이 써진 유물이 발굴됨으로써 그 위치가 확인되었다.

《직지심경》은 놀랍게도 고려의 수도인 개경이 아니라 수도에서 멀리 떨
어진 지방의 한 사찰에서 찍어냈던 것이다. 어떤 경위로 청주 흥덕사에서
금속활자를 사용했는지는 알 수 없고 흥덕사도 사라졌지만, 현존하는 세
계 최초의 금속활자를 인쇄한 중요한 유적이 되었다. 흥덕사에서 금속활
자를 찍어냄으로써 우리는 세계 최초로 금속활자를 사용한 나라라는 사실

을 입증할 수 있었던 것이다. 현재 청주시에는 이를 기념하는 고인쇄박물관이 운영되고 있다.

개경에서 멀리 떨어진 청주의 흥덕사에서 금속활자를 인쇄했다는 사실은 한반도 여러 지역에서 금속활자를 찍어냈음을 뜻한다. 1230년대 이전에 개경에서 먼저 시작되었을 금속활자는 《직지심경》이 인쇄된 고려 말에는 이미 청주 같은 지방 도시에서도 찍어낼 정도로 전국적으로 실용화되고 있었다고 보아야 할 것이다. 고려는 이처럼 서적 인쇄를 중요하게 여긴 문화 국가였다. 공양왕 4년(1392)에 활자 인쇄를 맡는 서적원(書籍院)이란 관청이 개설된 것이 이를 말해준다.

근대 사회를 형성시킨 서양의 금속활자

한편 서양 금속활자의 창시자라고 불리는 독일의 구텐베르크가 금속활자로 서적을 인쇄한 때는 고려보다 200년 이상 뒤진 1450년부터라고 한다. 서양인들이 높게 평가하는 구텐베르크의 인쇄 업적 중에는 1455년 발간한 《구텐베르크 성서》라고 불리는 180여 질의 성서가 있다. 일반인에게도 유포된 이 라틴어 성서는 지금도 48질이 남아서 전 세계 43곳의 도서관 또는 박물관에 소장되어 있는데, 그 가치를 따질 수 없을 만큼 귀중한 것으로 평가받고 있다.

구텐베르크의 인쇄술이 중요한 것은 중세 봉건 사회가 근대 사회로 발전해나가는 데 결정적 영향을 끼쳤기 때문이다. 구텐베르크의 금속활자를 세계사적인 사건으로 만드는 데 큰 기여를 한 인물은 종교 개혁가 마르틴

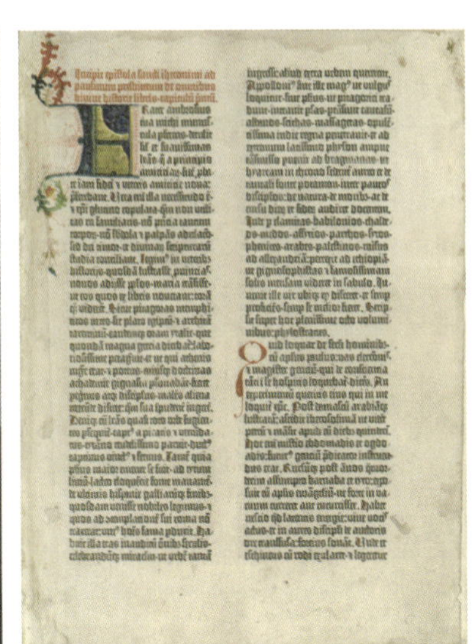

구텐베르크와 《구텐베르크 성서》 | 서양 금속활자의 창시자라 불리는 구텐베르크가 금속활판 인쇄술을 사용해 책을 만든 것은 고려보다 200년이나 지난 후였다.

루터(Martin Luther, 1483~1546)이다. 그는 당시 유럽인들의 사상을 지배하고 있던 교황에 맞서 교회의 개혁을 주장했다.

당시 로마 교황은 성 베드로 성당의 건축비와 교황청의 경비를 마련하기 위해 이른바 '면죄부'를 팔았다. 돈을 내고 면죄부를 사면 자신이 지은 죄의 일부를 면제받을 수 있다는 것인데, 명목은 성 베드로 성당 건축비 마련이었지만, 실제 판매 대금의 대부분은 고위 성직자의 개인 주머니로 흘러 들어가고 있었다.

이런 관행에 대해 잘못을 지적하고 나선 인물이 바로 마르틴 루터였다. 교황청 소속의 신부였던 그는 1517년 비텐베르크의 만인성자교회의 정문에 그 유명한 〈교회 개혁 95개조〉를 써서 붙여놓았다. 마르틴 루터는 교황청의 면죄부 판매가 성서 정신에 어긋나는 것이라며 '오직 성서'와 '오직 신앙'으로 돌아가자고 주장했다.

당시 많은 사람들이 마르틴 루터가 만인성자교회 정문에 붙였다는 〈교회 개혁 95개조〉의 내용을 보고 싶어 했지만 그럴 수가 없었다. 그러다가 구텐베르크의 금속활자 덕분에 〈교회 개혁 95개조〉의 사본을 대량으로 인쇄해 각지로 보낼 수 있었다. 금속활자 덕분에 많은 사람들이 〈교회 개혁 95개조〉의 사본을 볼 수 있게 된 것이다.

마르틴 루터는 교황청에 저항했기 때문에 성직을 박탈당했지만 이에 굴하지 않았다. 그는 교황청의 행위에 맞서 라틴어 성서를 독일어로 번역했는데, 이 책 역시 금속활자로 인쇄해 그를 지지하는 영주들을 중심으로 일반인들도 볼 수 있었다.

그때까지 성서는 라틴어와 히브리어로만 되어 있어서 대다수의 신자들은 그 내용을 알 수 없었고, 오직 신부들의 설교를 통해서만 성서의 내용을 접할 수 있었다. 라틴어와 히브리어를 모르는 일반 신자들은 신부들이 "성서에 이렇게 쓰여 있다"고 말하면 그냥 믿는 수밖에 없었는데, 신부들은 이를 악용해 일반 신자들의 영혼을 자신들의 뜻대로 지배할 수 있었던 것이다.

그런데 이제 일반 신자들도 마르틴 루터가 번역한 독일어 성서를 통해 성서의 실제 내용을 볼 수 있게 된 것이다. 이로써 일반인들도 신부들이 설교할 때 성서의 내용을 자신의 마음대로 바꾸어 말하는 것인지 아닌지를 알 수 있었다.

유럽인들의 종교에 대한 깨달음은 마르틴 루터의 이 독일어 성서에서 시작되었다고 해도 과언이 아니다. 그리고 이 성서가 급속하게 확대될 수 있었던 데는 구텐베르크의 금속활자가 큰 역할을 했다. 금속활자 덕분에 유럽인들은 실로 1,000여 년에 걸친 중세 암흑기에서 서서히 벗어나 근대 사회를 향해 나아가게 된 것이다.

금속활자의 왕국

반면 고려에서 금속활자로 인쇄된 서적들은 대부분 일반 백성들에게 유포 되지 못했다. 설령 유포되었다 해도 모두 어려운 한문으로 되어 있었던 까 닭에 일반 백성들은 그 내용을 알 수 없었을 것이다. 바로 이 점이 우리나 라 금속활자 역사에서 아쉬운 부분이다. 금속활자가 서양의 종교 개혁과 같은 큰 변화를 가져오지 못했던 것이다.

그러나 우리 민족은 금속활자 인쇄술을 꾸준히 발전시켰다. 조선도 금속 활자 개량에 나서 고려시대에 비해서 그 제작 기술을 크게 향상시켰다.

조선 초인 태종 3년(1403, 계미년)에는 금속활자를 만드는 관청인 주자 소(鑄字所)를 만들어 구리로 '계미자(癸未字)'를 만들었다. 세종 때에도 '경 자자(庚子字, 세종 2년)'와 '갑인자(甲寅字, 세종 16 년)'를 만들었는데, 모두 만든 해의 간지*를 따서 지은 이름이다. 이때 만든 금속활자는 고려시대 에 비해 훨씬 발전한 것이었다.

조선은 고려시대보다 제작 기술이 발달된 금 속활자 주조술과 조판술을 바탕으로 금속활자 인쇄술을 꽃피웠다. 조선은 동과 철, 주석 등의 금속으로 무려 30여 종에 달하는 한자(漢字) 금속활자 를 주조해서 많은 서적을 인쇄했다. 한자만 인쇄한 것이 아니었다. 7종의

한글 금속활자도 주조하여 서적을 인쇄했다. 우리나라가 일찍부터 문화 대국으로 평가받았던 것은 무엇보다 많은 서적을 인쇄했기 때문인데, 여기에는 금속활자의 역할이 가장 컸다.

이처럼 우리나라는 금속활자를 세계에서 가장 먼저 발명했으며, 꾸준히 개량·발전시켰다. 아울러 금속활자의 종류가 다양했던 점 등은 우리나라가 금속활자 인쇄술의 종주국이자 금속활자의 왕국이었음을 말해주는 것이다. 이런 선조들의 전통과 달리 현대인들이 책을 읽지 않는 것은 크게 반성해야 할 점이 아닐 수 없다.

과학정신이 만든
위대한 예술품,
석굴암

석굴암과 석불사

경주에 석굴암(石窟庵)이 처음 세워졌을 때의 이름은 석굴암이 아니라 석
불사(石佛寺)였다. 일연은 《삼국유사》에서 김대성(金大城, 700~774)이
"현생의 부모를 위해 불국사를 세웠고, 전생의 부모를 위해 석불사를 세
웠다"라고 적어서 현재의 석굴암이 창건 당시에는 석불사라고 불렸음을
전하고 있다. 거대한 석불이 있으므로 석불사라고 이름 지었을 것이다.

석불사란 이름이 언제 석굴암으로 바뀌었을까? '○○사(寺)'는 독립된
사찰(절)을 뜻하고, '○○암(庵)'은 절에 소속된 작은 암자를 뜻한다. 즉, 석
불사가 석굴암으로 바뀌었다는 것은 창건 당시 독립된 사찰이었던 석불사

석굴암 | 통일신라시대에 김대성이 축조한 석굴 사원으로 경주 토함산 동쪽에 있다.

가 불국사에 소속된 암자로 그 지위가 떨어졌음을 뜻한다.

석불사가 석굴암으로 그 지위가 낮아진 이유는 정확히 알 수 없다. 다만 임진왜란 이후 깊은 산 속에 있는 석불사가 재정난을 겪으면서 불국사에 소속된 암자로 떨어진 것으로 추측할 뿐이다. 그런데 왜 원래의 이름을 따서 '석불암'이라 하지 않고 '석굴암'이라 했는지는 알 수 없다.

석굴암은 경주 토함산에 자리 잡고 있다. 신라인들은 서라벌, 즉 경주를 중심으로 그 부근의 다섯 산을 오악(五嶽)이라고 높여 불렀는데, 경주 동쪽에 있는 토함산이 동악(東岳)이었다. 동악은 신라인들이 영험이 깃든 영산(靈山)으로 여기던 곳이었다.

토함산은 군사적으로도 중요한 지역이었다. 죽어서 용이 되어 왜구로부터 나라를 지키겠다는 문무왕의 염원이 담긴 감은사와 대왕암(문무대왕릉)

이 토함산 아래 동해구*에 있다. 또한 신라 초기의 임금이었던 탈해이사금(脫解尼師今)은 동해에 상륙한 다음 토함산에 올라 돌집을 짓고 7일간 머무르기도 했다.

《삼국유사》의 〈탈해왕(脫解王)〉 조에는 탈해왕이 세상을 떠나서 장사 지냈는데, 그 후 신(神)이 나타나서 "내 뼈를 조심스럽게 묻어라"라고 말했다고 전한다. 그 뼈를 가지고 소상*을 만들어 대궐 안에 모셔두었더니 신이 다시 나타나 "내 뼈를 동악에 안치해두어라"라고 말해서 동악에 모시게 했다는 기록이 있다. 이후 탈해이사금은 동악의 산신이 되었고, 동해에서 신라를 지키는 수호신이 되었다.

동해로부터 경주에 이르는 최단 통로가 바로 토함산을 통과하는 길이다. 실제 이 길을 따라 왜구가 서라벌로 들어온 적도 있다. 따라서 이 지역은 항상 경계 대상이었는데, 이런 요지에 석굴암을 지은 것은 큰 의미가 있다.

석굴암은 왜 만들었을까?

석굴암이 왜 만들어졌는지에 대해서는 여러 주장들이 있다.

석굴암은 신라 35대 경덕왕 10년(751)에 김대성이 착공했으나, 생전에 완성하지 못하고, 그가 죽은 뒤에 국가에서 공사를 맡아 완성시켰다는 기록도 있다.

석굴암 내부 모습 | 석굴암에는 통일신라시대의 건축과 조각 기술, 그리고 신라인들의 세계관이 그대로 담겨 있다.

그런데 거대한 석굴암을 한 개인이 전생의 부모를 위해 지었다고 보기에는 무리라는 주장도 있다. 그들은 석굴암이 향하고 있는 동남쪽에 김씨 왕가의 공동 묘역으로 추정되는 동해구와 그 관련 유적이 있다는 점 때문에 석굴암이 김씨 왕가 선조들의 명복을 빌기 위해서 만든 사찰이라고 주장하기도 한다.

또한 경덕왕이 부처의 공덕으로 아들을 얻기 위해 석굴암을 조성했다는 주장도 있다. 《삼국유사》〈경덕왕·충담사·표훈대덕〉 조에 보면 경덕왕이 왕자를 얻으려고 얼마나 노심초사했는지가 잘 나타나 있다.

경덕왕은 아들을 낳기 위해 승려인 표훈대덕을 불러 "상제(上帝)에게 청해서 아들을 두게 해달라"고 부탁했다. 표훈이 천제(天帝)에게 고하자 상제는 "낳을 수는 있지만 아들이 되면 나라가 위태로울 것이다"라고 경고했다. 그러나 경덕왕은 "나라가 비록 위태롭다 하더라도 아들을 얻어 대를 잇는다면 만족하겠다"고 대답했다. 이후 경덕왕이 세상을 떠나고 그 아들 혜공왕이 뒤를 이었지만, 정사를 제대로 돌보지 못하다가 선덕왕에게 살해되고 만다.

실제로 경덕왕은 생전에 많은 절을 지었는데, 석굴암도 그중의 하나라는 것이다.

석굴암의 구조

굴속에 사찰을 만드는 석굴사원은 인도에서 시작되었다. 더위를 피하고 조용히 수도하기 위해 석굴 속에 사원의 상징인 탑을 세우고, 굴의 벽에 방을 만들어 거처하며 수도 생활을 한 것이다.

인도의 석굴사원은 중국으로 전해져서 4세기 후반 무렵에는 돈황 운강(雲崗), 용문(龍門) 등지에 석굴사원이 조성되었는데, 이를 중국의 3대 석굴사원이라고 한다. 중국의 석굴사원들은 규모가 웅장하고 석굴 안에 탑 대신 불상을 모신다는 특징이 있다.

우리나라에도 일찍이 석굴사원이 전래되어 경주시 단석산의 신선암과 남산 불곡의 석굴식 감실 불상, '제2의 석굴암'으로도 불리는 경북 군위군의 군위삼존석불(軍威三尊石窟) 등을 만들었다.

석굴암은 동남쪽으로 열린 전방후원형* 석굴사원인데, 조각하기 어려운

화강암으로 축조되었다. 본존불은 연화무늬 대좌 위에 결가부좌*를 하고

있는데, 그 둘레의 벽에는 11면 관음, 10나한과 여러 보살상, 천왕상 등이

서 있는 모습이 조각되어 있다. 석굴암은 통일신

라시대 건축과 조각 기술의 정수를 그대로 보여

주고 있다.

　또한 석굴암에는 신라인들의 세계관이 그대로

담겨 있다. 석굴암은 12자(尺, 약 363.6센티미터)의

반지름과 원이 기본 구성인데, 12자는 1일(12각)

* **전방후원형**(前方後圓形)
　앞은 사각형이고, 뒤는 원형

* **결가부좌**(結跏趺坐)
　왼쪽 발을 오른쪽 넓적다리 위에,
　오른쪽 발을 다시 왼쪽 넓적다리
　위에 놓는 수행 자세

을 나타내고, 360도의 원은 1년을 나타낸다. 석굴암 궁륭* 천장은 같은 원 둘레의 중앙에 위치하고 있는데, 이는 천체와 우주를 나타낸다. 중심의 천장 덮개돌은 태양을 상징하며, 그 주위의 쐐기돌은 별자리를 상징한다.

본존불의 높이는 1장(丈, 약 3미터) 1척(尺, 약 30.3센티미터) 1촌(寸, 약 3.33센티미터)이며, 무릎 폭은 8척 8촌, 어깨 폭은 6척 6촌의 비례이다. 중국 당나라 때의 승려 현장 법사가 쓴 《대당서역기(大唐西域記)》에는 현장이 인도의 마하보디 사원을 방문했을 때, 당척*으로 그곳 불상의 크기를 잰 기록이 있는데, 석굴암의 본존불이 그것과 일치한다는 주장도 있다.

잘못된 보수공사

석굴암은 예로부터 여러 차례 보수되었다. 문제는 일제 강점기 때 3차례에 걸쳐 보수공사를 하면서 원형이 많이 훼손되었다는 점이다.

특히 1913년부터 1915년까지 시행되었던 1차 보수 때는 석굴암을 완전히 해체 복원하면서 시멘트 콘크리트를 사용했다. 콘크리트를 사용하면 석굴암의 원재료인 화강암은 심하게 손상되는데, 이 때문에 물이 흐르는 누수 현상이 생겼다.

그 전의 석굴암은 누수 현상이 생기지 않았는데, 이는 현대 과학으로도 풀 수 없는 수수께끼였다. 누수 현상 때문에 2차, 3차 보수공사를 할 수밖에 없었던 것이다. 심지어 일제는 1차 보수 이전에 석굴 전체를 해체해서 일본으로 가져가려고 계획했다가, 한국을 점령한 뒤인 1912년 데라우치 총독이 방문한 후 당초의 계획을 포기하고 보수를 한 것이다.

조선 후기 숙종 때의 학자 정시한(丁時翰)이 삼남* 일대를 돌아보고 쓴 기행문《산중일기(山中日記)》에는 지금으로부터 약 300여 년 전 석굴암의 모습이 잘 묘사되어 있다.

> 석굴의 전실과 후실의 석상들이 완전한 형태로 건재할 뿐만 아니라 입구의 홍예*, 본존상과 좌대석, 주벽*의 조각들, 천개석*들이 질서 정연하게 자리 잡고 있었다. …… 마치 불상들이 살아 있는 듯하다.

불과 300년 전까지만 해도 석굴암은 원형대로 보존되어 있었다. 석굴 안과 밖의 기온이 다른데도 누수 현상도 생기지 않았다. 1,000년 이상 원형 상태를 유지하던 석굴암이 일제의 무성의한 보수공사 때문에 원형을 잃게 된 것이다.

또한 원래의 석굴암은 지금처럼 밀폐된 구조가 아니라 개방된 구조였던 것으로 추측된다. 출입구 위에는 햇빛을 받기 위한 광창(光窓)이 있었고, 내부 주벽의 감실* 배후에는 간접 광선을 받고 바람을 통하게 하기 위해서 창문처럼 생긴 10개의 구멍이 있었다. 이 당시는 입구의 아치석도 없었는데, 1913년 일본인들이 이를 설치해 동해 바다를 바라보는 본존불의 눈앞

*삼남(三南)
충청도·전라도·경상도 세 지방을 통틀어 이르는 말

*홍예(虹霓)
무지개 모양의 문

*주벽(周壁)
둘레의 벽

*천개석(天蓋石)
석굴 건축에서 천장을 꾸민 돌

*감실(龕室)
무덤이나 대웅전 옆에 딸린 방

을 가린 것이다.

석굴암이 위대한 예술품으로 평가받는 이유는 인도나 중국에 있는 기존의 석굴사원들과 근본적으로 다르기 때문이다. 석굴암은 인도나 중국의 석굴사원처럼 산속으로 파들어가서 만든 석굴이 아니라 석굴 모양으로 만든 석조 건물, 즉 석굴암 자체가 하나의 건축물인 것이다.

석굴암은 또한 치밀한 과학적 계산에 의해 축조되었다. 석굴사원의 가장 큰 문제인 습기 문제를 완벽하게 해결한 것이 이를 말해준다. 습기가 많은 여름철이면 석굴 내부의 온도가 외부의 온도와 함께 상승해 습기를 막아주는 신비로운 구조였다. 습기 문제는 석굴암에 대한 오랜 수수께끼 중의 하나였다.

지하수를 이용해 습기 문제를 해결했다는 주장도 있다. 석굴의 본존불 대좌 밑으로 지하수가 흘렀는데, 신라인들은 이 지하수를 이용해 바닥의 온도를 벽면의 온도보다 낮추어 섭씨 3~10도를 유지하게 했다는 것이다. 그래서 건축 당시에는 이슬이 생기지 않았는데, 일본인들이 보수 과정에서 지하수를 다른 곳으로 빼내었기 때문에 이슬이 맺히는 결로 현상이 생겨났다는 것이다. 이는 1,300여 년 전의 신라인들이 21세기의 과학기술이 따라가지 못할 정도로 지혜로웠다는 사실을 말해준다.

원형이 훼손되다

석굴암은 현재 원형이 훼손된 상태다. 본존불 뒤에 있었던 아름다운 대리석 탑이 없어지고, 감실 안에 있던 두 개의 불상도 분실되었다. 대불의 이

마에 있던 백호*도 없어졌는가 하면, 사리를 훔치기 위해 본존불의 엉덩이 부분을 파괴하는 행위까지 자행되었다.

특히 대리석 석탑의 분실에 대해서는 경주에 살던 일본인이 "일본의 고귀한 분이 방문한 뒤 없어졌다"고 그 행방을 말하고 있는데, 고귀한 분이란 아마도 데라우치 총독일 가능성이 크다. 이는 조선총독부의 권력 기관이 개입된 조직적인 도굴임을 시사하고 있다. 감실 안의 두 불상이 없어진 것은 그 무게와 부피로 보아 힘 있는 권력층의 비호가 없으면 불가능했을 것이다.

현재 일본의 어느 곳에 있을 석굴암의 불상과 백호, 사리 등은 지금도 1,000년 이상의 세월을 견디며 바라보았던 동해를 그리워하고 있을지도 모른다.

동쪽으로 푸른 동해 바다가 하늘 끝과 맞닿고, 서쪽으로는 수많은 산봉우리들이 끝없이 이어지고 있는 석굴암에 서면, 이 위대한 예술품을 만들어낸 신라인들의 마음이 전해지는 듯하다.

백제역사유적지구, 유네스코 세계 문화유산에 등재되다

2015년 7월 독일 본(Bonn)에서 개최된 제39차 세계유산위원회는 '백제역사유적지구'를 유네스코 세계유산 목록에 등재하기로 결정했다. 등재 지역은 익산의 미륵사지와 왕궁리 유적을 비롯해서 부여의 관북리 유적과 정림사지, 능산리 고분군, 부소산성과 나성 그리고 공주의 공산성, 송산리 고분군 등 모두 8곳이다. 세계유산위원회와 자문 기구인 국제기념물유적협의회(ICOMOS)는 백제역사유적지구가 한국·중국·일본 등 동아시아 고대 왕국들 사이의 상호 교류 역사를 잘 보여준다는 점과 백제의 건축 기술은 물론 종교와 내세관을 잘 보여주는 특출한 유적이라고 평가하면서 세계 문화유산에 포함시켰다.

백제역사유적지구의 유네스코 세계유산 등재로 대한민국은 종묘(1995), 불국사와 석굴암(1995), 해인사 장경판전(1995), 수원화성(1997), 창덕궁(1997), 조선왕릉(2009), 경주역사유적지구(2000), 고창·화순·강화 고인돌 유적(2000), 제주 화산섬과 용암 동굴(2007), 안동 하회마을(2010), 남한산성(2014)과 함께 총 12건의 세계유산을 보유하게 되었다. 참고로 세계유산은 문화유산, 자연유산, 복합유산을 모두 포함한다.

이중 백제 왕국의 실상과 백제인들의 내세관을 잘 보여주는 왕릉들이 모여 있는 곳이 부여군의 능산리 고분군과 공주시의 송산리 고분군들이다. 그러나 이 고분들은 일제 강점기 때부터 집중 도굴되어 그 원형을 찾을 수 있는 능이 하나도 없었다. 그러다가 1971년 우연히 발굴되지 않은 능이 하나 발견되었는데, 이것이 바로 유명한 '무령왕릉'이다.

1971년 7월 5일, 공주시 송산리의 한 고분에 물이 스며들지 않도록 도랑을 파고 있던 한 인부의 괭이 끝에 벽돌이 걸린 것이 그 시작이었다. 벽돌을 따라 파내려가니 무덤의 입구인 듯한 아치가 나오기 시작했다. 긴급 보고를 받은 문화재관리국은 문화공보부 장관에게 이를 보고했고, 문공부 장관은 국립중앙박물관장이던 김 모 교수를 발굴 책임자로 선정했다.

이것이 무덤이라는 사실은 알았지만 아무도 무령왕릉이리라고는 생각하지 못했고, 더구나 도굴되지 않은 무덤일 것이라고는 더더욱 생각하지 못했다.

무덤 문 앞은 강한 벽돌이 외부인의 침입을 막고 있었다. 맨 앞줄의 벽돌을 겨우 들어내고 구멍으로 들여다보니 터널형의 널길*에는 항아리들이 있었고, 돌짐승 사자 한 마리가 수호신처럼 무덤을 지키고 있었다.

*널길
무덤으로 인도하는 회랑. 연도라고도 함

*지석(誌石)
죽은 사람의 이름 등을 적어서 무덤에 함께 묻는 돌

그런데 이 무덤에는 지석* 두 장이 있었다. 지석에는 '영동대장군백제사마왕(寧東大將軍百濟斯麻王)'이라고 쓰여 있었다. 백제 25대 무령왕(재위 501~523)의 무덤이었다. 광복 이후 최초로 도굴되지 않은 백제의 왕릉이 발견된 것이다.

무령왕릉 | 충청남도 공주에 있는 백제 무령왕의 능. 1971년에 발굴된 벽돌무덤으로, 삼국시대 분묘 가운데 무덤의 주인공을 알 수 있는 최초의 것이다.

최악의 졸속 발굴

이때부터 전문가의 현장 통제가 시작됐어야 했는데, 거꾸로 도굴되지 않은 왕릉이 발굴되었다는 소문이 급속하게 퍼져나갔다. 전국 각지에서 기자들은 물론 일반 사람들까지 몰려들었다. 발굴단은 즉시 경찰의 통제를 요청하고, 무덤 주위에 철조망을 둘러 왕릉을 보호해야 했지만 그렇게 하지 않았다. 발굴단장이던 국립중앙박물관장은 그때의 상황을 이렇게 설명했다.

우리 발굴대원들은 사람들이 더 모여들어서 수습이 곤란해지기 전에 철야 작업을 해서라도 발굴을 속히 끝내기로 합의하였다. …… 카메라를 서너 개씩 둘러맨 기자들은 어서 사진부터 찍게 해달라고 야단이었다. 그래서 입구에서 안쪽으로 한 신문사마다 2분씩만 찍기로 약속했는데, 그것은 약속뿐이고 카메라를 대자 뗄 줄 몰랐으며, 안으로 마구 들어가 숟가락을 밟아서 부러뜨리기까지 했다.

어이없는 일이었다. 현장을 엄격하게 통제하는 가운데서 전문가들이 조심하면서 유물을 하나씩 수습했어야 할 발굴 현장에 기자들을 무더기로 입장시킨 것이었다. 발굴단에서 엄선한 사진사 한 명이 사진을 찍어서 일단 국민들의 호기심을 달래준 후 몇 달, 아니 몇 년이 걸리더라도 완벽하게 수습했어야 할 왕릉 발굴 현장을 하루 만에 수습하는 세계 고고학사상 최악의 기록을 남긴 것이다.

더구나 발굴단장은 왕릉에서 출토된 유물을 들고 장관과 함께 청와대로 찾아갔다. 당시 박정희 대통령은 왕비의 팔찌를 들고 "이게 순금인가?" 하면서 두 손으로 가운데를 쥐고 휘어봤다고 한다. 장관은 그렇다고 치더라도 학자인 발굴단장은 "그러시면 안 됩니다"라고 제지했어야 하지만, 그는 꿀 먹은 벙어리처럼 그저 지켜만 봤다. 유물을 들고 대통령을 찾아간 것부터 학자로서 기본 양식이 잘못된 것이었다. 아무리 대통령일지라도 유물이 보고 싶으면 현장을 찾아야 한다는 것은 상식이었다.

무령왕 지석의 '붕(崩)'과 《삼국사기》의 '훙(薨)'

이렇게 졸속으로 수습된 무령왕릉에서는 모두 108종에 2,900여 점이 넘는 유물이 출토되었다. 이 왕릉에서 출토된 유물만을 가지고 국립공주박물관을 만들었을 정도니, 백제의 다른 왕릉들이 도굴되지 않았다면 우리가 어느 정도의 유물을 갖고 있었을지 상상하기 어렵지 않다.

비록 졸속 발굴이었지만, 무령왕릉을 통해 수수께끼 같았던 백제의 진짜 모습이 속속 드러났다. 왕릉의 구조는 무덤방으로 향하는 2.9미터 길이의 널길, 즉 연도가 있고, 널길 끝에 무덤방인 널방이 있다. 널방은 남북의 길이가 4.2미터이며, 동서가 2.72미터로 남북이 보다 긴 구조이다. 또한 천장의 높이는 3.14미터에 이르고, 무덤 밖에는 봉분을 보호하기 위한 보호석을 둘렀다. 그리고 내부에는 널길의 바닥면 아래에 배수로를 설치해 침수를 방지했다.

벽면에 쌓은 벽돌들은 두 장이 한 조가 되어 하나의 연꽃 모양을 이루도록 되어 있는데, 연꽃을 새긴 것으로 보아 백제인들 역시 불심이 깊었음을 알 수 있다. 천장에 사용된 벽돌은 한쪽 면을 작게 만든 후 조립했는데, 이렇게 해야 둥근 아치형 천장을 만들 수 있었다. 또한 입구를 제외하고 동쪽과 서쪽에 두 개씩, 북쪽에 한 개씩 등잔을 올려놓는 등감(燈龕)을 설치했다. 등감의 가장자리에는 불꽃이 타오르는 모습을 그려넣어 생동감을 더했다.

《삼국사기》는 백제 무령왕에 대해서 이름을 '사마(斯麻)'라고 적고 있기 때문에 무덤에서 발견된 지석에서 말하는 '백제사마왕'이 백제 25대 무령왕임을 알 수 있다. 또한 지석은 "사마왕께서 62세로 계묘년(523) 5월 7일 세상을 떠나셨다"고 기록하고 있는데, 《삼국사기》는 "무령왕이 재위 23년(523) 5월에 세상을 떠나셨다"고 적어서 사망한 해는 물론 달까지 정확하게 일치하고 있다.

일제 강점기 때 일본인 식민사학자들은 《삼국사기》 초기 기록을 믿을 수 없다는 억지를 부려왔는데, 이로써 《삼국사기》가 아주 정확한 기록이라는 사실이 다시 확인되었다.

그런데 《삼국사기》는 무령왕이 세상을 떠난 것을 '훙(薨)'이라는 용어로

무령왕릉에서 출토된 금동 신발 | 무령왕릉에서는 금관을 비롯하여 금팔찌·금귀고리·도자기·철기 등 모두 108종에 2,900여 점이 넘는 많은 유물이 출토되었다.

설명했다. 훙은 황제를 모시고 있는 제후의 죽음을 표현하는 용어다. 반면 지석은 무령왕의 죽음을 황제의 죽음을 뜻하는 '붕(崩)'이라고 표현했다. 백제인들은 자국의 임금을 황제라고 생각했던 것이다. 용어만 그렇게 쓴 것이 아니었다. 백제는 실제로 황제의 나라였다.

신하들을 왕(王)과 후(侯)에 봉한 동성왕

우리는 백제를 한반도 남쪽에 있었던 반도 국가로 알고 있다. 그러나 중국 기록과 《삼국사기》의 〈최치원 열전〉은 백제 강역이 중국 대륙에도 있었으며, 일본 기록인 《일본서기》 등에는 백제 강역이 일본 열도에도 있었다고 말해주고 있다.

《삼국사기》 〈백제본기〉 '동성왕(東城王) 10년(488)' 조는 "위(魏)나라가 군사를 보내 침입하였으나 우리(백제) 군사에게 패했다"라고 설명하고 있다. 동성왕(재위 479~501)은 백제 24대 왕으로서 바로 무령왕의 아버지인데,

이때 동성왕이 격퇴시킨 위나라는 기마민족인 선비족이 세운 북위로서 중국 북부를 차지하고 있었다.

이 내용은 중국의 《자치통감》에도 그대로 실려 있어서 사실임을 알 수 있다. 이때 백제가 위나라와 싸운 장소는 한반도 남부가 아니라 중국 북부 지역이었다. 백제는 한반도 남부만이 아니라 중국 대륙에도 있었던 것이다.

중국 측 기록인 《송서(宋書)》〈백제 열전〉에는 "백제는 본래 고구려와 함께 요동의 동쪽 1,000리에 있었다. 그 후 고구려가 요동을 점거하자 백제는 요서를 공략하여 점령하였다"라는 기록이 있다. 백제가 요서 지역에도 있었다는 것인데, 이때의 요서 지역은 지금의 중국 북경(베이징) 부근을 뜻한다. 이 지역들이 백제가 중국의 북위와 전쟁을 치렀던 지역들이다.

또 다른 중국 기록인 《남제서(南齊書)》는 서기 490년(백제 동성왕 12년)에도 위나라가 기병 수십만을 일으켜 백제를 공격했다고 전하고 있다. 위나라가 백제 국경에 들어서자 백제의 모대(牟大)왕, 즉 동성왕은 장군 사법명(沙法名), 찬수류(贊首流), 해례곤(解禮昆), 목간나(木干那) 등을 보내 위나라 군사를 습격해 대파했다고 《남제서》는 설명하고 있다. 백제가 위나라의 기병 수십만을 격퇴한 장소 역시 한반도가 아니라 중국 북부였다. 선비족이 세운 북위는 바다 건너 한반도 남부까지 와서 전투를 치를 능력도, 이유도 없었다.

같은 《남제서》에는 백제 동성왕이 이때 공을 세운 사법명을 매라왕(邁羅王)으로, 찬수류를 벽중왕(辟中王)으로 임명하고, 해례곤을 불중후(弗中侯)로, 목간나를 면중후(面中侯)로 삼았다고 기록하고 있다.

큰 공을 세운 신하들을 왕(王)과 후(侯)로 봉한 것이다. 이는 백제의 동성왕이 제후가 아니라 수하에 여러 왕과 후를 둔 황제였음을 뜻하는 것이다. 무령왕릉 지석에서 무령왕의 죽음을 제후의 죽음을 뜻하는 훙(薨)이 아니라 황제의 죽음을 뜻하는 붕(崩)으로 표현한 것은 과장이 아니었다. 백제는 수하에 여러 왕을 둔 황제국이었던 것이다.

중국과 일본에 걸쳐 있던 백제 강역

또 다른 중국 기록인 《양서(梁書)》에는 백제의 수도를 고마(固麻)라고 하고, 읍(邑)을 담로(檐魯)라고 하는데, 중국의 군현(郡縣)과 같은 말이라고 설명하고 있다. 《양서》는 "백제에는 모두 22개의 담로가 있었는데, 대개 왕의 자제와 종족들을 나누어 웅거했다"고 설명하고 있다. 이 담로는 한반도 내에 있는 것도 있지만, 한반도 밖에 있는 것이 더 많았다.

동성왕이 위나라 군사들과 싸웠던 중국 북부도 담로의 하나였을 것이다. 《삼국사기》〈최치원 열전〉에 따르면, 최치원은 지금의 중국 총리격인 당나라 태사시중에게 보낸 편지에서 이렇게 말하고 있다.

동해 밖에 삼국이 있었으니, 그 이름은 마한·변한·진한인데, 마한은 고구려요, 변한은 백제, 진한은 신라입니다. 고(구)려와 백제는 전성기에 강병(強兵)이 100만 명이어서 남으로는 오(吳)·월(越)을 침공하고, 북으로는 유(幽)·연(燕)·제(濟)·노(魯) 등의 지역을 흔들어서 중국의 큰 두통거리가 되었으며, 수(隋)나라 황제가 세력을 잃은 것은 저 요동 정벌로 말미암은 것입니다.

백제와 고구려가 전성기에 100만 명의 강한 군사를 갖고 있었다는 것이다. 남쪽의 오·월은 지금의 상해 등지의 중국 남쪽을 뜻하고, 북쪽의 유·연·제·노는 지금의 북경 부근 및 산동성 등지를 뜻한다. 이 광대한 지역들이 모두 한때는 고구려와 백제 강역이었다는 뜻이다. 지역들 역시 백제의 담로였다.

최치원은 당나라에서 치르는 과거에 합격해서 당나라 최고 지식인들과 사귀었던 당대 최고의 지식인이었다. 만약 최치원의 말이 사실이 아니라면, 최치원은 당나라 사람들에게 큰 비웃음거리가 되었을 것이다. 그러나 신라인 최치원은 자신이 역사서를 통해서 보았거나 들어서 알게 된 사실들을 당나라 태사시중에게 설명한 것이다. 그것이 사실임은 1971년 우연히 발견된 공주 무령왕릉 지석의 붕(崩)이라는 글자가 설명해주고 있다.

충남 공주시 송산(宋山)의 야트막한 구릉 경사면에 위치하고 있는 송산리 고분군의 무령왕릉은 수수께끼의 왕국 백제의 진실에 다가가는 열쇠를 제공해준 것이다. 그래서 이곳 송산리 고분군의 무령왕릉 앞에 서면 중국 대륙과 일본 열도에도 담로가 있었던 대륙제국이자 해양제국이었던 백제인들의 웅대했던 세계가 눈앞에 보이는 듯하다.

한국사를 빛낸
찬란한 과학과 문화

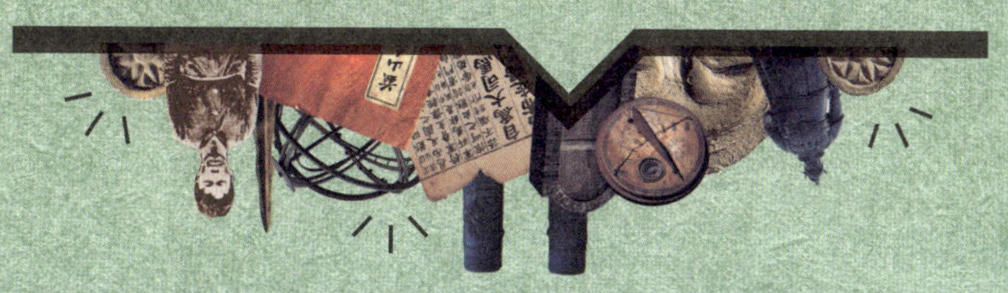

비파형 동검과
청동기 기술

고조선 때 만들어진 청동기들

한반도는 물론 지금의 중국 하북성과 내몽골 일대를 비롯한 여러 지역에서 비파형 동검이 발견된다. 비파형 동검은 다른 말로 고조선식 동검이라고도 불린다. 이 드넓은 지역에서 비파형 동검과 다른 청동기를 사용했던 사람들은 고조선 사람들이었다. 고조선 선조들은 청동 제작 기술이 뛰어났다. 특히 청동 거울을 만드는 기술은 단연 세계 최고였다.

현재 숭실대학교 한국기독교박물관에는 서기전 4세기 무렵에 만든 것으로 추정되는 '잔줄무늬 청동 거울'이 있다. 국보 제141호로 지정되었는데, 한자로는 다뉴세문경(多紐細紋鏡)이라고 한다. 1960년대 충남 지역에

다뉴세문경 | 유리로 만든 거울이 보급되기 이전에 사용된 청동제 거울. 국보 제141호.

서 발견된 이 거울은 섬세한 기하학적 무늬와 정교한 주조 기술로 우리나라는 물론 전 세계를 놀라게 했다. 이렇게 정교한 청동 주조물은 서기전 4세기의 세계 어느 곳에서도 만들 수 없었던 최고의 명품이었기 때문이다.

우리더러 21센티미터의 원 안에 선을 그리라면 몇 개나 그릴 수 있을까? 더욱이 확대경 같은 기구의 도움이 없다면 아마 수백 개를 넘기기 어려울 것이다.

이 다뉴세문경의 지름은 불과 21.2cm에 불과하다. 그런데 무려 1만 3,000개가 넘는 정교한 선과 100여 개의 동심원이 그려져 있다. 이 청동거울의 이름 중 '세문(細紋)'은 이 '문양이 정밀하다'는 뜻이다. 확대경이 없었던 서기전 4세기에 어떻게 이런 작품을 만들 수가 있었는지는 세계 과학계의 수수께끼였다. 더군다나 종이에 연필로 선을 그은 것이 아니라 청동으로 정교한 주물*을 뜬 것이었다.

선과 선 사이는 겨우 0.3밀리미터 정도이다. 이 정도 간격으로 선을 긋는 것은 청동이 아니라 종이 위에 최신 제도기로 그린다 해도 결코 쉽지 않은 일이다. 청동에 주물로 이렇게 많은 선과 원을 만든다는 것은 지금의 과학기술로도 거의 불가능하다. 고조선 선조들은 어떻게 이런 작품을 만들 수 있었을까?

게다가 이런 정교한 다뉴세문경이 한 개가 아니라 남한 지역에서만도 여러 개가 발굴되고 있다. 이것은 고조선의 청동 제작 수준이 매우 높았음을 말해준다. 다뉴세문경은 새로운 디자인, 섬세한 도안, 정밀한 주조 기술이 이루어낸 세계 최고의 명품이라 할 수 있다.

청동기가 분포되어 있는 지역들

청동기의 발명은 인류 역사에서 아주 중요했다. 이때부터 본격적으로 계급이 나뉘고, 나라가 생겨나기 시작했다. 동양의 청동기는 고대 은(殷, 서기전 16~서기전 11세기)나라 때부터 크게 발달했다. 은나라는 현재 우리 민족과 같은 동이족(東夷族) 출신인데, 가장 많이 만든 청동기는 하늘에 제사를 지내기 위한 제사용 청동기였다. 이는 은나라가 하늘의 자손이라는 천손(天孫)사상을 갖고 있었다는 사실을 뜻한다. 은나라는 그 밖에도 청동으로 악기와 무기들도 만들었다.

청동은 구리에 주석이나 아연 또는 납을 넣어 만든다. 구리·주석·납을 따로따로 제련한 다음 서로 합쳐서 합금을 만드는 것이다. 그렇다면 우리나라에서는 언제부터 청동기를 사용하기 시작했을까?

일제 강점기 때 일본인 식민사학자들은 한국사에는 청동기 시대가 존재하지 않는다고 주장했다. 그래서 석기와 금속이 함께 존재한다는 시기라는 뜻의 금석병용기(金石竝用期)라는 용어를 썼다. 한국인들은 역사를 발전시킬 능력이 없기 때문에 청동기를 만들지 못했다고 깎아내리기 위해서였다.

청동기 시기는 고조선 시기이므로 고조선의 강역에서 출토되는 청동기를 살펴보자. 일본인 식민사학자들은 고조선에 대해 평양을 중심으로 평안남도 일대에 있던 부족 국가였다고 깎아내렸다. 그러나 고조선이 한반도는 물론 지금의 중국 하북성 일대까지 걸쳐 있던 제국이었음을 나타내주는 것이 다름 아닌 청동기 문화다.

중국 내몽골 적봉(赤峯)시를 중심으로 그 주위에 넓게 분포하는 문화가 홍산(紅山) 문화다. 홍산 문화는 동이족 문명으로, 이곳에서 서기전 20세기 이전의 청동기까지 출토되었다. 이는 일연이 《삼국유사》에서 단군조선의 건국 시기를 서기전 24세기라고 말한 것과 같다는 점에서 주목된다.

일제 강점기 때 일본인 식민사학자들은 고조선뿐만 아니라 삼한·동예·옥저·진 등 많은 나라가 모두 한반도 내에 있었다고 주장했다. 그러나 청나라 6대 황제인 건륭제의 명으로 당대 최고의 학자들이 모여 1778년 발간한 《만주원류고(滿洲源流考)》라는 책은 삼한이 지금의 요동반도에 있었다고 설명하고 있다. 이처럼 우리 민족사를 한반도 내에 가두어 깎아내리

비파형 동검 | 청동기 시기 만들어진 것으로, 고조선 시대의 대표 유물이다.

려는 역사학을 반도사관이라고 한다.

비파라는 악기처럼 생긴 청동검이 비파형 동검인데, 이를 일본인 식민사학자들은 요동식 동검이라고 불렀다. 그러나 비파형 동검은 요동뿐만 아니라 한반도 등 고조선의 강역이었던 대부분의 지역에서 광범위하게 출토되는 고조선의 표지 유물(대표 유물)이다. 그래서 비파형 동검을 '고조선식 동검'이라고도 한다. 그러나 일본인 식민사학자들은 비파형 동검이 고조선의 유물이라는 것을 감추기 위해서 요동식 동검이라고 주장했던 것이다.

그동안 한반도에서 출토되는 청동기 유물의 제작 시기를 서기전 10세기경이라고 보아왔으나, 발굴이 진행되면 될수록 그 연대는 계속 올라가고 있다.

우리나라 청동기의 특징

오늘날 출토되는 여러 고대 유물들처럼 청동기도 두 가지 성격이 있다. 하나는 만주 및 한반도 등지에서 고조선 선조들이 만든 독자적인 문화라는 점이다. 또 하나는 서북쪽 시베리아의 영향을 받은 청동기들도 있다는 점이다. 문화는 서로 영향을 주고받으면서 발전하는 것이므로 시베리아의 영향을 받았다는 것이 문제될 것은 없다. 문제는 그렇기 때문에 한국인들은 역사 발전 능력이 없다는 식으로 폄하하는 태도이다.

무엇보다 한국의 고대 청동기 제작 기술은 중국에 뒤지지 않는 최고의 첨단 기술이었다. 청동의 주재료는 구리이고, 이것에 주석을 합금하는 것인데, 중국을 포함한 동아시아 지역의 청동기는 여기에 흔히 납이 더 포함된다. 그러나 우리나라 청동기는 중국 청동기에 비교해서 구리·주석·납 외에 아연이 대거 함유되어 있다는 특징이 있다.

함경북도 나진 초도(草島)의 초기 청동기 시대 유적에서 발굴된 청동 장신구를 분석한 보고서를 살펴보자. 여기에서 발견된 청동기는 구리 53.93퍼센트, 주석 22.30퍼센트, 납 5.11퍼센트, 아연 13.70퍼센트, 철 1.29퍼센트, 기타 3.67퍼센트의 합금 성분이 들어 있었다. '한국청동'이라 부르는 청동에는 이처럼 구리·주석·납에 아연이 더 포함되었는데, 중국에서도 한나라 이전에는 아연이 포함된 청동기는 만들지 못했다.

적당한 양의 아연이 포함된 청동은 색깔이 부드러워져서 금빛을 띠게 되고, 주조물의 성질도 좋아져서 장식품이나 여러 의식 용구를 만들기에 알맞은 청금색이 된다. 그러나 청동에 아연을 섞는 것은 아주 어렵다. 아연은 비교적 낮은 온도인 섭씨 420도에서 녹지만, 섭씨 950도에서는 증발하기 때문이다.

그런데 청동기는 섭씨 1,000~1,200도 이상 가열해야 만들 수 있기 때문에, 여기에 아연을 섞는 것은 대단히 어려운 기술이었다. 그래서 청동·아연 합금의 청동기 제작 기술은 중국에서도 서기전 1세기 때인 한나라 이전까지는 실용화하지 못하고 있었다. 그러나 고조선 선조들은 서기전 7~서기전 5세기에 이미 청동·아연 합금의 청동기를 만들어내고 있었다. 이러한 기술은 일찍이 야요이 시대(서기전 3세기~서기 3세기)에 일본으로 건너가 그곳에 전파되기도 했다.

한국 청동기의 대표적 제품은 다뉴세문경이라 불리는 청동 거울과 비파형 동검·세형 동검 등의 청동검인데, 이는 중국의 청동기들과 다른 독특한 특징을 가지고 있다. 한국 청동기는 사암(砂岩)과 활석(滑石)으로 만든 거푸집*으로 제조되었는데, 나중에는 밀랍*으로 거푸집의 원형을 만드는 기술도 나타났다.

밀랍으로 거푸집을 만드는 기술은, 먼저 밀랍으로 거푸집의 원형을 만든 다음 안팎에 고운 흙을 이겨 발라 말린다. 그 후 불 속에 넣어 밀랍을 녹여 없애 거푸집을 만드는데, 이를 '납형(蠟型)'이라고 한다. 이 밀랍이 녹아 없어진 자리에 녹인 금속 쇳물을 부어 넣고 식힌 다음 흙을 떼어내면 청동기가 완성된다. 다뉴세문경도 이러한 납형을 이용해 주조된 것으로 여겨진다.

청동기 시대에 거울과 칼은 아무나 가질 수 없었다. 만들기도 어려웠기 때문에 지배자만이 가질 수 있는 권력과 권위의 상징이었다.

비파형 동검과 거푸집 | 한국 청동기의 특징은 사암과 활석으로 만든 거푸집으로 제조되었는데, 나중에는 밀랍으로 거푸집의 원형을 만드는 기술도 나타났다.

중국은 서기전 15세기 은나라 때 좋은 품질의 청동기를 제작했다. 그러나 중국은 신라나 고려시대에도 '신라동' 혹은 '고려동'이라고 불리는 우리나라의 청동을 수입해갔다. 이는 중국인들이 옛날부터 우리 선조들의 청동 제조 기술이 세계 최고라는 사실을 알고 있었음을 뜻한다.

중국에서도 찾아볼 수 없는 특이한 청동 합금 기술은 고조선 선조들의 지혜가 고스란히 남아 있는 것이다. 그리고 이런 청동 제작 기술은 자연스레 철기 제작 기술로 발전하게 되었다.

일제 강점기 때 일본인 식민사학자들은 우리 선조들이 철기를 제작하지 못했다고 주장했다. 중국 연나라에서 온 위만이 가져왔다는 것이다. 그러나 위만이 처음으로 철기를 가져왔다는 증거는 어디에도 없다. 고조선 선조들의 우수한 청동 제작 기술이 자연스레 철기 제작으로 이어졌던 것이다.

무적 함선
거북선

판옥선을 개량한 거북선

삼면이 바다인 우리나라는 해양으로 뻗어나갈 때 국력이 융성했고, 반도 안에 갇혀 다툴 때 국력이 오그라들었다. 따라서 우리 선조들이 대륙과 해양으로 뻗어나갔던 고대에는 그 힘이 먼 대륙과 대양을 아울렀다.

백제는 바다 건너 중국의 여러 곳에 기지를 갖고 있었다. 또한 중국과 한반도를 잇는 국제 무역 기지 청해진을 만들어 동북아시아의 해상권을 장악한 장보고 역시 해양으로 뻗어나간 사람이다.

이렇게 대륙과 해양으로 뻗어나가기 위해서는 배를 설계하고 만드는 조선술과 항해술의 발달이 반드시 필요하다. 고려 역시 조선술과 항해술이 뛰어났기 때문에 당시 세계를 지배하던 원나라가 일본(왜)을 공격할 함선을 만들어달라고 요구했던 것이다.

조선시대에는 비록 적극적으로 해외 진출을 시도하지는 않았지만, 태종이 대마도를 정벌한 것에서 알 수 있듯이 조선술은 뛰어났다. 이순신 장군을 이야기할 때 빼놓을 수 없는 거북선도, 우리 선조들의 뛰어난 조선술이 있었기에 만들 수 있었던 전함이다. 오늘날 우리나라가 세계 제1의 조선 대국이 된 것은 선조들의 이런 조선 능력이 후손들에게 전해졌기 때문일 것이다.

지금부터 약 400여 년 전 충무공 이순신이 만들었다는 거북선은 한국인이라면 누구나 큰 자랑거리로 삼고 있다. 그런데 거북선은 유명한 만큼이나 많은 오해의 소지를 가지고 있기도 하다. 기록이 제대로 남아 있지 않을뿐더러, 우리나라 학자보다 외국인이 먼저 연구하면서 잘못된 연구 내용이 널리 알려졌기 때문이다.

일제는 거북선의 가치도 깎아내렸다. 거북선을 임진왜란 때 갑자기 나타나 잠시 사용하다가 없어진, 별것 아닌 전함으로 왜곡했던 것이다. 그러나 거북선은 어느 날 갑자기 나타난 전함이 아니다. 또한 거북선은 임진왜란 때 처음 만들어진 것도 아니다.

거북선은 조선의 대표적 전함인 판옥선을 발전시켜 만든 전함이었다. 판옥선의 기원은 조선 전기의 맹선*이었다. 고려 말기부터 임진왜란이 끝날 때까지 우리 수군(水軍)은 주로 왜구를 상대로 싸움을 벌였다. 조선의 전함은 왜구를 격퇴하기 위해 꾸준히 발전되어온 것이다.

*맹선(猛船)
조선시대 전투에 사용하던 선박. 대맹선, 중맹선, 소맹선의 세 종류가 있었다.

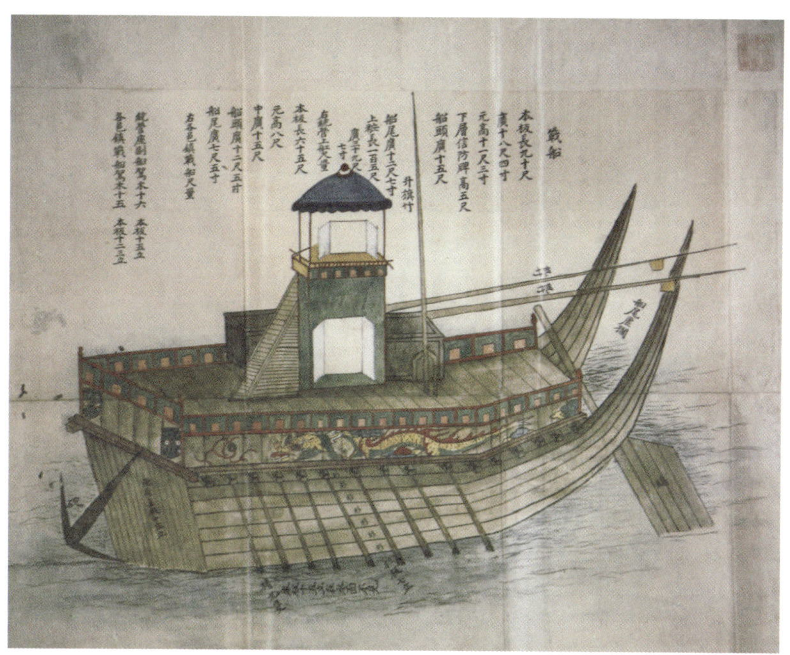

판옥선 | 널빤지로 지붕을 덮은 전투선으로 임진왜란 때 크게 활약했다.

왜구의 주 공격 형태는 뱃전으로 기어올라와 직접 맞붙어 육박전을 벌이는 것이었다. 그래서 판옥선은 멍에*를 뱃전 밖으로 뻗치게 만들어 이를 제지했다.

판옥선 이전의 전함들은 한 개 층뿐인 평선(平船)이어서, 전투원과 비전투원인 노군*들이 갑판 위에 함께 섞여 있어 전투 효과가 떨어졌다. 그러나 판옥선은 여러 층으로 구성된 다층(多層) 전함으로, 비전투원인 노군은 아래에서 노를 젓고 전투원은 상장* 위에서 적을 내려다보며 공격할 수 있게 만들었다. 또한 판옥선 상장 위의 넓은 갑판

*** 멍에**
뱃전 밖으로 내린 창막이 각목의 끝 부분

*** 노군(櫓軍)**
노를 젓는 군사

*** 상장(上粧)**
전투를 위해 배의 갑판 위에 세운 구조물

은 대포를 설치하기에 좋았고, 사정거리도 늘릴 수 있었다.

이처럼 판옥선은 우리의 장기인 궁술(弓術)과 포격전(砲擊戰)을 전개할 수 있도록 넓은 상장을 만들고, 왜구가 배로 기어올라오는 것을 막을 수 있는 높은 보루인 판옥을 배 위에 설치한 전함이었다. 그럼으로써 배에 기어오르는 왜군의 전술을 무용지물로 만들고, 아군이 유리한 위치에서 싸울 수 있게 만든 것이다.

거북선의 등장

거북선은 언제 처음 만들어졌을까? 거북선은 이순신 장군이 만든 것으로 알려졌지만, 임진왜란 이전에도 존재했던 전함이다. 거북선에 관한 기록은 조선 초기의 《태종실록》에 처음 보이기 시작한다.

태종 13년(1413) 2월에 "왕이 임진강 나루를 지나다가 거북선과 왜선으로 꾸민 배가 해전 연습을 하는 모양을 보았다"라는 구절이 나온다. 그리고 앞에서 살펴본 대로 거북선은 조선의 주력함인 판옥선을 개조하여 만든 것이다.

그렇다고 해서 거북선의 발명에 이순신 장군이 아무 관련이 없는 것은 아니다. 이순신 장군은 기존 거북선의 장점과 판옥선의 장점만을 모아 그 기능을 대폭 향상시킨 새로운 거북선을 만든 것이다. 이는 거북선이란 이름만 같을 뿐 사실상 새롭게 발명한 것이나 다름없었다.

광해군은 재위 14년(1622) "빨리 이순신의 거북선을 만들라"고 말한 적이 있는데, 임금이 "이순신의 거북선"이라고 말했다는 사실은, 임진왜란

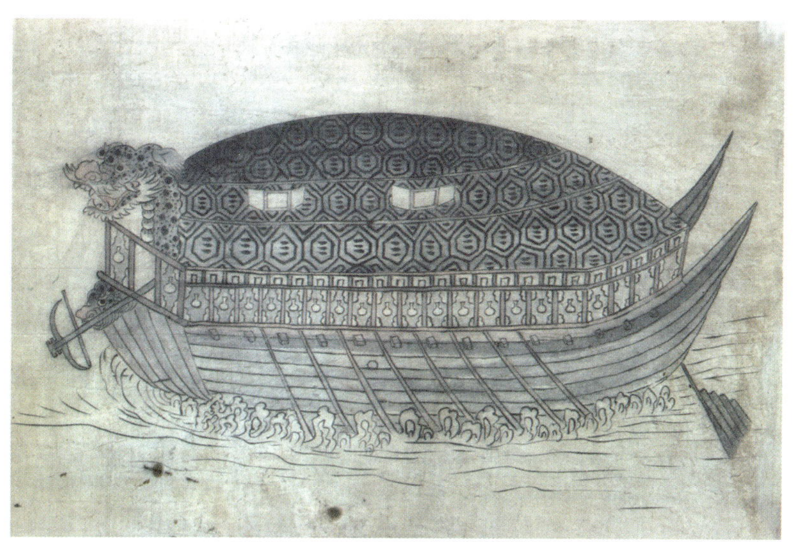

거북선 | 임진왜란 직전 이순신 장군의 고안으로 새롭게 건조된 돌격용 전함이다.

이후 거북선은 이순신이 만든 것으로 인정되고 있었음을 뜻한다.

거북선은 과연 철갑선일까? 거북선이 철갑선이라는 직접적인 기록은 없지만 이러한 주장들은 꽤 있어왔다. 그러나 거북선의 재료는 판옥선과 같은 목재라는 주장이 훨씬 설득력이 있다. 당시 일본의 배는 얇은 삼(杉)나무로 만들었다. 반면 조선의 판옥선은 두꺼운 소나무로 만들었기 때문에 두 배가 충돌할 경우 일본 배가 깨지기 마련이므로, 굳이 철갑선으로 만들 필요가 없었던 것이다.

이순신의 조카로서 정유재란 때 이순신과 함께 싸웠던 이분(李芬)이 쓴 《행록(行錄)》에는 다음과 같은 기록이 있다.

전선을 만들었다. 크기는 판옥선과 같으며 상부는 목판으로 덮었는데, 목판 위에는 십자형의 좁은 길을 내어 사람들이 위로 걸어다닐 수 있게 하고 그 나머지 공간에는 모두 칼과 송곳을 꽂았다.

거북선의 등에 칼과 창을 꽂은 것은 일본군이 올라타지 못하게 하기 위해서였다. 그리고 그것이 바로 판옥선을 거북선으로 개량한 이순신 장군의 목적이었음도 말해준다.

실용적인 측면에서 보더라도 덮개로서는 철판보다 목판이 더 좋다. 철판은 목판에 비해 15배 이상 무거우며, 빗물과 바닷물에 녹슬기 쉬우므로 수명이 짧다. 비용 또한 대단히 비쌀 뿐만 아니라 칼이나 창을 꽂기도 어렵다.

4밀리미터 두께의 철판을 덮을 경우, 그 무게는 6센티미터 두께의 목판과 같으며, 상부 전체를 덮으려면 약 10톤의 무게가 된다. 배 위에 철판을 덮으려면 그 밑에 철판의 무게를 받쳐주는 목판을 대어야 할 뿐만 아니라, 배의 무게중심을 유지하기 위해 배 아래의 무게도 늘려야 한다. 그래서 철판으로 만들 경우 배의 안정성이 떨어지며, 무게 때문에 속도도 그만큼 떨어지게 된다. 기계 동력이 아니라 노군이 젓는 배에서 철로 배를 만들 이유는 없었다.

거북선이 철갑선이라는 주장의 근원은 임진왜란 때 싸웠던 일본인들의 기록에 의한 것인데, 멀리 보이는 거북선의 덮개에 꽂은 칼과 송곳이 마치 철갑을 씌운 듯 번쩍거렸기 때문에 철갑선이라고 생각했을 것이다.

한때 거북선이 세계 최초의 잠수함이라고 알려진 때도 있었다. 잠수함이라면 당연히 철선이었을 것이다. 이제는 거북선을 잠수함이라고 주장하는 사람은 없지만 철갑선이라는 주장은 아직도 남아 있다. 그러나 철갑선임을 뒷받침해줄 자료는 아직 발견되지 않고 있다.

우리는 거북선을 임진왜란 때 조선 수군의 주력 전함으로 생각해왔다. 그러나 거북선은 많은 장점에도 불구하고 실제로는 많이 만들어지지 못했다. 조선 수군의 주력 전함은 여전히 판옥선이었던 것이다.

임진왜란 이후 거북선은 함대의 선봉 돌격선으로 사용되었다. 거북선이 먼저 달려들어 적의 주력을 깨트리면 나머지 판옥선이 돌진하는 전법이었다. 거북선은 기록에 따르면 임진왜란 당시에 3~5척, 그 후 영조 때는 14척이 배치되어 있었고, 정조 때는 40척이 있었다고 전한다.

거북선의 크기는 일정하지는 않으나, 대체로 오늘날 선박의 톤수로 계산할 때 285톤 정도가 된다고 보고 있다. 길이는 33.7미터, 너비는 10.4미터, 높이는 6.6미터가량이었다고 한다. 거북선은 돛대를 올리면 다른 범선처럼 바람을 이용해 항해할 수도 있고, 돛을 내리고 노만 저어서 항해할 수도 있는 노선(櫓船)이기도 했다. 물론 돛과 노를 동시에 이용하여 더 빨리 항해할 수도 있었다. 거북선의 노는 좌우에 각각 8~10개라고 알려졌다. 노는 수직으로 설치되었기 때문에 적선이 접근해도 서양 배의 노처럼 배 안으로 거두어들일 필요가 없었다.

거북선에는 하나의 노에 대개 4~6명의 노군이 배치되었는데, 그중 한 명은 조장이었다. 평시에는 두 명이 노를 젓다가 전투가 벌어지면 4~6명이 마주서서 노를 저었다. 거북선 한 척의 정원은 150~170명인데, 이중 노군은 100~120명이고, 전투원은 50명 내외로 추정된다.

거북선의 실체는 아직도 정확히 알려지지 않고 있다. 기록에 따라 실물 크기의 배를 다시 만들어본 적이 있었지만, 실전에 사용할 수 있는 정도의 속력을 낼 수 없었다. 그만큼 거북선에는 아직도 우리가 모르는 많은 비밀이 있다. 그래서 바다 아래 가라앉아 있을지도 모를 거북선의 선체를 인양하기 위해 노력하고 있으나, 아직은 발견하지 못했다.

거북선은 그 자체로 우리 민족의 우수한 조선술과 과학기술로 만들어진 우수한 전함이다. 세계 최초의 잠수함도 아니고, 철갑선도 아닐지라도 거북선이 당시 세계에서 가장 뛰어난 군선이었다는 데에는 아무도 이의를 달지 못할 것이다.

동양 최고(最古)의 천문대,
첨성대

첨성대에 대한 기록과 여러 주장들

경주 반월성 동북쪽에는 우아하게 생긴 병 모양의 석조 건축물이 서 있는데, 이것이 유명한 국보 제31호 첨성대(瞻星臺)이다. 현존하는 동양 최고(最古)의 천문대로 알려진 이 첨성대는 신라 선덕여왕 16년(647)에 축조되었다. 지금으로부터 무려 1,400여 년 전에 만든 것이다.

첨성대에 관한 가장 오래된 기록은 고려시대 승려 일연이 쓴《삼국유사》의 〈선덕왕지기삼사(善德王知幾三事)〉라는 부분에 나온다. '선덕여왕이 세 가지 사실의 기미를 미리 알았다'는 뜻이 지기삼사다. 선덕여왕이 모란꽃에 향기가 없다는 사실과, 백제 군사가 숨어 있는 것을 미리 알았고,

자신이 언제 죽을지도 미리 알았다는 내용이다. 그런데 이 내용 제일 뒤에 "선덕왕 때에 돌을 다듬어 첨성대를 쌓았다"는 기록이 나온다.

조선시대 편찬한 인문 지리서인 《신증동국여지승람(新增東國輿地勝覽)》 중에서 신라 수도 서라벌을 설명한 〈경주부(慶州府)〉 조에는 좀 더 자세한 기록이 나온다.

> 선덕여왕 때에 돌을 다듬어 대를 쌓았는데 위는 모나고 아래는 둥글다. 높이는 19척으로 그 속은 통해 있어 사람들은 그 위아래로 오르내리면서 천문을 관측했다.

그 외에도 《고려사》 같은 책들에도 이에 관한 기록이 나오는데, 그 내용은 비슷하다. 흥미로운 것은 신라뿐만 아니라 고구려에도 첨성대가 있었다는 점이다. 만든 연대는 알 수 없으나 조선시대에 펴낸 《세종실록지리지(世宗實錄地理志)》를 보면 "평양성 안에 …… 아홉 연못(九池)이 있는데 못가에 첨성대가 있다"는 기록이 있다.

《신증동국여지승람》〈평양부〉에도 "평양의 첨성대 옛터가 평양부 남쪽 3리에 있다"라는 기록이 있는데, 이는 평양에도 첨성대가 있었다는 사실을 말해주고 있다. 그러나 경주의 첨성대만 남아 있고, 평양의 첨성대는 현재 흔적을 찾을 수 없다.

일본인들의 고대 역사 기록인 《일본서기》에는 675년에 점성대(占星臺)를 처음 세웠다는 기록이 있는데, 아마도 백제의 천문학자들이 백제가 멸망한 후 건너가 세웠을 것이다.

첨성대에 대해 최초로 학문적으로 연구한 인물은 1910년 일본의 천문

학자 와다 유지[和田雄治]였다. 첨성대가 동양에
서 현존하는 가장 오래된 천문대라는 평가도 그
가 내린 것이다. 그는 첨성대 상층부 정자석* 위
에 천문 관측을 위한 기기가 설치되어 있었을 것
이라고 추측했다.

그 후 우리나라 학자들도 와다 유지의 견해를 받아들여 첨성대를 천문
대라고 높이 평가했다. '첨성대(瞻星臺)'는 글자 그대로 '하늘의 별을 바라
보는 돈대*라는 뜻이다. 그러나 근래 들어 많은 사람들이 천문대가 아니라
고 주장하고 있다.

천문 관측 시설이 아니라는 주장은 크게 두 가지가 있다. 하나는 "첨성
대는 실제로 관측에 사용된 것이 아니라 고대 수학 및 천문학에 관한 유명
한 책인《주비산경(周髀算經)》에 나오는 내용을 반영해 세운 상징적인 탑"
이라는 것이다. 이 주장을 '주비산경설'이라고 한다. 다른 하나는 "첨성대
는 천문 관측과는 관련이 없으며, 다만 불교 경전에 나오는 수미산의 모양
을 본떠서 만든 제단"이라는 주장이다. 이 주장을 '수미산설' 또는 '제단설'
이라고 한다.

이들의 주장은 모두 새롭고 흥미로운 것이어서 많은 관심을 끌었지만,
아쉽게도 현재까지 결론은 나지 않았다. 이러한 주장들은 모두 첨성대가
실제 천문 관측소로 사용하기에 적당한 구조가 아니라는 논리에서 생겨
났다. 그중 하나가 출입문이다. 첨성대의 출입문은 땅에서 한참 올라온
13단, 14단, 15단 벽돌에 걸쳐 있어서 창문인지 출입문인지 불분명하고,
이 문으로 사람이 드나들기에는 너무 불편하기 때문에 첨성대로 사용할
수 없다는 것이다.

첨성대 | 신라 선덕여왕 때 만들어졌으며, 동양에서 현존하는 가장 오래된 천문대이다.

이런 주장에 대해 첨성대가 천문대라고 주장하는 학자들은 "첨성대 내부 구조가 자세히 알려져 있지 않기 때문에 겉모습만 보고 그 기능까지 판단한 잘못"이라고 반박했다. 실제로 한 천문학자는 자신이 직접 창문(출입문)으로 들어가 위로 올라가보았으나, 출입하는 데는 아무런 문제가 없었다고 주장했다. 그의 주장은 "첨성대는 천문 관측을 위해 만든 건축물"이라는 것이다.

그런데 첨성대가 천문대라고 생각하는 사람들 사이에서도 첨성대가 실제로 어떤 역할을 했는지에 대해서는 의견이 엇갈린다. 상층부의 '정자석' 위에 목조 건축물을 세워 천체 관측을 했다는 주장이 있는가 하면, 오늘날의 천문대와 같은 개방식 돔형 천문대였다는 주장도 있다. 또한 그때그때의 필요에 따라 내부 또는 정상에서 관측 활동을 할 수 있는 다목적 천문대였다는 주장도 있다. 이런 주장의 옳고 그름을 따지기 위해서는 먼저 첨성대의 구조를 살펴보아야 할 것이다.

첨성대의 구조와 실용성

먼저 첨성대의 구조를 살펴보자.

① 첨성대는 전체적으로 기단부(아래 기초 부분), 원주부(중간의 둥근 부분), 정자형 상층부의 세 부분으로 되어 있다.

② 기단부는 정사각형 상하 2단으로 되어 있으며, 한 변의 길이는 18당척(唐尺, 약 534.6센티미터. 1당척은 29.7센티미터)으로 이루어져 있다. 그

방향은 남쪽 변이 정남에서 동쪽으로 약간 틀어졌다.

③ 원주부는 모두 27단으로 되어 있으며, 높이는 8.05미터로 병 모양을 하고 있다. 중간의 창문(출입문)은 13, 14, 15단의 벽돌에 걸쳐 있으며, 한 변이 95센티미터로 정남에서 동쪽으로 16도가 돌아가 있다.

④ 아래로부터 12단까지의 내부는 잡석으로 채워져 있으며, 13단 이상은 내부가 비어 있다. 창문 아랫단 평판석에는 바깥 지상부로부터 사다리를 걸쳤다고 생각되는 홈이 양쪽에 패어 있다.

⑤ 19, 20단과 25, 26단에는 장대석이 걸쳐 있다.

⑥ 마지막 27단은 반은 평판석으로 덮여 있고 반은 그냥 비어 있는데, 이곳에 나무로 된 평판을 올려놓을 수 있도록 홈이 파져 있다.

⑦ 이와 같이 13단에서 27단까지는 속이 비어 있어서, 사다리 두 개를 중간의 장대석(19, 20단과 25, 26단)에 걸치면 사람이 아래위로 오르내릴 수 있다.

⑧ 정자형(井字形) 상층부는 가로 220센티미터, 세로 220센티미터, 높이 64센티미터로, 목판을 깔면 서거나 앉거나 누워서 하늘을 관측하기에는 충분한 공간이다.

첨성대의 이런 구조는 천문을 관측하는 데 아무런 문제가 없음을 말해준다. 첨성대가 천문 관측소가 아니라는 주장에는, 첨성대 꼭대기의 정자형 상층부에 관측기구를 설치할 수 있겠냐는 것이 있다. 그런데 앞에서 살펴본 구조 ⑧로 보아 혼천의(渾天儀) 등의 관측기구를 설치하여 사용하는 데에 아무런 문제가 없다.

출입구가 사람이 드나들기 불편하다는 주장에 대해 살펴보자. 앞의 구조

혼천의 | 천체의 운행과 그 위치를 측정하여 천문 시계의 역할을 했던 기구. 첨성대의 상층부 정자석 위에 혼천의 같은 천문 관측기구가 설치되어 있었을 것으로 추측된다. 사진의 혼천의는 18세기의 실학자 홍대용이 만들었다.

④에서 말한 대로 출입구 안쪽 아래까지 잡석이 채워져 있어 밖에서 사다리를 타고 올라가서 들어가면 바닥에 발을 디딜 수 있게 되어 있다. 그 후는 구조 ⑦에서 말한 대로 두 개의 사다리를 타고 상층부까지 오를 수 있게 되어 있다.

왜 출입구를 첨성대 아래가 아니라 중간에 설치했느냐는 주장이 있는데, 출입구를 아래에 설치한다고 위로 올라가기가 쉬워지는 것은 아니다. 오히려 첨성대 중간에서 올라가는 것이 보다 안정적일 수도 있다.

구조 ⑤를 보면 장대석을 걸친 중간층(19, 20단)이 각각 출입구(창문) 바닥으로부터 1.8미터의 높이에 있고, 그 위에 있는 제2층(25, 26단)은 제1층 위에서 1.2미터의 높이에 있다. 따라서 내부에 사다리만 놓여 있다면 위로 오르기에는 아무런 불편이 없다. 만일 출입문을 하부에 설치하고 내부 전체에 공간 통로를 만든다면 건축물 전체 구조가 허약하게 될 것이다.

왜 보다 편리하게 돌계단을 만들지 않았느냐는 질문도 있다. 그러나 이는 첨성대가 국왕이나 고위 벼슬아치들을 위한 전망대가 아니라 천문 관측을 위한 순수한 작업장이란 사실을 무시했기 때문에 나오는 의문이다.

이외에도 첨성대의 모습이 신라의 것이라기보다는 백제적이라는 이유로 백제의 장인 아비지*의 작품으로 추정하는 경우도 있지만 이를 뒷받침할 수 있는 관련 사료가 없다. 또한 원주부를 27단으로 만든 것은 선덕여왕이 신라 27대 임금이기 때문이라는 주장도 있는데, 이는 앞으로 연구해야 할 과제이다.

첨성대에 대해서는 앞으로 많은 연구가 필요할 것이다. 현재까지는 첨성대가 천문대가 아니라는 결정적인 증거가 없다. 다시 말해서 첨성대는 천문대인 것이다. 천문 관측 시설이 아니라는 결정적 자료가 나타나지 않는 한.

＊아비지(阿非知)
선덕여왕 때 신라에 가서 황룡사 9층 목탑을 세운 백제의 장인

놀라운
천문 관측술,
〈천상열차분야지도〉

일본 고분 벽화의 별 그림

1998년 3월 일본 나라현 아스카에 있는 기토라 고분의 천장에서 수많은 별들이 그려진 벽화가 발견되었다. 이 벽화는 7세기 말에서 8세기 초에 그려진 것으로 추정되는데, 이 희대의 발견에 일본 열도가 들끓었다.

지금으로부터 1,300여 년 전에 만들어진 옛 무덤에 그려진 별자리에 일본인들이 흥분하는 것은 당연했다. 옛 일본 사람들이 하늘의 별자리를 어떻게 생각했는지를 알 수 있게 해주는 귀한 자료였다. 또한 이는 옛 일본 사람들이 정교한 별자리 그림을 그릴 만큼 하늘의 질서에 대해서 알고 있었음을 나타내는 증거이기도 했다. 그러나 일본 열도의 흥분은 별자리 벽화의 진상이 알려지면서 곧 수그러들었다.

기토라 고분 벽화의 별자리 그림이 조선 개국 직후인 태조 4년(1395)에 만들어진 〈천상열차분야지도(天象列次分野之圖)〉의 별자리 그림과 너무나 흡사했기 때문이다. 7~8세기 무렵 그려진 일본의 기토라 고분 벽화의 별자리 그림이 어떻게 14세기 말 조선에서 만들어진 〈천상열차분야지도〉와 같을 수 있을까? '혹시 조선에서 일본의 고분 벽화를 베낀 것은 아닐까'라고 생각할 수도 있을 것이다. 그러나 기토라 고분 벽화가 발견된 것은 1998년이므로 조선에서 이를 베낄 수는 없다. 그러면 어떻게 된 것일까?

이 수수께끼는 〈천상열차분야지도〉가 고구려의 별자리 그림을 바탕으로 만든 것이라는 사실을 알게 되면 비로소 그 해결의 실마리를 찾게 된다. 그리고 그 실마리는 일본 학자가 명쾌하게 풀어주었다. 일본의 미야지마〔宮島〕 교수는 면밀한 컴퓨터 작업 끝에 벽화의 별자리는 고구려의 수도인 평양에서 관측한 것이라는 놀라운 사실을 알아냈다. 30여 개의 별자리에 550개의 별이 그려진 기토라 고분 벽화의 별자리 그림은 7세기 평양에서 관측된 별자리라는 것이다.

따라서 기토라 고분 벽화의 별자리 그림은 고구려가 멸망하기 직전인 7세기에 고구려인들이 직접 일본으로 건너가 그렸거나, 고구려가 멸망한 후인 8세기에 일본으로 건너간 고구려 유민이 그린 것이 분명하다.

그러면 고구려 별자리와 흡사한 조선의 〈천상열차분야지도〉는 어떻게 만들어진 것일까? 〈천상열차분야지도〉라는 어려운 이름은 '천상도', '열차도', '분야도'의 세 지도가 하나로 합쳐진 지도를 뜻한다. '천상도'는 북반구에서 육안으로 볼 수 있는 290좌(座, 별자리) 1,467개의 별을 그린 천문도이고, '열차도'는 하늘을 지상의 12개의 구역으로 나누어 나타낸 것이다.

'분야도'는 천하를 12개의 나라로 나누어 나타낸 것이다.

노인이 바친 천문도

조선에서 이 천문도를 만든 경위가 매우 재미있다. 이 천문도 제작에 직접 관여했던 권근(權近)은 자신의 시문집인 《양촌집(陽村集)》에서 이렇게 설명하고 있다.

고구려가 망할 때 천문도 석각본*이 전란으로 인해서 대동강 물에 빠져버렸다는 말이 조선 초부터 전해지고 있었다. 그런데 고구려 천문도 석각본의 인본*은 남아서 고려에 계승되었다. 조선 왕조를 세운 태조는 즉위하자마자 새로운 천문도를 갖기를 염원했다. 그런데 태조가 즉위하고 얼마 지나지 않아 그 인본을 바치는 사람이 있어 태조는 그것을 중각*하게 하였다. 그러나 서운관*에서는 그 연대가 오래되어 성도*에 오차가 생겼으므로 다시 관측해 오차를 교정하여 새 천문도를 작성하기로 했다.

* **석각본(石刻本)**
  돌에 새긴 것

* **인본(印本)**
  인쇄본

* **중각(重刻)**
  다시 돌에 새김

* **서운관(書雲觀)**
  천문 관측 기관

* **성도(星度)**
  별자리의 각도

고구려의 천문도 석각본이 있었는데, 그 원석은 고구려와 당나라의 전쟁 때 대동강에 빠졌다는 것이다. 그 후 조선 개국 초에 한 노인이 태조

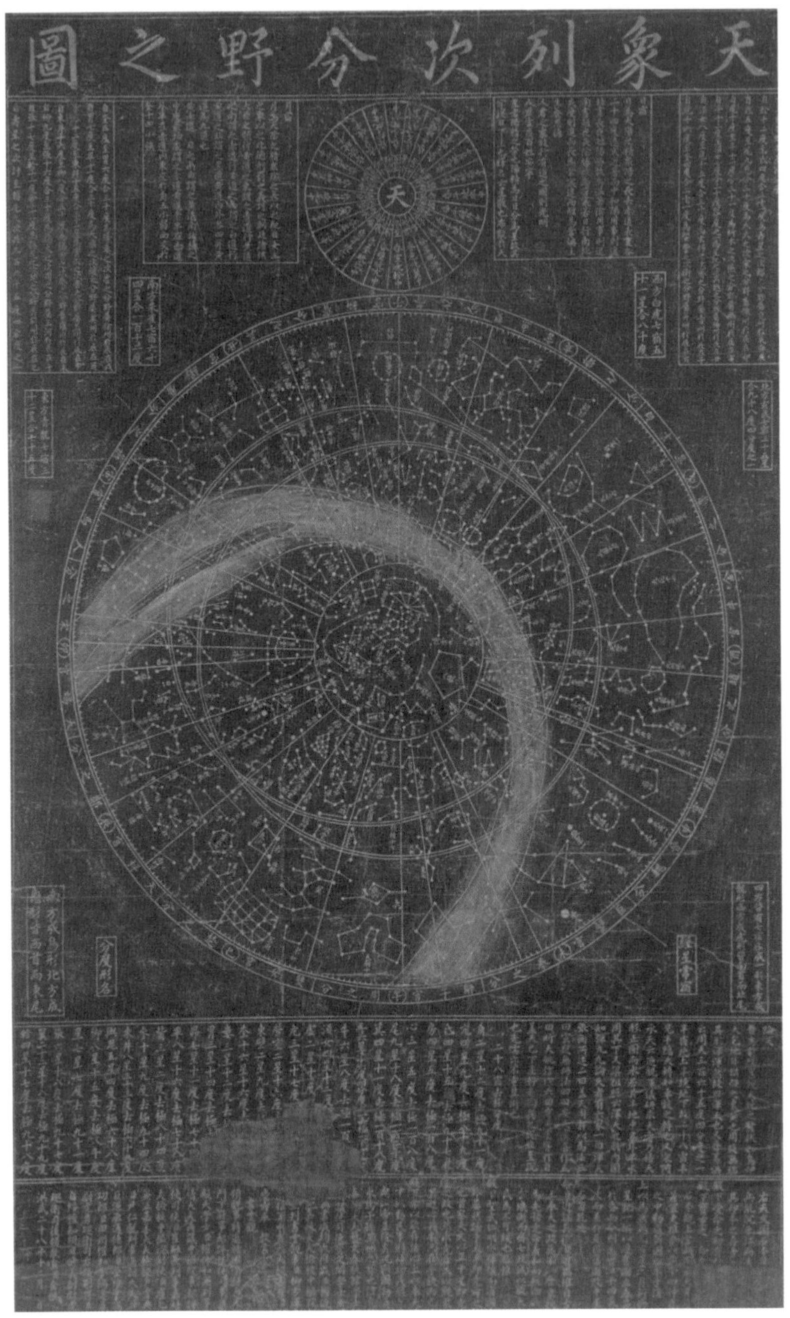

이성계에게 고구려 천문도의 인쇄본을 바쳤는데, 이를 받아본 태조는 자신에게 천명(天命)이 내린 것이라고 기뻐하면서 이를 천문도로 만들라고 명령했다.

그런데 천문도가 제작됐던 당시의 고구려와 태조가 다시 제작을 명한 14세기 후반 사이에는 오랜 세월이 흘러서 별자리 각도에 오차가 생겼으므로, 조선 초기에 맞게 수정해 천문도를 만들었다. 이것이 바로 〈천상열차분야지도〉라는 것이다. 이 천문도의 원조는 고구려인데, 같은 내용이 일본의 기토라 고분 벽화에 남아 있는 것이다.

이 별자리 그림을 통해 보면, 고구려 사람들은 4세기 무렵에 이미 1,467개나 되는 별을 관측하여, 그것들을 상대적 위치에 따라 정확히 그림으로 옮겨놓았음을 알 수 있다. 그리고 고구려 사람들은 그 별자리를 돌에 새겼는데, 그 시기에 그러한 석각(石刻) 천문도를 가진 나라는 거의 없었다.

이는 고구려 광개토태왕릉비에서 고구려의 시조 추모왕을 하늘의 아들[天子]이라고 생각한 것과 관련이 있다. 천문학은 예로부터 '제왕의 학문'으로 불렸다. 하늘이 직접 세상을 다스릴 수 없으므로 한 사람을 선정해서 세상을 다스리라는 천명(天命)을 내린다는 사상이다. 고구려는 하늘의 아들이 다스리는 나라이므로 천문학에 큰 관심을 가졌던 것이다.

또한 역대 왕조는 왕조의 운명과 앞날을 내다보기 위해서 천체의 움직임과 그 변화에 비상한 관심을 가졌다. 하늘에서 일어나는 현상이 왕조 및 왕의 운명과 직결된다고 생각했기 때문이다.

당나라는 천문에 관한 고구려 왕조의 이런 권위를 부정하기 위해 평양성을 점령한 후 별자리 석각을 대동강 물에 던졌을지도 모른다. 그러나 석각은 비록 없어졌지만, 고구려 천문학자들의 천문사상은 다행히 탁본*으로 남아 있다가 1,000년의 세월이 흐른 뒤에 조선 초의 천문학자들에게 전달된 것이다.

이처럼 우리 선조들은 천체의 움직임과 하늘에서 일어나는 여러 현상에 민감했다. 또 오랜 관측과 정확한 계산을 통해 천체의 움직임을 정확히 기록하는 학문적 전통을 세웠다.

이른 시기에 관측한 천문 관측 기록

《삼국사기》나 《삼국유사》를 보면 우리 선조들은 일찍부터 하늘의 별자리에 관심을 가졌음을 알 수 있다. 일찍이 서기전 54년 4월에 일어난 일식 현상을 기록한 것을 비롯해 일식, 월식과 혜성, 태양 흑점 등에 관한 관찰 기록을 남기고 있는 것이다. 《삼국사기》 등에 나타나는 이런 기록들은 중국과 더불어 세계에서 가장 오래된 기록 중 하나라는 점에서 우리 선조들이 하늘의 움직임에 얼마나 많은 관심을 가졌는지 알 수 있다.

삼국의 이런 전통은 고려를 거쳐 조선에 이르기까지 꾸준히 이어져왔다. 《고려사》〈천문지〉에 요약된 고려시대의 관측 기록은 그 시기 아랍인들의 천문 관측 기록과 함께 세계에서 가장 정밀한 기록으로 평가되고 있다.

고려 때의 이런 전통은 조선으로 이어졌다. 그래서 고구려 때의 천문도 인쇄본을 바탕으로 별자리의 오차를 정확히 측정, 새로운 천문도인 〈천상열차분야지도〉를 만든 것이다.

〈천상열차분야지도〉는 가로 122.8센티미터, 세로 200.9센티미터의 흑요석*에 새겼는데, 권근이 지은 글을 설경수(偰慶壽)가 쓴 것이다. 이 천문도는 대략 가로로 이등분한 선에서 지름 76센티미터의 원을 그리고 그 안에 별자리 그림을 그렸다. 원의 중심에 북극이 있고, 북극을 중심으로 적도 및 황도권을 비롯해 많은 별자리가 그려져 있다. 그림의 별은 모두 1,467개이다.

〈천상열차분야지도〉는 14세기 말 조선 천문학의 핵심을 집결한 것이지만, 보다 중요한 것은 고구려 천문도를 바탕으로 작성되었다는 점이다. 때문에 한국 고대 천문학의 높은 수준을 알 수 있게 해주는 귀중한 자료이다. 고구려에서 천문도가 만들어진 시기는 대개 4세기 후반에서 6세기 초로 추정하고 있다.

천문도 각석의 수난

조선 태조 때 제작된 〈천상열차분야지도〉 각석*은 중국에 남아 있는 송나라 때의 〈순우천문도(淳祐天文圖)〉(1247)에 이어 세계에서 두 번째로 오래된 천문도로 평가받고 있다.

그러나 이 귀중한 천문도 각석은 임진왜란으로 궁궐이 불타면서 많은 수난을 당했다. 원래 경복궁에 있던 이 천문도 각석은 경복궁이 불탄 후 그대로 방치되어 심하게 닳아버렸다. 그 후 영조가 천문도 각석이 경복궁 마당에 방치되어 있는 것을 보고 보존을 명해서 흠경각을 짓고 보관하게 되었다.

그러나 1910년 조선 왕조가 망하면서 천문도 각석을 보관했던 흠경각도 헐려 천문도 각석은 다시 이리저리 옮겨지게 된다. 그러다가 1970년대 홍릉의 세종대왕기념관 과학전시실에 보존되었다가 다시 덕수궁의 궁중 유물전시관에 보관되기까지 땅바닥을 뒹굴며 모진 세월을 견뎌야 했다.

〈천상열차분야지도〉는 1930년대에서 1950년대 들어서 루퍼스(W. C. Rufus)와 조셉 니덤(Joseph Needham) 같은 서양 학자들에 의해 높이 평가되었다. 그러나 우리나라에서는 1970년대에 들어서야 뒤늦게 연구가 시작되었고, 현재는 활발하게 연구 중에 있다.

유배지에서 꽃핀
과학정신,
정약전과 《자산어보》

정약용의 형 정약전

《목민심서(牧民心書)》로 유명한 다산 정약용(丁若鏞)의 유배지는 전남 강진이었다. 그의 형 정약전(丁若銓)의 유배지는 강진에서 망망대해를 끝없이 가야 하는 흑산도였다. 형 정약전이 유배 16년 만에 세상을 떠났다는 소식을 들은 정약용은 자신의 두 아들에게 이런 편지를 썼다.

6월 초엿샛날은 바로 어지신 둘째 형님께서 세상을 떠나신 날이다. 슬프도다! 어지신 이께서 이처럼 세상을 곤궁하게 떠나시다니. ……
외롭기 짝이 없는 이 세상에서 다만 손암(巽菴, 정약전) 선생만이 나의 지기(知己)였는데, 이제는 그분마저 잃고 말았구나. 지금부터는 학문 연구에서 비록 얻어진 것이 있다 하더라도 누구에게 상의를 해보겠느냐. 사람이 자기를 알아주는 지기가 없다면 이미 죽은 목숨보다 못한 것이다.
……

경서에 관한 240책의 내 저서를 새로 장정하여 책상 위에 보관해놓았는데, 이제 나는 불사르지 않을 수 없겠구나. 율정(栗亭)에서 헤어진 것이 이렇게 영원한 이별이 되고 말았구나. 더욱더 슬픈 일은 그 같은 큰 그릇, 큰 덕망, 심오한 학문과 정밀한 지식을 두루 갖춘 어른을 너희들이 알아 모시지 않았고, 너무 이상만 높은 분, 낡은 사상가로만 여겨 한 가닥 흠모의 뜻을 보이지 않았다는 점이다. ……

요즈음 세상에 그 고을 사또가 서울로 영전했다가 다시 그 고을에 올 때는 그 고을 백성들이 길을 막으며 거부한다는 소리는 들었어도, 귀양살이하는 사람이 다른 섬으로 옮겨가려고 하는데, 본디 있던 곳의 섬사람들이 길을 막으며 더 있어달라고 했다는 말은 우리 형님 말고는 들은 적이 없다. ……

돌아가신 선왕(정조)께서 신하들의 인품을 일일이 파악하시고, 우리 형제에 대해 말씀하시기를 "아무개는 형이 아우보다 낫다"라고 하셨다. 슬프도다. 우리 임금님만은 형님을 알아주셨느니라.

정약전은 동생 정약용의 큰 그늘에 가려 그 업적과 삶이 제대로 알려지지 않았지만, 정약용의 이 편지는 그가 형님을 얼마나 크게 여기고 있었는지를 잘 보여준다. 정약전은 정약용만큼 많은 저서를 남기지 못했지만, 《자산어보(玆山魚譜)》라는 어류학(魚類學) 사전을 지었다.

《자산어보》는 정약전이 유배 생활 중에 쓴 책이다. 먼 바다 외딴 흑산도에서 유배 생활을 하며 바다 속을 노니는 물고기를 비롯해서 여러 바다 생물들의 생태를 관찰해서 기록한 것이다. 육지에서 아주 멀리 떨어진 곳에 유배된 절박한 상황 속에서도 좌절하지 않고 세상을 사랑했던 한 지식인이 남긴 귀중한 유산이다.

정약전(1758~1816)은 경기도 마재에서 아버지 정재원과 어머니 해남 윤씨 사이에서 태어났다. 33세 되던 정조 14년(1790) 여름, 증광별시에 급제하여 승정원 부정자(副正字)가 되었다. 이때만 해도 자신의 인생이 16년간의 유배 생활로 끝날 줄은 예상하지 못했을 것이다.

정조 21년(1797) 가을, 정약용이 곡산부사로 나갔을 무렵 정약전은 병조좌랑이라는 중요한 직책을 맡았다. 그의 나이 40세 되던 때의 일이다. 그러나 1800년 정조가 정적들에게 독살되었다는 소문과 함께 갑자기 승하하면서, 정약전 형제의 인생에 짙은 그늘이 드리운다.

정조의 반대파, 즉 정조를 독살했다는 의심을 받는 노론(老論)이라는 당파는 그 이듬해 천주교 신자를 역적죄로 다스리는 신유사옥(辛酉邪獄, 신유박해라고도 함)을 일으켰다. 정조 때 성장했던 정약용 형제를 비롯해서 이가환, 이승훈 등의 남인들이 한때 모두 천주교를 믿었기 때문에, 이들을 제거하기 위해서 천주교를 이용한 것이었다.

정약용은 정약전이 죽자 그의 묘지명에 "일찍이 이벽에게 신교(천주교)의 학설을 듣고서 흔연히 기뻐하였다. 그러나 깊이 믿지는 않았다"라고 적었다. 이 당시 천주교는 서양에서 왔다는 이유로 서학(西學)이라고 불렸는데, 새로운 학문이라서 기뻐했지만 천주교 신자는 아니었다는 것이다.

실제로 1801년의 이 신유사옥으로 정약전의 집안은 큰 어려움을 겪게

배론 성지와 토굴 | 조선 후기의 천주교 신자 황사영은 1801년 신유박해(신유사옥) 때 충북 제천시 배론의 산중 토굴 속에서 '황사영 백서'를 썼다.

된다. 정약전·정약종·정약용은 모두 부모님이 같은 동복(同腹)형제인데, 정약종은 천주교 신자로 몰려 목숨을 잃었고, 정약전과 정약용은 각각 전라도 강진현 신지도와 경상도 장기현으로 유배당했다. 이것으로 끝이 아니었다.

노론의 주도로 천주교 신자에 대한 탄압 사건이 일어나자, 천주교 신자였던 황사영(黃嗣永)은 충북 제천의 배론에 숨어서 북경에 있는 구베아 주교에게 신유사옥의 과정과 그 대응책을 전하는 편지를 썼다. 그러나 편지를 전달하기 전에 체포되어 사형당하는데, 이를 '황사영 백서(帛書) 사건'이라고 한다. 이 사건으로 황사영이 체포되자, 정약용 형제는 유배지에서 다시 서울로 압송되어 조사를 받았다. 황사영이 정약용의 이복* 맏형 정약현의 사위였기 때문이다.

정약전과 정약용은 황사영과는 무관하다는 사실이 밝혀져서, 겨우 목숨을 건지고 다시 유배형에 처해졌다. 형제는 전남 나주읍 북쪽 5리 율정점(栗亭店)에서 서로 헤어져 각자의 유배지로 가야 했다. 이때의 모습을 정약용은 이렇게 읊고 있다.

띠로 이은 주막집, 새벽 등잔불이 푸르스름 꺼지려 해
잠자리에서 일어나 샛별을 바라보니 이별할 일 참담해라
그리운 정 가슴에 품은 채 묵묵히 두 사람 말을 잃어
억지로 말을 꺼내니 목이 메어 오열이 터지네.

이것이 두 형제에게는 영영 이별이었다. 정약전은 이복, 동복 4형제 중 유독 정약용과 일찍부터 친하게 지냈다. 정약용은 강진의 유배지에서 책을 쓸 때마다 매번 정약전에게 보내서 의견을 물었고, 형은 일일이 자신의 의견을 전해왔다. 그 내용들을 보면 정약전의 학문이 동생에 비해 전혀 떨어지지 않는다는 사실을 알 수 있다.

두 형제의 우애는 남해 바다를 사이에 둔 유배지에서 더욱 깊어갔다. 정약용은 다산초당(茶山草堂) 뒤의 산길을 걸으면서 푸른 남해 바다를 보며 멀리 흑산도의 형을 그리워했다. 마침내 유배 14년 만에 정약용이 귀양에

다산초당 | 강진으로 유배된 정약용은 18년 동안의 귀양살이 중 10여 년을 다산초당에서 생활하면서 《목민심서》 등을 집필했다. 그는 흑산도로 유배된 형 정약전과 편지를 주고받으며 형제간의 끈끈한 우애를 나눴다.

서 풀린다는 소문이 흑산도에까지 들렸다. 정약전은 동생이 자신을 찾아 올 것이라고 생각해 흑산도에서 그 앞 우이도로 옮기려 했다. 우이도도 흑산도로 불렸기 때문에 우이도로 옮기는 것은 유배지 이탈이 아니었다. 이 때의 일을 정약용은 정약전의 묘지명에 이렇게 적고 있다.

공(정약전)이 바다 가운데로 돌아온 때부터는 더욱 술을 많이 마셨는데, 상스러운 어부들이나 천한 사람들과 패거리가 되어 친하게 지내며, 귀한 신분으로서 교만 같은 것을 부리지 않았기 때문에 섬사람들이 더욱 기뻐하여 서로 싸우면서까지 자기 집에만 있어달라고 하였다. 그러는 동안 우이도에서 흑산도에 들어가 살았다.
내가 귀양에서 풀리리라는 소식을 듣고 "차마 내 아우로 하여금 바다를 두 번이나 건너 나를 보러 오게 할 수는 없지 않은가. 내가 마땅히 우이도에 나가서 기다려야 되겠다"라고 말하고 우이도로 돌아가려고 하였는데, 흑산도 사람들 중에 말깨나 하는 사람들이 모두 일어나 공을 붙들고 떠나지 못하게 하였다.

정약전은 귀양에서 막 풀린 동생이 강진에서 우이도로, 그리고 다시 흑산도로 두 번 바다를 건너게 할 수는 없다는 생각에서 흑산도보다 육지에 조금 가까운 우이도로 이사하려고 했다. 그러나 정약용이 귀양에서 풀린다는 소문은 헛소문이었고, 3년 후 정약전은 유배 16년 만에 세상을 떠나고 만다.

정약전의 귀양 생활이 어떠했는지는 정확하게 알 수 없지만, 바다 건너 외딴섬에서 고향에 남겨두었던 사랑하는 외아들 학초(學樵)의 죽음 소식까지 들어야 했던 심정은 짐작할 만하다. 하지만 그는 그러한 심정을 토로하는 단 한 편의 글조차 남기지 않고 대신 《자산어보》를 남겼다.

실학정신의 꽃, 《자산어보》

정약전은 《자산어보》의 서두에 이렇게 적고 있다.

자산은 흑산이다. 나는 흑산에 유배되어 있어서 흑산이 무서웠다. 집안 사람들의 편지에서는 '흑산'을 빈번히 자산이라 쓰고 있었다. 자(玆)는 흑(黑)자와 같다. 자산의 바다 속 어족은 매우 풍부하지만, 그 이름이 알려진 것이 적다. 마땅히 박물학자들은 살펴보아야 할 곳이다.

《자산어보》 | 1814년(순조 14) 정약전이 저술한 어류학 책. 정약전은 흑산도에 귀양 가 있는 동안 흑산도 주변 바다의 수산물을 조사·채집·분류하여 이 책을 펴냈다.

정약전은 《자산어보》를 통해, 바다 생물들을 인류(鱗類), 무린류(無鱗類), 개류(介類), 잡류(雜類) 등 4종류로 나누었다. 물고기를 비늘이 있는 것(인류)과 없는 것(무린류)으로 나누고, 게나 새우 등과 같이 껍데기가 단단한 것(개류)들과 기타 바닷새나 해초(잡류) 등으로 구분하여 서술한 것이다. 그리고 다시 비늘 있는 것들을 21조목으로 나누어 모두 71종류의 생선을 조사·정리했으며, 비늘 없는 것들은 19조목으로 나누어 43종류의 어류를 정리했다. 그리고 개류는 12조목에 66종류, 잡류는 4조목에 44종류를 조사했다.

《자산어보》는 세밀하고 철저한 관찰과 치밀한 고증을 바탕으로 저술된 책이다. 정약전은 이 책의 서문에서 사람들의 생활에 실질적인 도움을 주는 것이 책을 쓰는 목적이라고 밝혔다. 당시 성리학자들이 즐기던 허황된 공리공담*이 아니라 사람의 생활에 도움을 주려는 실학정신으로 쓴 저서인 것이다.

정약전은 또 서문에서 이 책을 쓰기 위해 섬 사람들을 널리 만나보았으나, 사람마다 설명이 달라 어느 말을 믿어야 좋을지 몰랐다고 적었다. 다만 그 섬에 사는 장덕순(張德順)이라는 사람의

* 공리공담(空理空談)
아무 소용이 없는 헛된 말

도움으로 물고기 연구를 계속할 수가 있었다면서, 장덕순은 성격이 치밀하면서도 그곳의 생물들에 대하여 많은 지식을 갖고 있어서 책을 쓰는 데 큰 힘이 되었다고 썼다. 장덕순이 양반 신분도 아니었는데, 정약전은 그의 도움을 받았다고 솔직하게 적어서 장덕순의 이름까지 전하게 한 것이다.

《자산어보》는 정약전의 관찰에 현지인 장덕순의 증언을 보태어 실증적으로 지어진 해양생태 백과사전인 것이다. 뛰어난 생태학적 가치를 가지고 있는 《자산어보》는 앞으로 더욱 깊이 연구되어야 할 우리의 귀중한 문화유산인데, 유배지라는 열악한 환경에서 지어졌다는 점이 책의 가치를 한층 값지게 한다. 그야말로 인간 승리의 기록인 것이다.

정약전은 《자산어보》 외에도 몇 권의 저서를 더 지었다. 정약용은 "(정약전이) 《논어난(論語難)》 2권, 《동역(東易)》 1권, 《자산어보》 2권, 《송정사의(松政私議)》 1권을 지었는데, 모두 귀양 살던 바다 가운데서 지으신 것이다"라고 썼다. 한 인간이 감당하기 쉽지 않은 외딴섬에서의 유배 생활을 정약전은 학문에 대한 열정으로 이겨냈던 것이다.

최무선과
화약 무기의 발명

일급비밀이었던 화약 제조술

지금도 중국인들은 추석이나 설날 같은 명절 때면 대대적인 폭죽놀이를 즐긴다. 약 10세기쯤 중국에서 화약이 발명되면서 시작된 이 놀이는 무려 1,000년 이상이나 지속된 것이다.

우리나라에서는 최무선(崔茂宣, 1325~1395)이 화약을 발명한 것으로 알려져 있지만, 최무선은 화약을 발명한 것이 아니라 중국이 갖고 있던 화약 제조 기술을 습득하고 발전시켜 왜구를 물리치는 데 사용한 인물이다.

우리나라에 화약이 전래된 것은 고려 말인 14세기 전반 원(元)나라 때였다. 《고려사》 〈공민왕(恭愍王)〉 조에는 "높은 벼슬아치들이 모여서 무기를 검열하고 남쪽 언덕에서 총통(銃筒)을 발사하니 그 화살이 순천사(順天寺) 남쪽까지 날아가 땅에 떨어져 깊이 박혔다"는 기록이 있다. 총통을 발사했다는 데서 고려인들이 화약 무기를 사용했음을 알 수 있는데, 이 총통은 원나라에서 들여온 것으로 그 위력이 대단했다.

당시 왜구 때문에 많은 고통을 겪고 있던 고려는 화약으로 왜구를 물리치기 위해 그 제조 비법을 알아내려 했다. 그러나 화약을 만드는 비법은 오늘날의 핵무기 제조 기법 이상의 최첨단 군사 기술로서 극비에 부쳐져 해외 유출이 금지되었다. 원나라는 당시 부마국*이었던 고려에 약간의 화약과 무기는 주었으나, 그 생산 기술까지 가르쳐주지는 않았다.

*부마국(駙馬國)
　원나라의 '사위의 나라'라는 뜻

명나라 태조 주원장(朱元璋, 1328~1398)은 고려 공민왕 17년(1368) 지금의 남경(南京)을 수도로 명나라를 세웠다. 주원장이 대도(大都)라고 불렸던 북경을 점령하자 원나라는 북쪽으로 쫓겨났다. 그러나 각 지역은 아직도 원나라 출신 벼슬아치들이 장악하고 있었는데, 공민왕은 재위 22년(1373) 11월, 명나라에 사신을 보내 화약을 나누어줄 것을 요청했다. 《고려사》에는 공민왕 22년에 명나라에 보낸 국서 내용이 기록되어 있다.

왜적이 수시로 내왕하면서 침범한 지가 이미 20여 년입니다. …… 근년에 이르러 적들의 기세가 더욱 치열해졌으므로 바다에 나가서 이들을 추격, 체포하여 백성의 화근을 근절하기 위해 관원을 파견해서 선박을 건조하고 있습니다. 그 배에 사용할 기계·화약·유황·염초 등의 물품을 입수할 곳이 없으므로, 이제 중국 조정에 청하여 분양받아서 이 용도에 충당하려고 생각합니다.

그러나 명나라는 이러한 고려의 요청을 냉담하게 거부했다.

왜적 나포선을 건조하기 위하여 소용되는 기계·화약·유황·염초 등 물품의 분양을 신청한 공문을 접수하였다. 그러나 고려국이 건조한 왜적 나포선이 바다에 나가서 작전할 수 있으리라는 확신을 가질 수 없다. 또한 중국이 화약·염초와 유황을 많이 저장하고 있지만 사용하는 양도 역시 많다. 그러니 어찌 중국으로서 외국을 도와줄 도리가 있겠는가.

이처럼 고려의 요구를 거절했던 명나라였지만, 자신들도 왜구 때문에 골치를 앓고 있었으므로 명 태조는 화약을 나누어주라는 특별 지시를 내린다.《고려사》에는 명 태조가 허락하는 답변이 기록되어 있다.

고려가 배를 만들어 왜적을 잡는다 하니 내가 보건대 심히 기쁜 일이다. …… 빨리 문서를 보내 고려에서 망초 50만 근을 모으면 유황 10만 근을 장만할 수 있으니 그렇게 말하라. 그러면 필요한 다른 약품을 조합하여 그곳에 보내어주어라.

명 태조의 이런 지시로 고려는 화약을 구입할 수 있었다. 그러나 여전히 화약 제조 비법은 알 수 없었다. 명나라의 일급비밀이었기 때문이다.

화약의 제조 비법을 터득한 최무선

화약의 재료는 초석·유황·분탄이다. 그중 유황과 분탄은 쉽게 구할 수 있지만, 화약을 만들 때 꼭 필요한 초석은 구하기 어려운 재료이다. 초석은 다른 말로 염초라고 하는데, 오늘날의 질산칼륨으로 당시에는 만들기가 쉽지 않은 물질이었다.

고려 말의 무관 최무선은 왜구의 노략질을 막기 위해서는 화약과 화포가 반드시 필요하다고 생각했다. 명나라에서 제조 비법을 가르쳐주지 않자 이를 직접 만들기로 결심했다. 그는 화약의 재료 가운데 다른 것은 구할 수 있었으나 초석만은 구하지 못해 애를 먹던 도중 중국 강남 지방에서 온 기술자 이원(李元)을 만나게 되었다. 그런데 이원이 초석 제조법을 알고 있었다. 최무선은 그를 극진히 대접한 끝에 마침내 염초 만드는 기술인 '염초자취술(焰硝煮取術)'을 익히게 되었다.

드디어 당시 최첨단 기술인 화약 제조 비법을 터득하게 된 것이다. 이때 그가 배운 초석 제조법은 흙으로부터 추출하는 것이었다. 비로소 그 방법을 습득한 최무선은 조정에 화약과 화포의 제조를 여러 번 건의했으나, 조정에서는 웬일인지 과거와는 달리 선뜻 화약을 만들려고 하지 않았다.

그러나 최무선의 끈질긴 노력으로 마침내 우왕 3년(1377) 10월에 화약과 그 무기를 만드는 화통도감(火筒都監)이 설치되었다. 이듬해에는 화기 발사 전문 부대인 화통방사군(火筒放射軍)이 조직되어 체계를 갖추게 되었다. 화통도감과 화통방사군이 발족되면서 화약과 각종 화약 무기가 활발하게 만들어졌다.

이때 화통도감에서 제조된 화약 무기들은 대장군포·이장군포 같은 중

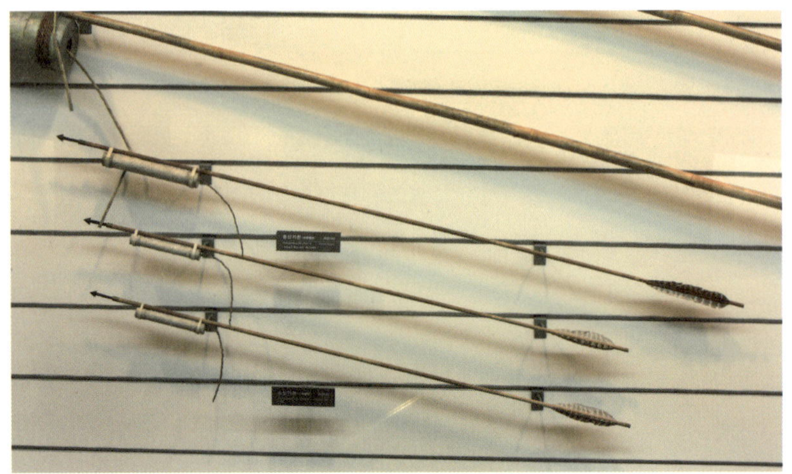

신기전 | 고려 말 최무선이 개발한 '주화'를 개량하여 1448년 세종 때 만든 로켓 추진 화살이다.

화기를 포함해 20여 종에 이르렀다. 화전(火箭)·철령전(鐵翎箭) 등의 발사물과 주화(走火)라고 하는 로켓 무기도 이때 만들어졌다. 또한 과거에는 활만 쏘던 전선(戰船)에도 화포를 설치했다. 화포를 장착한 고려 군선(軍船)은 이전과는 비교할 수 없는 전력을 갖게 되었다.

고려 우왕 6년(1380)에 500여 척의 대선단을 이끈 왜구가 금강 하구인 진포(오늘의 군산)에 나타났다. 이들이 약탈하려고 할 때 고려의 도원수 나세(羅世), 부원수 심덕부(沈德符), 최무선 등은 각종 화기로 무장한 전선 100척을 이끌고 왜구를 공격했다. 왜구들은 화포를 장착한 고려 군선들의 달라진 모습에 속수무책으로 당할 수밖에 없었다.

그런데 이때 제조된 초기의 화포들은 탄환을 직접 쏘아 적을 살상하거나 목표물을 파괴하는 방식이 아니었다. 화전, 즉 불화살 등을 쏘아 목표물을 불태우는 화공(火攻)이 주된 공격 방법이었다. 이런 화포에 대해서도 조선 《태조실록》에 "보는 사람이 다 경탄해 마지않았다"고 기록할 정도로 당시로서는 대단한 위력의 무기였던 것이다.

최무선은 이런 공 때문에 벼슬이 지문하부사(知門下府事)까지 오른다. 그는 고려가 멸망한 후 조선 태조 4년(1395)까지 살았다. 최무선이 죽자 태조 이성계는 정1품 의정부 우정승 및 영성부 원군에 추증*했다. 화약과 화포에 대한 그의 공을 높이 사서 정1품이라는 최고 관직을 준 것이다. 일설에는 최무선이 화약과 화포의 제작 기술을 배우기 위해 중국에도 갔었다고 하는데, 현재 그런 사실이 기록되어 있는 문헌은 찾아볼 수 없다.

화약 제조법의 계승

최무선은 생전에 화약 제조법을 후세에 전하기 위해 《화약수련법(火藥修鍊法)》과 《화포법(火砲法)》 등의 저술을 남겼다. 이 책들은 지금은 전해지지 않지만 그 기술만은 그의 아들 최해산(崔海山)과 손자 최공손(崔功孫)에 의해 계승되었다.

화약수련법을 전수받은 최해산은 태종 즉위년(1401)에 젊은 나이로 군기시(軍器寺)에 등용되었다가, 1409년에는 군기감승(軍器監丞)에 올라 그 해 10월 국왕이 참석한 가운데 화차를 만들어 시험 발사에 성공했다. 또한 세종 6년(1424) 12월에도 군기판사로서 왕을 모시고 화포 발사 연습을 주관했는데, 기술자를 우대하는 세종의 두터운 신임을 받았다고 전한다.

화약은 마치 최무선 일가의 가학*처럼 전해졌다. 최무선 일가의 이런 노력은 고려조에 이어 조선조를 통해 계승되었고, 그 덕분에 조선 중기 인조 때의 정치가 이서(李曙)는 대량 화약 제조법이 기술된 《신전자취염초방(新傳煮取焰硝方)》이란 책을 저술할 수 있었다.

우리나라는 비록 중국에서 화약 제조 기술을 배우기는 했지만, 끊임없는 기술 개발로 우수한 화약과 화포를 보유할 수 있게 되었다. 임진왜란 때에 사용되었던 각종 화포들도 이러한 기술 개발로 이루어낸 훌륭한 무기들이다.

천하제일의 비색,
고려청자

만들기 어려운 청자

청자란 점토로 그 모습을 만들고 섭씨 700~800도에서 구워낸 후, 그 위에 다시 철분이 포함된 장석질의 유약을 입혀 섭씨 1,300~1,350도의 높은 온도에서 구워낸 자기를 말한다. 이런 청자를 만들기 위해서는 몇 가지 중요한 기술을 갖고 있어야 한다.

우선 섭씨 1,000도 이상의 온도를 이용해 단단하고 굳은 토기를 구워내는 기술이 있어야 한다. 여기에다 높은 온도에서 녹는 잿물 유약(회유灰釉)을 능숙하게 사용할 수 있어야 청자를 만들 수 있다. 그러나 이런 기술은 결코 쉬운 것이 아니다.

굽는 온도가 섭씨 1,000도를 넘으면 흙 속에 섞여 있던 규사 성분이 땔감으로 사용한 나뭇재와 서로 결합하면서 유약을 만들어내는데, 이를 자연유 현상이라 한다. 바로 이 점에 착안하여 인공적인 잿물을 만들고, 이를 입혀 구워낸 것이 잿물 유약 도기, 즉 '회유 도기'이다.

청자를 가장 먼저 만든 나라는 중국이다. 중국에서 재를 유약으로 사용한 회유 도기는 고대 은나라 때부터 만들었는데, 이 기술이 발전을 거듭하여 4세기 이후에는 청자를 만들 수 있게 되었다. 이후 5대*·송에 이르면 세련된 청자를 완성시키게 되어 월주요*·요주요(耀州窯)·남송관요(南宋官窯)·용천요(龍泉窯) 등의 유명한 도자기 생산지들이 나타나게 된다.

우리나라에서도 일찍부터 도기를 만들어왔다. 삼국시대부터 섭씨 1,000도 내외의 높은 온도를 사용하는 단단한 도기를 굽기 시작해 실생활에서 사용했다. 통일신라시대인 9세기 말경에는 중국의 월주요에서 생산된 청자가 수입되었는데, 이후 국내에서도 서·남해안을 중심으로 자기 굽는 가마가 만들어지고 청자가 생산되기 시작했다.

장보고가 청해진을 만들어 해상을 장악하고, 중국과의 해상 교류가 활발해지면서 청자가 생산되기 시작했다. 청자는 고가품이므로 아무나 사용할 수 없었다. 고려에서 청자를 구입했던 사람들은 이 무렵 세력을 확장한 지방 호족들과 불교의 한 종파인 선종의 승려들이었다. 승려들은 당시 왕실 및 귀족들과 가깝게 지냈는데, 차(茶) 문화를 발달시키기도 했다.

중국보다 뛰어났던 고려청자

삼국시대부터 만들기 시작한 한국의 청자는 고려시대에 들어서 더욱 발달

한다. 이는 귀족 문화의 발달과 장인정신의 결합이었다. 고려자기는 황록

색·황갈색의 자기도 있지만, 비색*의 청자가 가장

아름답고 뛰어나다. 비색의 특징은 우선 맑고 선

명하며, 깨끗하고 윤기가 도는 것이다.

* 비색(翡色)
  녹색에 가까운 빛깔

청자의 비색은 흔히 우리나라의 가을 하늘이나 비 온 뒤 맑게 갠 푸른 하늘, 혹은 깊은 산중에 흐르는 푸른 물빛, 금강산 계곡 등에 고인 맑은 물빛 등에 비유되어왔다.

이런 고려자기는 일찍부터 중국에 알려졌다. 송의 사신 서긍(徐兢)은 고려 인종 원년(1123) 한 달간 개경에 머물다가 귀국한 후 황제에게 《선화봉사고려도경(宣和奉使高麗圖經)》이란 책을 바쳤는데, 여기에는 고려청자(高麗靑瓷)에 대한 기록이 있다.

> 그릇은 금이나 은으로 도금한 것이 많고 청자는 값진 것으로 여긴다. …… 고려인이 만든 청자의 색을 비색이라고 하는데, 근년에 들어와 제작이 공교*해지고 광택이 더욱 아름다워졌다.

서긍의 이 기록처럼 고려에서 만든 비색 청자는 중국인들에게 동경의 대상이 된다. 송나라 태평노인이 쓴 《수중금(袖中錦)》에는 "중국 건주의 차, 촉 지방의 비단, 정요(定窯)백자, 절강의 차, 그리고 고려 비색은 모두 천하제일로서, 다른 곳에서 따라 만들려고 해도 도저히 할 수 없는 것들이다"라는 기록이 있다.

북송시대 말, 중국의 상류사회에서 천하제일 10가지를 뽑는 가운데, 우리보다 먼저 만들기 시작했던 중국 청자를 제치고 '고려 비색'을 담고 있는 고려청자가 선정되기도 했다.

동양 도자기의 전문가로 꼽히는 영국인 윌리엄 하니는 고려청자에 대해서 이렇게 찬탄했다.

최고의 고려 도자기는 독창적일 뿐만 아니라 세상에서 지금까지 만든
것 가운데서 가장 우아하며 꾸밈새가 없다. …… 고려 도자기는 중국인
조차 도달하지 못했던 높은 경지에 이른 것이다.

고려자기는 색깔뿐만 아니라 그 모양도 다양하고 독창적이다. 잔, 병, 사
발, 접시, 주전자, 단지, 화분, 향로, 화로, 화장함, 연적, 벼루, 붓꽂이 등 여러
가지 용도로 만들었으며, 같은 종류라 해도 그 모양이 매우 다양하다. 무늬
도 인물, 동물, 식물, 자연을 다양하게 형상화했을 뿐만 아니라 글자 무늬
와 형이상학적인 상징적 무늬도 있다. 이처럼 다양한 모양에, 다양하고 독
창적인 무늬를 넣을 수 있었던 것은 이를 자유자재로 다룰 수 있는 기술이
있었기 때문이다.

청자를 만드는 기본적인 공정은 일반 도자기를 만드는 방법과 같다. 첫
째가 흙을 선택하는 것이고, 둘째가 그 흙으로 원하는 모양을 만드는 성형
(成形)이며, 셋째가 가마에서 굽는 것이다.

도자기의 재료가 되는 흙에는 두 가지 종류가 있다. 첫째는 장석(長石)이
분해되어 생긴 고령토이며, 둘째는 철분이 함유된 고운 진흙이다. 이 흙을
어떻게 빚어내는가에 따라서 도자기의 우열이 갈린다.

흙을 고른 다음에는 이를 원하는 모양으로 만드는 성형의 과정을 거치
는데, 우리나라 도공들은 예부터 발로 돌리는 물레를 잘 썼다. 발로 돌리는
물레는 두 손이 자유롭기 때문에 손으로 돌리는 물레보다 편리할 뿐만 아
니라 다양한 모양을 만들 수 있다. 이렇듯 성형의 과정을 거치면 가마에서
구워내야 한다.

이 가마에도 한국인의 특색이 나타나는데, 중국에서는 보기 어려운 '등

발로 물레를 돌리며 도기를 성형하는 도공의 모습 | 발로 물레를 돌리면 두 손이 자유로워 보다 다양한 모양을 만들 수 있다.

요(䯼窯)'라는 터널식 가마가 그 것이다. 불은 산화염(겉불꽃)과 환원염(속불꽃)의 두 종류가 있 는데, 등요에서 불을 어떻게 조 절하느냐에 따라 산화염도 되 고, 환원염도 된다. 이 두 종류 불의 성질에 따라 도자기의 색 이 변하는데, 고려 도공들은 이 불을 마음대로 조 절할 수 있었기 때문에 우수한 청자를 만들 수 있 었다.

* **바탕흙**
질그릇이나 도자기의 밑감이 되 는 흙. 태토(胎土)라고도 한다.

훌륭한 청자를 만들려면 여기에 유약을 사용하는 기술이 더해져야 한 다. 낮은 온도에서 녹는 연유(鉛釉)부터 높은 온도에서 녹는 회유까지 자 유롭게 사용할 수 있어야 좋은 자기가 생산되는 것이다. 청자는 유약과 바 탕흙*에 포함된 적은 양의 산화철이 환원해 생긴 푸른색의 자기이다.

고려의 청자 기술은 12세기 전반에 절정에 달한다. 유약을 입히는 기술 이 대단히 세련됐기 때문이다. 조사해본 결과 유약의 두께가 놀라울 정도 로 일정했다. 이는 중국 청자가 유약을 두껍게 발라 투박하게 보이는 것과 대조적이다.

여기에 고려청자를 더욱 빛나게 한 상감(象嵌) 기술이 개발되었다. 상감이란 쉽게 말해서 그릇의 표면에 무늬를 파고 그 속에 흰 흙 또는 검은 흙을 메우는 기술을 뜻한다. 즉, 청자의 푸른 바탕에 백색과 흑색 무늬를 장식하는 기술이다.

상감 기술은 금속과 나전칠기*에서는 이미 보편화된 기법이었지만, 자기에 사용한 것은 고려청자가 처음이다. 상감청자는 세계 도자기 역사에서 고려만이 지녔던 독창적인 기술로 인정되고 있는데, 고려 도공들은 상감 기법을 사용해 비색의 청자 위를 날아가는 학의 모습과 청초한 국화, 구름 등을 표현했다.

최근에는 우리 조상의 얼이 담긴 신비로운 고려청자의 비색을 재현하려는 움직임이 활발하게 진행되고 있다. 그러나 엄밀한 고증과 현대 과학기술을 총동원해도 고려청자의 비색을 완벽하게 재현하기는 힘들다는 것이 전문가들의 한결같은 지적이다. 1,000년의 세월이 지나도 고려청자의 비색은 그 비밀의 문을 열지 않고 있는 것이다.

일본의 도자기 약탈

임진왜란을 '도자기 전쟁'이라고 말하는 이들이 있다. 일본의 도자기 기술은 임진왜란 때까지만 해도 한국이나 중국에 비해 비교할 수 없을 정도로 매우 뒤처져 있었다. 그래서 일본은 오래전부터 우리나라의 도자기를 수입해갔다.

고려시대에 수출된 '이도'라는 찻잔 1개가 쌀 1만 석에 팔렸다는 말이 있을 정도로, 일본인들은 고려 찻잔 하나 가지는 것이 평생의 소원이었다. 임진왜란 때 일본이 조선의 유명한 도공들을 일본으로 데려간 것은 이 때문이다.

구한말부터 일제 강점기에는 무수히 많은 청자들이 일본으로 빼돌려졌다. 여기에는 일확천금을 꿈꾸는 일본인 골동상과 도굴꾼뿐만 아니라 일본의 고위층들도 조직적으로 개입되어 있었다. 고려의 수도인 개성 일원의 왕릉을 포함한 고분들이 닥치는 대로 파헤쳐지기 시작한 것도 이때부터였다. 한국 침략의 원흉인 이토 히로부미〔伊藤博文〕가 일본 천황과 귀족들에게 선물한다고 수천 점의 고려청자를 일본으로 실어간 것은 이미 잘 알려진 사실이다.

일본인들의 이런 도굴 때문에 고려청자는 거의 자취를 감추게 되었다. 1916년에 강화도의 고려 고분을 조사하러 갔던 일본의 식민사학자 이마니시 류〔今西龍〕조차도 "자고로 조선인은 그 조상의 묘에 손을 대는 법이 없는데, 질 나쁜 일본인들이 남의 나라 조상의 무덤을 비정하게 도굴하였다"라고 기록에 남길 정도였다.

전문가들에 의하면 현재 세상에 나와 있는 고려청자의 90퍼센트 이상이 도굴품인데, 대부분 이 무렵에 도굴되었다는 것이다. 일제 강점기 이전까지 한국에서는 무덤을 고의적으로 파헤친다는 것은 상상도 못했기 때문에, 이 도굴품들은 대부분 일본인 도굴꾼들의 짓이다.

고려시대에 절정에 달했던 청자는 조선 전기까지 제작되다가 점차 백자에 그 자리를 내주었지만, 현재까지도 세계 최고의 도자기로 평가받고 있다.

천상의 울림,
성덕대왕신종

종소리 경연 대회

일찍이 일본의 한 방송사에서 세계적으로 유명한 종들의 소리를 모두 녹음해 종소리 경연 대회를 연 적이 있었다. 세계 각국에서 자랑하는 유명한 종들 가운데 가장 훌륭한 소리를 내는 종을 가려내기 위한 것이었다.

이 대회에서 단연 높은 평가를 받은 것은 신라의 '성덕대왕신종(聖德大王神鐘)'이었다. 성덕대왕신종은 한때 봉덕사에 봉안되었다는 이유로 '봉덕사신종', 또는 이 종을 만들 때의 전설에 따라 '에밀레종'이라고도 한다. 그 높이는 3.7미터, 둘레는 7미터이고, 무게는 20톤이 넘는 큰 종이다.

종소리는 다른 소리와 달리 그 울림을 듣는 사람의 마음에 따라 여러 가지로 들릴 수 있다. 웅장한 소리로도 들리고, 애잔한 소리로도 들릴 만큼 그 감정의 폭이 넓다.

성덕대왕신종은 소리만 아름다운 것이 아니라, 연화좌 위에 무릎 꿇고 공양하는 비천상이 새겨져 있는 겉모양까지 그 어느 종도 따라오지 못할 정도로 아름답다.

이 종이 에밀레종이라는 별칭을 얻게 된 데에는 다음과 같은 애달픈 전설이 있다.

이 종을 만들려고 여러 번 시도하였으나 번번이 실패하여 걱정을 하고 있는 중이었다. 하루는 스님 한 분이 어떤 가난한 여인의 집에 찾아와서 종을 만드는 데 보시*를 해달라고 했다. 그러나 이 여인은 너무나도 가난하여 아무것도 보시할 물건이 없어서 어린아이를 가리키며 "이 아이라도 데려가시오!"라고 무심코 말했다. 그래서 그 스님은 여인의 아이를 데려가게 되었고, 종을 만들 때 이 아이를 끓는 쇳물 속에 던져넣었다. 그러자 이번에는 성공적으로 종이 만들어졌다. 그러나 종을 칠 때마다 아이의 영혼이 살아 있는 듯 그 여운의 소리가 "에밀레~ 에밀레~" 하고 울었다. '에밀레라', 즉 '어미 탓으로'라고 운다는 뜻이다.

> *보시(布施)
> 자비심으로 남에게 재물이나 불법을 베풂

이러한 전설 때문에 성덕대왕신종은 에밀레종이라는 별칭으로 더 많이 알려졌다. 훗날 사람의 뼈 속에 들어 있는 인을 섞으면 종소리가 좋아진다는 사실이 밝혀져서, 어린아이의 뼈에 들어 있는 인 성분 때문인 것으로 해석하기도 했다. 그러나 어린아이 뼈에 들어 있는 인의 양 정도로는 별 효과

가 없는 것으로 밝혀지며, 이는 그냥 전설로만 남게 되었다.

성덕대왕신종의 표면에는 이 종을 만들게 된 내력이 기록되어 있다.

효성이 지극하신 경덕왕은 부모에 대해 깊게 생각하는 정이 날로 골수
에 사무쳐서 동(銅) 12만 근을 희사해서 아버지 성덕대왕을 위해 큰 종
하나를 만들려고 했으나 뜻을 이루기 전에 세상을 떠나셨다. 경덕왕의
아들인 혜공왕은 훌륭한 왕이며, 그의 어머니인 태후(경덕왕의 부인)도 훌

룽한 분이다. 경덕왕의 유언을 받들어 태후가 분부해 드디어 종을 만들
게 되었다. 종이 만들어진 때는 혜공왕 7년(771)이다.

에밀레종의 전설과 이 종에 새겨진 내력은 서로 다른 내용 같지만, 그
속뜻을 살펴보면 서로가 연관된다. 이 종을 만들려고 동 12만 근을 희사
한 신라 제35대 경덕왕은 742년부터 765년까지 23년 동안 왕위에 있었
다. 그가 언제 동을 희사했는지는 알 수 없지만, 종은 그의 생전에 완성되
지 못했다. 성덕대왕신종 주조 작업은 경덕왕의 아들 혜공왕 때도 이어져
771년에 비로소 완성된다.

경덕왕 때 만들기 시작한 종이 혜공왕 7년 때 완성되었다는 것은 그 주
조 기간이 짧게 잡아도 10년 이상에서 30년 가까이 걸렸다는 뜻이 된다.
이렇게 오랜 시간이 걸린 이유는 여러 차례 주조에 실패했기 때문이다.

에밀레종 전설은 바로 이런 실패를 극복하는 과정에서 생긴 설화일 것
이다. 아이를 산 채로 넣는다는 내용은, 자비가 근본 교리인 불교정신으로
볼 때 믿기 어렵다. 몇 차례 실패하다 보니 이를 돌파할 수 있는 어떤 계기
가 필요해져서 이런 설화가 만들어졌는지도 모른다.

불교 설화에서는 부처가 잠깐 동자의 모습으로 변해서 문제를 해결하고
사라지는 이야기가 흔한데, 아마 그런 내용의 설화일 수도 있다.

종을 만드는 방법들

《삼국유사》에 따르면 성덕대왕신종이 만들어지기 17년 전인 754년에 49

만 근에 달하는 황룡사종을 만들었다는 기록이 있다. 이미 성덕대왕신종을 만들 때 쓴 동 12만 근의 3배가 넘는 황룡사종을 만들었던 신라에서 왜 성덕대왕신종을 만드는 것은 그리 어려웠을까?

이는 황룡사종과 성덕대왕신종의 제작 방법이 달랐기 때문일 수도 있다. 성덕대왕신종으로 대표되는 한국 종은 납형법으로 만드는데, 그 이전에는 주로 회전형법으로 만들었다. 중국 종과 일본 종도 대부분 회전형법으로 만든다.

성덕대왕신종에 새겨진 비천상 | 날아오르는 듯한 모습의 아름다운 비천상은 이 종의 상징이기도 하다.

성덕대왕신종은 그 이전에 사용하던 회전형법이 아니라 납형법으로 만들었기 때문에 그 제작 과정이 어려웠다는 것이다. 성덕대왕신종과 같이 납형으로 만든 종으로는 725년에 만든 상원사종이 있다.

회전형법은 솥을 만들 때도 사용되는 가장 간단한 방법인 데 비해, 납형법은 현재도 최고급 종을 만들 때 사용하는 방법으로, 제작하기도 어렵고 비용도 많이 든다.

납형법이 어려운 이유는 벌집에서 얻어지는 밀랍으로 만들고자 하는 물체의 모양을 미리 만들어야 하기 때문이다. 벌통 하나에서 1년에 겨우 1~2리터의 밀랍밖에 생산되지 않는다.

한국 종이 중국 종이나 일본 종에 비해서 소리의 울림이 오래 지속되는 이유는 종의 용머리 뒤쪽에 있는 음관(音管) 때문이라는 주장도 있다. 이 대나무 통처럼 생긴 관의 길이는 96센티미터인데 속이 비어 있다. 종을 치면 종에 부딪치는 소리뿐만 아니라 종 안에서 생긴 소리가 이 음관을 통해 오래도록 밖으로 울려나오기 때문에, 그 울림 소리가 가장 오래 간다는 것이다. 실제로 이 음관은 한국 종에만 있고 중국 및 일본 종에는 없다.

성덕대왕신종은 만들어진 당시엔 봉덕사에 봉안되었었는데, 현재 봉덕사가 어디인지는 알지 못한다. 다만 어느 때인가 봉덕사가 홍수로 매몰된 뒤 오직 에밀레종만이 절터에 뒹굴고 있었는데, 이를 영묘사에 옮겼다가 경주 남문 밖 봉황대에 종각*을 짓고 옮겼다는 기록이 있다.

경주 종각에서 이 종을 사용할 때는 불교적인 목적이 아니라 성문을 열고 닫는 시각을 알리는 용도로 사용되었다. 그 후 일제 강점기인 1915년 8월에는 옛 경주박물관 자리로 옮겨졌다가, 1975년 현재의 국립경주박물관에 자리 잡게 되었다. 생육신* 중 한 사람인 매월당 김시습(金時習)은 폐허가 된 봉덕사를 목격한 인물로서, 경주 금오산 용장사에서 우리나라 최초의 한문 소설인 《금오신화(金鰲新話)》를 저술하며 버려진 종에 대해 이런 시를 지었다.

봉덕사는 자갈밭에 매몰되고

종은 풀 속에 버려졌으니

아이들이 돌로 치고

소는 뿔을 가는구나

주나라 돌북〔石鼓〕이 그랬다던가.

  폐허가 된 봉덕사와 풀밭에 버려진 성덕대왕신종의 쓸쓸한 모습이 눈에 선하다. 성덕대왕신종은 한때 그렇게 버려졌지만, 현재는 국보 제29호로 지정되어 국립경주박물관에 소중히 보존되고 있다.
  21세기인 오늘날에도 그 복제가 불가능할 정도인 성덕대왕신종은 우리 선조들의 뛰어난 장인정신과 예술의 경지를 보여주는 것으로서, 우리가 오늘날 되살려야 할 정신적 유산이자 예술품인 것이다.

고구려의 성과
고분 벽화

고구려 성의 특징과 축성법

한국의 성은 대부분 평지에 쌓는 읍성(邑城)과 산에 쌓는 산성(山城)이 짝을 이루고 있다. 평상시에는 읍성에서 거주하며 생활하다가, 외적이 침입하는 유사시에는 산성으로 올라가서 적과 싸우기 위해 읍성과 산성을 모두 쌓은 것이다.

고구려의 성도 이처럼 읍성과 산성이 짝을 이루고 있다. 중국 요녕성 환인(桓因, 옛 졸본) 지역의 평지성인 상고성자·하고성자성과 산성인 오녀산성, 집안(輯安) 지역의 평지성인 국내성과 산성인 환도산성, 그리고 평양 지역의 평지성인 안학궁성과 산성인 대성산성은 모두 평지성과 산성의 관

읍성 | 한 도시 전체를 성벽으로 둘러싸고 곳곳에 문을 만들어 외부와 연결하게 쌓은 성. 주로 평지에 쌓는다.

계이다.

고구려에는 다른 나라보다 산성이 월등히 많다. 이는 무엇보다 고구려의 지형 때문이다. 고구려는 광대하게 넓은 지역을 적은 인구로 방어해야 했기 때문에 산성이 방어의 중심이 될 수밖에 없었다.

중국에서 쳐들어올 경우 고구려는 주로 산성이 한 점을 이루어 점과 점을 연결해 방어선을 쳤다. 한 성을 함락시키지 않고 전진하면 배후에서 공격당할 수 있기 때문에 중국은 모든 성을 무너뜨리고서야 고구려 도성(都城)으로 들어갈 수 있었다.

고구려는 숫자도 많고 성을 공격하는 무기도 뛰어난 중국을 주로 상대해야 했기 때문에 산성을 단단한 자연석으로 쌓았다. 그래서 고구려의 성은 가장 함락시키기 어려운 성이었다.

고구려의 성을 쌓는 방법, 즉 축성법은 많은 특징과 장점이 있다. 먼저 절벽이나 강 등 자연환경을 이용해 성을 쌓았기 때문에 산성이 있는 지형

오녀산성 | 고구려의 산성은 단단한 자연석으로 쌓았기 때문에 적의 공격에도 쉽게 무너지지 않았다.

자체가 일종의 장애물이 되었다. 또한 석성(石城)의 경우 성벽을 쌓을 때 돌을 다듬어 쌓아올리되, 기초 부분을 견고히 하기 위해 계단식으로 안으로 들여서 쌓는 방식을 택했다.

이러한 물림쌓기 방식은 고구려 성의 특징으로, 시각적으로 안정감을 줄 뿐만 아니라 높은 성벽을 튼튼하게 쌓을 수 있다는 장점이 있다. 또한 석재의 뿌리 부분을 뾰족하게 해서 깊이 박히게 함으로써 무게 때문에 무너지지 않도록 했으며, 돌과 돌 사이에는 찰흙을 다져서 속을 채웠기 때문에 대단히 견고했다.

고구려가 주변 여러 나라들은 물론 당시 세계 최강이었던 수나라, 당나라와의 전쟁에서 이길 수 있었던 데는 이렇듯 고구려 특유의 견고한 산성이 주요한 역할을 했다. 자연환경을 이용해 성을 쌓은데다 고구려 고유의 축성 기술로 난공불락의 성을 구축한 것이다.

연주성(백암성)의 치 | 적을 좌우에서 공격할 수 있도록 성벽에서 돌출시켜 지은 치(雉)는 고구려 성의 큰 특징이다.

성을 쌓은 지 1,500년이 지난 지금까지도 고구려 성벽이 그대로 남아 있는 것은, 고구려인들의 석재 다루는 기술이 뛰어나다는 사실을 말해주고 있다.

고구려 성에는 적의 공격을 막기 위한 여러 시설물을 설치했는데 성문, 옹성*, 치(雉), 성가퀴*, 마루* 등이 그것이다. 또한 오랜 기간 적과 대치하며 전쟁을 수행할 수 있도록 성 안에는 장대*와 우물, 봉수대(烽燧臺), 창고와 병영(兵營) 등을 만들었다. 특히 '치'는 성을 방어하기 위한 중요한 시설로, 성벽과 성문에 접근하는 적을 좌우에서 공격할 수 있도록 성벽 한가운데에 네모꼴의 시설물을 돌출시킨 것이다.

고구려 성 중에 치가 가장 잘 남아 있는 것은 만

*옹성(甕城)
이중으로 쌓은 성벽

*성가퀴
성 위에 낮게 쌓은 담. 여기에 몸을 숨기고 적을 감시하거나 공격한다.

*마루
꼭대기

*장대(將臺)
장수가 올라서서 명령지휘하던 대. 성의 동서 양쪽에 돌로 쌓아 만들었다.

주 요양 부근에 있는 연주성으로, 직선 성벽에 3개의 치가 완벽하게 남아 있다. 연주성의 치와 치의 거리는 55~60미터 정도인데, 성벽을 타고 오르는 적군을 공격하는 중요한 시설물이었다.

성벽의 치는 고구려시대뿐만 아니라 조선시대에도 중요했다. 성에 대한 설계도를 작성했던 유성룡이나 수원 화성을 설계한 실학자 정약용도 한결같이 치의 중요성을 강조하고 있다. 치가 성을 지키는 데 얼마나 중요한 것인지를 잘 말해주는 것이다.

고구려 성의 분포

고구려의 성은 대개 절벽이나 강 주변 같은 자연 지형물을 이용해 많이 만들었다. 지리적으로도 주요 교통로 등 방어 요지에 쌓거나 도시 중심으로 쌓아서 도시를 방어했다. 현재까지 고구려 성으로 밝혀진 것만도 200여 개에 달한다.

이 성들은 특정 지역에 밀집되어 있다. 첫 번째는 중국에서 쳐들어오는 것을 1차로 방어하는 요동 지역의 성들이다. 지금의 요하 유역에 위치한 신성, 건안성, 개모성, 안시성, 백암성(요양의 연주성), 목저성, 창암성, 현도성 등이 그것이다.

두 번째는 요동 남단의 성들이다. 요동반도 가장 아래에 있는, 오늘날 대련(다롄) 부근의 대흑산산성은 고구려의 수군 기지로 추정되는 비사성으로 여겨진다. 비사성을 중심으로 요동반도 서쪽 끝에는 크고 작은 성들이 바닷가를 따라 줄지어 있는데, 이 성들은 중국 수군이 공격하는 것을 막기 위한 용도로, 고구려 해양 방위를 위한 성들이다.

세 번째는 고구려 2차 방어선을 이루는 성들로, 압록강 북쪽의 봉황성을 비롯하여 현재 중국 요녕성 남동부와 평안북도 서부를 연결하고 있다.

또 다른 지역은 만주 서쪽 요하에서 압록강 위의 국내성까지 쌓여진 성들이다. 이 성들은 한때 고구려의 수도였던 국내성을 보호하기 위해 쌓은 성으로 지금까지 약 20개 정도가 발견되었다.

그 외에도 백제·신라를 방어하기 위해 황해도와 충북 중원군 일대에 쌓은 한성·국원성 등이 있고, 고구려 동부의 요충지인 간도와 두만강 하류 지역에도 성들이 밀집해 있다. 또한 수도인 평양을 방어하기 위해서 평양 주위에도 많은 성들을 쌓았다.

지금까지 살펴본 것처럼 고구려는 수도를 방어하기 위해 3차에 걸친 방어선을 구축했다. 즉, 요동 지역과 요동반도 남단 및 서쪽의 해양 방어성들이 1차 방어선이고, 봉황성을 중심으로 한 요동반도 남단과 압록강 북쪽의 성들이 2차 방어선이며, 평양 주변의 여러 성들이 3차 방어선이다.

고구려를 침략한 적들은 이 3차 방어선을 모두 뚫어야 전쟁에서 승리를 거둘 수 있었다. 그런데 이 성들 하나하나가 모두 난공불락의 석성이었으니, 아무리 천하를 제패한 중국의 통일 제국이라 하더라도 고구려와의 전쟁에서 이길 수가 없었다.

이렇듯 고구려는 우수한 석축 기술을 통해 방어 요충지마다 견고한 석성을 쌓아 적의 침공을 물리쳤다. 중국 대륙을 통일했던 수나라와 당나라가 모두 고구려와의 전쟁에서 여지없이 참패했던 것은, 고구려 성의 우수성과 이들의 용맹한 상무* 정신이 결합되었기 때문이다.

***상무(尙武)**
무예를 숭상함

고구려의 고분 벽화

고구려가 평양성으로 천도하기 전의 수도였던 국내성은 현재 중국의 집안시(지안시) 일대에 있었는데, 여기에는 무려 1만 2,000여 기나 되는 고분군들이 몰려 있었다.

고구려 고분은 대체로 두 가지 형식이다. 하나는 장군총과 같은 적석총(積石塚)인데 돌무지무덤이라고도 한다. 지면에 구덩이를 파고 시신을 안치하거나, 시신을 넣은 석곽(石槨)을 놓은 후 돌을 쌓아 만든 무덤이다. 다른 하나는 봉토석실총(封土石室塚)이다. 이는 무덤 안에 시신을 안치하는 방을 만들고 그 위를 흙으로 덮는 무덤인데, 그 방에 벽화를 그리는 경우가 많다.

적석총은 서기전 7세기부터 서기 3세기 무렵까지 국내성이 있던 압록강 일대에서 발견되는 고구려의 전통 무덤 양식이다. 평양으로 천도한 후에는 봉토석실총이 많이 만들어졌다.

고구려 고분 벽화가 그려진 무덤은 봉토석실총인데, 지금까지 대략 95기 정도가 발견되었다. 특히 봉토석실총은 집안시 지역과 평양을 비롯한 대동강 유역에서 많이 발견되는데, 집안시 지역에서 25기, 평양 등 대동강 유역에서 59기가 발견되었다.

고분 벽화는 백제·신라·가야·발해 및 고려의 고분에서도 나타나지만, 고구려의 고분 벽화가 가장 많고 그 내용도 풍부하다. 고구려의 고분 벽화는 약 3세기 초부터 나타난 것으로 추정된다. 중국의 벽화는 이보다 이른 한나라 시대부터 나타났지만, 고구려 고분 벽화와 비교해서 구성이나 생동감, 색채의 화려함을 찾아보기 어려워 질이 많이 떨어지는 것으로 평가

고분 벽화 | 주로 무덤 벽면 등에 그린 그림으로 인물이나 생활에 관한 것이 많다. 사진은 중국 집안시에 있는 무용총의 고분 벽화.

받고 있다.

고분 벽화는 주제에 따라 인물 풍속도, 장식 무늬도, 사신도(四神圖)로 구분된다. 3세기에서 5세기에 만들어진 초기의 고분 벽화는 인물이나 생활 풍속도가 주로 그려졌다. 그러다가 5세기 중엽에서 6세기 초에 그려진 중기의 고분 벽화에는 생활 풍속도와 함께 각종 장식 무늬도가 많고, 사신도가 함께 그려지기도 했다. 6세기 중엽에서 7세기 초의 후기 고분 벽화는 사신도가 주로 그려지고, 천장에는 신선 그림들이 그려진 특징이 있다.

오회분 4호묘

고구려 고분 벽화 중에서 집안시 지역에서 발굴된 오회분 4호묘 벽화는 많은 내용을 담고 있다. 이 고분의 사신도는 고구려인들의 내세관을 극명하게 보여주고 있다. 사신도란 동·서·남·북의 네 방위에 청룡·백호·주작·현무의 네 신(神)을 그린 것으로, 7세기의 전형적인 벽화 양식이다.

임금이나 귀족의 시신을 안치한 널방에 사신도를 그린 것은 죽은 사람은 내세에서 복을 누리고, 그 후예들은 현세에서 복을 누릴 수 있는 명당이라는 뜻이다. 원래는 시신을 안치한 지역의 주변 산들이 청룡·백호·주작·현무일 경우를 명당이라고 하는데, 인위적으로 그림을 통해 명당을 만든 것이다.

가장 중요한 것은 천장에 황제를 상징하는 황룡을 그렸다는 점이다. 이 황룡은 금방이라도 살아 숨쉴 듯 생생하게 꿈틀거리고 있는데, 이 황룡이 바로 무덤의 주인공을 상징한 것이자, 고구려가 천하의 주인이라는 사상을 담고 있는 것이다. 광개토태왕릉비에 고구려 시조 추모왕이 세상 지위를 즐기지 않자, 하늘에서 황룡을 내려보내 하늘로 올라갔다고 기록되어 있는 것도 이를 뒷받침해준다.

이 고분 벽화는 온통 신들의 이야기로 덮여 있다. 천장을 받치는 받침돌에는 일월신, 즉 해신과 달신이 있다. 또한 농경 생활에 중요한 농사의 신과 전쟁을 도와주는 불의 신, 철을 만드는 야철의 신, 바퀴를 만드는 제륜의 신, 숫돌의 신 등은 고구려인들이 생활과 전쟁, 이 둘을 모두 중시했음을 말해주는 것이다.

관을 놓는 방인 현실(玄室), 즉 널방의 네 모서리에는 각각 삼각형의 돌을 얹어 천장을 좁혀나가고 그 위에 판석을 덮었는데, 이를 전문 용어로 '말각조정(抹角藻井)' 또는 '귀접이천장'이라고 한다. 이것 역시 고구려 고분의 특징 중의 하나이다. 그곳에는 악기를 연주하면서 용을 타고 승천하

는 신선들의 모습이 묘사되어 있다. 이는 고구려에 도교 사상이 융성했음을 말해주는데, 용을 타고 하늘로 올라가는 신선들이 연주하는 음악 소리를 상상해보라. 그 소리야말로 천상의 소리일 것이다.

해 속에 발이 셋 달린 삼족오가 들어 있는 그림도 있다. 이는 햇빛의 감응으로 태어난 시조 추모왕과 고구려 전통의 삼족오를 상징하는 것이다. 또한 세 발 달린 까마귀를 들고 있는 남자 신(神)과 두꺼비를 들고 있는 여신도 발견된다. 동양에서 까마귀와 두꺼비는 해와 달을 의미하는데 남성은 해, 여성은 달이다. 이는 단순히 남자와 여자를 그린 것이 아니라 동양 사상에서 아주 중요한 음양의 조화를 표현한 것으로, 음양의 조화로 천지가 창조되는 장면을 연출한 것이다.

오회분 4호묘 벽화는 '천지창조 설화'를 주제로 그린 세계 유일의 벽화라는 데도 그 중요성이 있다. 고구려 고분 벽화는 고구려인들이 전투뿐만 아니라 예술에도 뛰어난 자질을 지니고 있었음을 말해주는 것이다. 이렇듯 고구려의 성과 고분 벽화는 고구려인들의 강함과 부드러움이 잘 나타나 있는 귀중한 민족문화 유산이다.

임금의 부름을 받은 관노

한국의 에디슨이라 할 수 있는 장영실(張英實)은 관노(官奴) 출신이었다. 조선시대 관노는 미천한 존재였지만, 장영실은 여기에 좌절하지 않았다.

조선 후기 이긍익이 편찬한 역사서 《연려실기술(燃藜室記述)》에는 다음과 같은 내용이 실려 있다.

***선기옥형(璇璣玉衡)**
천문 관측기구로 '혼천의(渾天儀)'라고도 한다.

> 세종 3년(1421)에 남양부사 윤사웅·부평부사 최천구·동래관노 장영실을 내감으로 불러 선기옥형*의 제도를 논란·강구하니 임금의 뜻에 합하지 않음이 없었다.

부사는 대개 3품의 고위 벼슬아치였다. 미천한 관노가 부사들과 함께 세종 앞에서 선기옥형에 관해 의논했다는 흥미로운 기록이다. 이는 장영실이 어려운 천문 관측에 대해서도 당대 최고의 지식을 갖고 있었음을 뜻한다. 그렇지 않다면 일개 관노가 부사와 한자리에서, 그것도 임금과 선기옥형에 대해서 토론하지는 못했을 것이기 때문이다.

조선 후기 영조 때 편찬된 《여지도서(輿地圖書)》에는 동래현(부산)의 관노가 40명으로 기록되어 있는데, 장영실 생전에도 수십 명의 관노가 있었을 것이다. 조선에는 약 360여 개의 현이 있었는데, 여기에는 수만 명 이상의 관노들이 소속되어 있었다. 나라의 남쪽 끝 동래의 관노였던 장영실이 기술력을 인정받아 발탁되는 과정은 드라마틱하다.

그를 처음 발탁한 임금은 태종이었다. 《세종실록》에는 세종이 영의정 황희와 좌의정 맹사성에게 "장영실은 그 아비가 본디 원나라의 소주(蘇州)·항주(杭州) 사람이고 어미는 기생이었는데, 공교한 솜씨가 보통 사람보다 뛰어나므로 태종께서 보호하시었고, 나도 역시 이를 아낀다"라고 말하는 대목이 나온다.

여기에서 "태종께서 보호하시었고"라는 말은 그를 발탁한 인물이 태종임을 뜻하는 것이다. 그런데 어떤 경로를 거쳐 장영실이란 일개 관노의 이름이 국왕인 태종의 귀에 들어가게 되었을까?

《세종실록》 16년 7월의 기록이 일부나마 그 해답을 준다. "영실은 동래현 관노인데, 성품이 정교(精巧)하여 항상 궐내의 공장* 일을 맡았다"라고 기록하고 있는 것이다.

관노들은 관아에서 필요한 각종 물품을 제작해 바쳤는데, 장영실은 다른 관노들처럼 시간만 때우거나 대충 만들지 않고 열과 성을 다해서 뛰어난 제품을 만들었다. 이것이 남쪽 끝자락 동래현 한 관노의 이름이 임금의 귀에 들어가게 된 계기였다.

세종은 장영실의 아버지를 중국 남부의 소주·항주 사람이라고 말했다. 장영실의 아버지가 어떻게 장영실의 어머니와 만나게 되었는지는 분명하지 않지만, 동래에서 만난 것으로 보아 국제 무역을 했던 것으로 추측할 수 있다.

조선은 신분이 다른 남녀 사이에서 아이가 태어나면 어머니의 신분을 따르게 했다. 그래서 장영실도 관가의 기생이었던 어머니의 신분을 따라 관노

*공장(工匠)
공방에서 연장을 가지고 물건을 만듦

가 되었던 것이다. 그런데 아산 장씨 족보에는 장영실이 전서(典書)라는 벼슬을 한 장성휘의 아들이라고 기록되어 있어서 좀 다르다. 전서는 고려 말 정3품에 해당하는 고위직인데, 어느 것이 맞는지는 좀 더 깊이 있는 연구가 필요할 것이다.

중국에 유학 가는 관노

장영실을 발탁한 임금이 태종이라면, 그를 나라의 과학을 책임지는 과학자로 성장시킨 인물은 세종이었다. 앞의 《연려실기술》의 기록대로 남양부사 윤사웅 등과 동래관노 장영실을 불러 선기옥형에 관해서 물은 세종은 장영실의 대답에 만족해하며 이렇게 말한다.

영실은 비록 지위가 천하나 재주가 민첩한 것은 따를 자가 없다. 너희들은 중국에 들어가 각종 '천문 기계의 모양'을 모두 눈에 익혀와서 빨리 모방하여 만들어라.

세종은 장영실에게 최고 수준의 과학기술을 익히게 하려고 중국으로 유학을 보냈다. 그가 관노 신분인 장영실을 유학까지 보낸 이유는 여러 천문 기계를 만들도록 하기 위함이었지만, 그중 가장 중요한 목적은 시계를 만드는 일이었다.

우리는 지금 간단한 손목시계 하나로 손쉽게 시간을 알 수 있지만, 시계가 없던 그 시절에 1년 내내 정확한 시간을 아는 것은 대단히 어려운 일이었다. 나라의 중요한 일 중의 하나는 백성들에게 시간을 알려주는 일이었다. 농사지을 절기를 알려줘야 백성들이 때맞춰 논밭에 씨를 뿌리고 수확할 수 있었으며, 종을 쳐서 성문을 여닫는 시간을 알려주어야 백성들이 하루 생활의 시작과 끝을 알 수 있었다.

조선은 태조 때부터 종루(鐘樓)에서 큰 종을 쳐서 인정*과 파루*를 알렸는데, 백성들은 이 종소리를 시보* 삼아 생활을 영위해나갔던 것이다.

그런데 국가에서도 정확한 시계가 없었기 때문에 종 치는 시간을 알기가 쉽지 않은 것이 문제였다. 당시 경점기(更點器)라는 시계가 있었지만 정확하지 않았으므로, 세종은 재위 3년(1421) 장영실을 중국에 유학 보내 정확한 시계를 만드는 방법을 배워오도록 한 것이다.

1년 후인 세종 4년 귀국한 장영실은 중국에 있는 것을 본떠서 물시계를 관리하는 보루각과 흠경각을 만들었다. 세종 7년(1425) 이것이 완성되자 세종은 직접 살펴보고 "기이하다. 훌륭한 장영실이 중한 보배를 성취하였으니 그 공이 둘도 없다"라고 칭찬하면서, 관노 신분을 면하게 하고 실첨지(實僉知)라는 벼슬을 주었다. 드디어 장영실의 신분이 관노에서 벼슬아치로 바뀐 것이다.

뿐만 아니라 오늘날의 관상대 격인 서운관에서 작성한 《서운등록(書雲騰錄)》에 따르면, 장영실은 중추원사(中樞院使) 이천과 함께 대소간의*, 혼천의*·혼상*, 현주천평정남앙부일구*, 일성정시의*, 자격루* 등을 만들었다고

앙부일구 | 장영실이 1434년 발명한 해시계이다.

전한다.

이는 모두 당시 조선에 필요한 기기들이었는데, 그 가운데에서도 가장 필요한 것은 자격루였다. 이는 이천과 함께 만든 것인데, 중국에 유학해서 전문 기술을 습득한 장영실이 실제 기계 장치들을 만든 주역이었을 것이다.

장영실이 유학했을 때 중국에는 원나라 마지막 임금 순제 때 만든 자격궁루(自擊宮漏)라는 자동 물시계가 있었다. 또한 원나라의 과학자 곽수경(郭守敬)이 만든 여러 천문 관측 기기들이 있었으므로 장영실은 이 기계들을 자세히 연구했을 것이다.

또 중국에는 아랍인 알 자자리(Al-Jazari)가 1206년에 쓴 《정교한 기계 장치의 지식서》라는 책이 있었다. 당시 아랍은 과학 선진국이었고, 이 책은 기계 장치에 관한 한 세계 최고 수준의 과학서였는데, 장영실은 이런 책들을 보면서 기계의 작동 원리를 습득했을 것이다.

장영실은 유학 당시 원나라의 자격궁루와 곽수경의 천문 기기들, 그리고 알 자자리의 책을 보면서 연구에 연구를 거듭하여 이 자격루를 만들었던 것이다. 그가 만든 자격루는 세계 최고 수준의 자동 물시계였다.

'자격루'라는 자동 물시계

자격루는 현재 사용 중인 1만 원짜리 지폐에 그려져 있을 정도로 높은 평가를 받는다. 지폐에 그려진 자격루는 장영실이 만든 것을 본떠서 중종 31년(1536)에 다시 만든 것으로, 현재 그 일부만 남아 있다.

장영실이 만든 자격루는 아날로그 방식을 디지털 방식으로 바꾼(ADC: Analog to Digital Conversion) 세계 최초의 발명품이라는 특징이 있다. 물시계의 잣대에 새긴 시각 눈금으로 지시하는 아날로그 형식의 시간 정보를 지정된 시각에 자동으로 알려주는 디지털 방식으로 변환한 세계 최초의 시계였던 것이다.

자격루 | 장영실, 이천, 김빈 등이 세종의 명을 받아 만든 물시계로, 자동으로 시간을 알려주는 장치가 되어 있다. 사진은 장영실이 만든 것을 개량한 것이다.

자격루에는 일정한 시간이 되면 밖으로 나와 종을 치고 시간을 알려주는 나무 인형들이 있었는데, 이들이 아날로그 방식을 디지털 방식으로 바꿔주는 역할을 맡았다. 둥근 물받이 통에 일정한 양의 물이 차면 이를 신호로 인형이 나와서 종을 쳤다. 예를 들어 물받이 통 안에 1경 3점만큼의 물이 차면 인정이 되었다는 표시인데, 그러면 인정을 맡은 인형이 나와서 종을 치는 자동 괘종시계였다.

세종 16년(1434) 9월 장영실이 자격루를 만듦으로써 조선은 시보를 알 수 있는 정확한 시계를 갖게 되었다. 그 전에는 관리들이 하루 종일 물시계의 눈금을 지켜보고 있다가 종루에 알려줘야 했는데, 자동 시계인 자격루는 인형들이 자동으로 시간을 알려주므로 그런 수고가 필요 없었다. 세종은 자격루의 완성을 크게 기뻐해서 장영실을 정5품 행사직에서 정4품 호군으로 승진시켰다.

장영실의 자격루는 여러 달의 자체 실험을 거친 뒤, 세종 16년 7월 초하루부터 조선의 표준시계로 가동되어 이를 기준으로 광화문과 종루에서 각각 북과 종을 쳤다. 인정이 울리면 관료와 백성들은 하루의 일과를 끝마쳤으며, 성 밖에 사는 사람들은 성문을 향해 부지런히 발걸음을 옮겼다. 실로 장영실이 만든 자격루는 이후 500여 년 동안 조선인들의 시간 관념을 지배했던 것이다.

세계 최고의 과학자

장영실의 업적은 자격루에서 끝나지 않는다. 그는 천문시계인 옥루(玉漏)도 만들었다. 슈퍼컴퓨터가 도입되어 있는 현재도 기상을 예측하기란 쉽지 않다. 연례행사처럼 벌어지는 수해가 그 증거다. 하물며 별다른 장비가 없었던 옛날에는 두말할 나위가 없다.

농경 사회였던 조선에서 기상 예측은 한 해 농사의 풍년·흉년과 직접 연관되는 것으로 온 백성의 사활이 걸린 문제였다. 이런 문제를 해결하기 위해 장영실이 만든 것이 옥루이다.

옥루는 자격루의 자동 시보 기능에 천체 운행 관측 기능을 추가한 것이다. 자격루에 나무 인형이 있었던 것처럼 옥루에는 4명의 옥으로 만든 인조 옥녀(玉女)들이 있어서 매시의 초(初)와 정(正)에 번갈아가며 요령을 흔들었다.

중국의 뛰어난 과학 수준을 서양에 알렸던 조셉 니덤은 장영실이 만든 자격루와 옥루를 아주 높이 평가했으며, 자격루를 '더 스트라이킹 클렙시드라(The Striking Clepsydra, 타종 물시계)', 옥루를 '더 제이드 클렙시드라(The Jade Clepsydra, 옥 물시계)'라고 번역해 서양에 소개했다.

이외에도 장영실은 세종 20년 옥루를 설치한 흠경각(欽敬閣)을 만들었으며, 세종 16년에는 공조참판 이천과 함께 금속활자〔鑄字〕 20만 자(字)를 만들기도 했다. 이 주자는 갑인년에 만들었기 때문에 갑인자(甲寅字)라고 하는데, 이전의 금속활자보다 글씨체가 훨씬 정교하고 아름다울 뿐만 아니라 속도도 예전보다 두 배나 빨라 하루에 40여 장의 종이를 인쇄할 수 있었다.

이렇듯 세종 대의 눈부신 과학 발전에는 장영실이란 한 관노 출신 장인의 비상한 재주와 노력이 있었다. 그래서 어떤 이들은 13세기 세계 최고의 과학자가 알 자자리라면, 15세기 세계 최고의 과학자는 장영실이라고 말하기도 한다.

불우한 퇴장

그러나 그의 마지막은 불우했다. 장영실은 세종 24년 종3품 대호군(大護軍)으로서 임금이 타는 가마인 난여(鸞輿) 제작을 감독했는데, 이 난여가 부서지면서 의금부에 하옥되고 만다. 때마침 다른 사람들이 이천(伊川)의 행궁*을 감독하다가 기와를 떨어뜨린 사건이 발생했는데, 이런 사건들이 임금에 대한 불경이라며 엄하게 다스려야 한다는 의논이 일고 있던 때였다.

의금부의 조사 결과, 장영실은 대호군 조순생(趙順生)에게 난여가 튼튼한지를 봐달라고 부탁했는데, 조순생이 "절대 부러지거나 부서지지 않을 것이오"라고 하자 안심했다는 사실이 밝혀졌다. 이는 '정상 참작의 여지가 있는

*행궁(行宮)
임금이 나들이 때에 머물던 별궁. 주로 지방에 있다.

것이었다. 의금부에서 장영실에게 곤장 100대를 쳐야 한다고 주청하자, 세종은 2등을 감형(減刑)해 처벌하게 했다.

그러나 이것이 위대한 과학자이자 기술자인 장영실에 대한 마지막 기록이다. 그 후 장영실이 다시 등용되었을 가능성도 있지만 기록에서는 찾을 수 없다.

이때의 난여는 대호군인 그가 직접 제작한 것이 아니라 감독만 한 것이었다. 또한 "부러지거나 부서지지 않을 것"이라고 말한 대호군 조순생의 공동 책임이었지만, 조순생은 처벌받지 않았다.

관노 출신으로 종3품 대호군까지 오른 장영실은 이렇게 역사의 기록에서는 사라졌지만, 그가 신분의 한계를 뛰어넘어 만든 자격루와 옥루 등의 과학 기기들은 우리 민족의 우수한 과학적 자질을 세계에 과시하며 영원히 존재할 것이다.